PLAN SEPTENNAL 1964-1971

5-7, rue de l'École polytechnique, 75005 Paris

www.harmattan.fr

ISBN : 978-2-14-026046-9
EAN : 9782140260469

Ahmed Sékou Touré

PLAN SEPTENNAL 1964-1971

TOME XIV

L'Harmattan

DISCOURS D'OUVERTURE PRONONCE PAR LE PRESIDENT AHMED SEKOU TOURE AU C.N.R. DU 16 AVRIL 1964 CONSACRE AU PLAN SEPTENNAL

Le présent Conseil National de la Révolution sera plus particulièrement dominé par les importantes décisions que nous aurons à prendre en ce qui concerne notre second plan de développement économique — dont le sixième Congrès National du P.D.G. a déjà qualifié les principaux objectifs comme le contenu d'une nouvelle phase de l'action révolutionnaire de notre lutte politique —.

Inspirée par les idéaux humains les plus nobles et les plus exaltants, la doctrine du Parti Démocratique de Guinée, principalement soucieuse de préserver les intérêts permanents du peuple de Guinée n'a jamais cessé de tenir compte de nos réalités concrètes qui constituaient, dans leur ensemble, les conditions spécifiques en fonction desquelles nous avons résolument engagé une action rationnelle conforme aux aspirations librement exprimées par nos populations.

Le haut niveau de conscience et la volonté de progrès démocratique de notre parti ont donné à sa philosophie politique et à son action leur caractère révolutionnaire sans lequel nous ne pourrions aborder, aujourd'hui, dans des conditions objectivement favorables, cette nouvelle étape de notre combat, consacrée plus spécialement à un développement dynamique de l'économie Guinéenne et à sa totale indépendance.

Le degré de liberté politique atteint par notre peuple, la qualité de l'Unité populaire réalisée au sein du P.D.G., la normalisation de nos conditions économiques constituent autant d'étapes courageusement conduites à terme qui font reposer la nouvelle phase de l'édification Nationale, que représente notre plan septennal, sur une assise solide conforme aux buts que nous nous sommes proposés d'atteindre pour procurer à notre peuple liberté, prospérité, paix et bonheur.

L'action que nous avons menée sans désemparer depuis notre accession à l'indépendance nationale se traduit aujourd'hui en réalités concrètes et en potentialités particulièrement positives et politiquement importantes qui nous permettront d'aller résolument de l'avant, avec la certitude d'assurer le relèvement constant du niveau de vie de notre peuple.

L'analyse théorique de notre action que nous avons déjà faite en diverses occasions, et plus particulièrement au cours de notre sixième Congrès, doit être reprise ici et développée sur le plan des faits afin de pouvoir en apprécier la portée réelle et d'en indiquer le bilan véritable.

L'objectif majeur qui détermine l'action du P.D.G. est d'assurer à l'ensemble du peuple Guinéen les meilleures conditions d'existence.

Or, il n'existe, à ce sujet, ni principe, ni théorie valable en dehors de ceux qui, **partant d'une connaissance objective des conditions de vie du peuple en s'adaptant concrètement au processus de son évolution, dominent les réalités pour déboucher sur son avenir. Ce sont ces réalités et ces conditions d'existence qui définissent les conditions de réalisation du bonheur du peuple compte-tenu de ses intérêts librement exprimés.**

Une telle démarche n'est valable que si elle tient rigoureusement compte du processus évolutif de l'ensemble des peuples africains en raison, tant de la similitude de leurs conditions de vie que de l'analogie des épreuves qu'ils ont vécues.

C'est dire que la politique du P.D.G. est essentiellement une politique africaine, parfaitement conséquente dans ses objectifs et parfaitement logique dans ses moyens, lorsqu'elle s'analyse dans le cadre de l'évolution historique de l'Afrique, ce Continent que l'Etat guinéen a l'ambition d'incarner dans tous les domaines.

De manière globale, l'évolution de l'Afrique et par conséquent celle de la Guinée, est caractérisée par trois phases décisives dont seule la connaissance approfondie permet à un parti d'avant-garde et à des hommes conscients de s'intégrer efficacement au mouvement historique qu'elles ont impulsé.

L'Afrique est, d'une façon générale, ce continent peuplé d'hommes de peau blanche et de peau noire qui ont été longtemps brimés dans l'exercice souverain de leur Droit à la vie ; ces hommes n'en avaient pas moins, à travers leur histoire, les exigences de leur survie et de leur développement, élaboré un ensemble de principes, de méthodes et de pratiques à caractère économique, social, culturel et politique.

Ainsi, la Communauté Africaine, avait tout au long de son histoire, élaboré des lois fondées sur des connaissances pratiques, établi des théories et dégagé des méthodes qui déterminaient son comportement. Il existe donc incontestablement, une sociologie, une philosophie, un mode et des techniques de production africains ; l'Afrique avait une personnalité qui a permis à ses peuples de conduire leurs affaires selon leur volonté, dans la mesure de leurs possibilités et de leurs connaissances propres. Personnalité humaine que l'on retrouvait dans le domaine politique puisqu'aussi bien ont existé des Empires dont la célébrité, l'organisation et la splendeur surprennent aujourd'hui certains historiens.

La personnalité Africaine se manifeste également dans les domaines culturel et économique ; c'est ainsi en effet, qu'avant la colonisation, l'Economie Africaine — économie de subsistance, dans une large mesure — comportait des activités d'échange d'un haut niveau pratique.

La première phase de l'évolution de l'Afrique fut donc une phase de développement inorganisé mais libre comme en ont connu tous les autres peuples du monde ; ce développement a contribué, pour chacun de nos peuples, à l'affirmation de sa personnalité humaine en conformité avec ses propres réalités, ses intérêts fondamentaux et ses conditions historiques.

Dans l'histoire universelle, tout processus de développement a inévitablement ses caractéristiques propres ; ces caractéristiques n'ont pas été simplement créées de manière formelle car elles relevaient principalement des conditions du milieu. Ainsi, nous devons retenir en premier lieu, qu'au départ, la phase d'évolution des peuples africains a été une phase d'auto-administration, de liberté de pensée et d'entière responsabilité.

La seconde phase de l'histoire de l'Afrique a été marquée par la brusque perte de sa souveraineté avec la suppression de la faculté de choisir et de conduire librement son destin. Cette phase de domination coloniale, caractérisée par l'oppression et l'exploitation les plus inhumaines a eu pour principale conséquence, la désorganisation quasi-totale de la vie des peuples africains, portant ainsi un brusque arrêt à leur évolution historique propre.

La période de la colonisation a varié d'un pays à l'autre allant de plusieurs siècles à quelques décades, et malgré l'unicité de sa nature elle s'est manifestée cependant sous des formes diverses.

C'est ainsi qu'une partie de l'Afrique a subi la colonisation de peuplement tandis que d'autres régions du continent subissaient la colonisation d'exploitation. Malgré cette diversité, dans les formes, la colonisation aboutissait partout à la dépersonnalisation et à l'irresponsabilité des peuples africains. La dépersonnalisation fut d'autant plus forte et l'esprit d'irresponsabilité d'autant plus enraciné que la période de domination fut plus longue. Sans trop nous attarder à souligner les innombrables aspects négatifs de la colonisation, disons simplement que son plus grand méfait a incontestablement résidé dans cette tentative de domestication d'un peuple par un autre, d'une race par une autre. Les conséquences qui en ont résulté dans la vie de nos peuples leur ont été plus préjudiciables que l'ensemble des pillages, des assassinats, des humiliations et des contraintes qu'ils ont subis.

Si la colonisation a engendré un ensemble de méfaits concrets, n'oublions pas, qu'avant tout et en raison de l'insuffisance de nos moyens de défense, elle a été marquée par un esprit de domination, d'exploitation et d'oppression qui a conduit à des cruautés exceptionnelles. Si le colonialisme a eu pour vocation de nous opprimer matériellement, il visait principalement à dénaturer définitivement notre esprit, nos facultés de compréhension, de penser et d'agir afin de faire de nos peuples des instruments particulièrement dociles et pleinement utilisables au profit des intérêts égoïstes des nations colonisatrices.

De la sorte, la colonisation a comporté, outre les souffrances physiques et morales imposées à nos peuples, des mutations d'ordre intellectuel et psychologique qui avaient pour but de détruire la personnalité de l'Homme Africain en particulier, et celle des peuples africains en général.

Mais cette seconde phase a cependant engendré, par réaction, d'autres conséquences, celles-là positives, conséquences qui se sont traduites par une prise de conscience des peuples africains qui ont engagé des luttes multiformes en vue de la reconquête de leur liberté, de la sauvegarde de leur dignité et de la protection des intérêts matériels de leurs pays.

Naturellement, le caractère intransigeant, voire de violence de ces luttes, s'est de plus en plus renforcé à mesure que se précisait le niveau de la prise de conscience de chacun de nos peuples ; plus celui-ci se développait, plus la nécessité d'organiser et d'intensifier nos luttes s'imposait.

Il ne pouvait y avoir, et il n'y a d'ailleurs pas eu un seul peuple africain qui ait délibérément accepté de subir la domination étrangère ; malgré les différentes façons de se manifester, la colonisation a donné lieu à toutes sortes de réactions de même nature et dont chacune d'elles a été fonction à la fois et des moyens d'action dont disposait chaque peuple et du niveau de sa prise de conscience.

Pour la plupart des pays africains, cette deuxième phase a pris fin avec la reconquête de leur indépendance. Il existe aujourd'hui 34 pays souverains en Afrique. 34 Etats constitués qui bénéficient de la possibilité totale de régir leur comportement en fonction de leur seule volonté. Mais, il subsiste aussi, il faut le rappeler, 15 pays dont 14 d'entre eux restent encore sous domination coloniale ; l'Union Sud-Africaine, le 15e de ces pays, connaît un régime qui fait peser sur le peuple légitime de cette partie du continent une dictature étrangère économiquement et moralement inadmissible.

Toutefois, si la phase de la colonisation peut être considérée comme terminée pour la majorité des pays d'Afrique, nous ne devons pas perdre de vue qu'aussi longtemps que subsistera un seul pays non libéré, victime de l'emprise étrangère, nous devons considérer que la liberté africaine n'est pas encore totalement acquise.

La troisième phase ouverte par l'accession à l'indépendance est celle de l'exercice total de la souveraineté effective, celle de la repersonnalisation de l'Afrique et des Africains, celle de l'inventaire de ses valeurs matérielles et morales ainsi que de leur pleine utilisation pour l'accélération du processus de développement économique général conçu et conduit par et pour les peuples d'Afrique.

L'étude de la seconde phase de l'histoire de l'Afrique conduit à dégager les lois devant être retenues comme celles d'un régime spécifique qui a soumis, sans distinction, tous ses peuples à une totale exploitation économique et à une douloureuse altération morale, loi de réduction des communautés et dont la connaissance objective nous permet d'analyser la troisième phase avec le maximum d'efficacité et le minimum d'inconvénients.

C'est un aspect que nous allons développer plus particulièrement parce qu'il est celui avec lequel l'Afrique est actuellement confrontée. Les options que nous avons faites, en Guinée, au lendemain de l'indépendance, ne peuvent se comprendre que dans cette perspective.

Cependant pour apprécier ce qui a pu être réalisé, il nous faut comparer la Guinée à elle-même, c'est-à-dire la situer par rapport à ce qu'elle était, mettre en parallèle la Guinée indépendante et la Guinée sous domination étrangère. Jamais deux peuples ne se trouvent dans des conditions identiques même si l'ensemble de leurs manifestations, ou de leurs comportements, relève de la même nature et résulte des mêmes causes, chacun d'eux agit en fonction des réalités qui lui sont propres et cette action engendre des modifications qui s'inscrivent en termes d'évolution plus ou moins importants.

C'est pourquoi, après avoir analysé les conditions générales de l'évolution des peuples africains, la connaissance objective des données de la Guinée nouvelle ne peut s'établir qu'en comparant la Guinée d'aujourd'hui avec ce qu'elle était avant le 2 octobre 1958.

A) – SUR LE PLAN POLITIQUE

Avant le 2 octobre 1958, nous n'étions pas libres de déterminer, d'organiser, de mener notre destinée selon notre volonté. On pourrait nous rétorquer que la colonisation disparue, la Guinée devenait aussitôt libre de s'organiser ; mais le départ du colonisateur n'entraîne pas nécessairement et de façon instantanée, la disparition du colonialisme ; la simple affirmation d'un droit ne signifie pas l'exercice effectif de ce droit et on pourrait citer, dans cet ordre d'idées, l'exemple **d'Etats ayant acquis leur indépendance juridique mais qui n'ont pu se défaire des caractéristiques politiques, économiques, sociales et culturelles qui sont celles du régime colonial.**

En Guinée, en revanche, et avant même le 2 octobre 1958, date de notre indépendance politique, la volonté consciente de notre peuple s'était affirmée dans le domaine de ses capacités à assumer l'ensemble des attributs liés à la liberté et à la sauvegarde de la Nation.

Comment la Guinée a-t-elle utilisé les possibilités qui lui étaient offertes dans le domaine politique ? Elle a d'abord créé un régime politique, dont l'ensemble des principes et des méthodes englobait les diverses manifestations des rapports économiques, sociaux, culturels et politiques de la Nation en définissant sans équivoque la nature du comportement individuel et collectif des citoyens.

L'établissement d'un régime, rendu possible par la libération politique, a conféré à l'indépendance nationale un pouvoir de création qui, au délà de l'indépendance formelle, a mis à la disposition du peuple les moyens et les instruments de son progrès aux fins de réaliser l'édification du pays en fonction des intérêts librement exprimés de nos populations. Mais du fait que la qualité de l'instrument détermine la qualité de l'objet qu'il façonne, notre régime en tant qu'instrument d'édification populaire d'une nation nouvelle doit être lui-même continuellement perfectionné.

Ainsi en 1958, sur les débris de l'exploitation coloniale et de la division colonialiste, le régime guinéen s'est-il attaché à réaliser l'unité populaire de la Nation et nul ne peut prétendre que la Guinée a emprunté dans ce domaine une voie déjà frayée par l'un quelconque des 8 pays africains indépendants au 2 octobre 1958. Ces pays étaient, rappelons-le : l'Ethiopie, la R.A.U., la Lybie, la Tunisie, le Maroc, le Libéria, le Ghana et le Soudan.

En réalité dès le 2 octobre 1958, la Guinée s'était déjà engagée dans une voie originale. Cette originalité supposait l'existence d'une personnalité et d'une force authentiques libérées de toute tutelle et de toute influence étrangère.

Conscient de sa personnalité et sachant parfaitement ce qu'il ambitionnait pour concrétiser son bonheur, le peuple Guinéen s'est constitué en cette force d'action unitaire qui lui a permis de créer les formes d'organisation qualitative de ses conditions d'existence.

C'est pourquoi la Guinée, a, dès le début, consacré ses efforts à la réalisation de l'unité politique. Sur le plan mondial, on a parlé de « **démocratie nationale** » en tant que forme d'organisation méthodiquement déterminée en fonction d'une évolution dynamique répondant aux conditions et aux nécessités des pays anciennement colonisés : la «démocratie nationale», fut vigoureusement combattue au début par des théoriciens dont nous respectons néanmoins les mérites et les qualités car ils ont par ailleurs prouvé leurs capacités, leur engagement inconditionnel en faveur de la cause du progrès de l'humanité. Mais quelle que fût leur bonne-foi, il leur manquait la connaissance pratique des conditions de vie des peuples africains et des réalités africaines. Ceci explique aussi pourquoi ils en vinrent tout naturellement à tenir pour négatif tout ce qui apparaîssait comme original, sous-estimant les capacités créatrices et le génie des peuples africains. Peu de théoriciens étrangers parvenaient en effet à comprendre et à croire aux capacités de nos peuples de se doter d'institutions autres que celles créées jusque là par les Nations Européennes.

La paresse intellectuelle de ces penseurs consistait à voir l'évolution africaine, dans les seules formes déjà expérimentées par les peuples européens qu'ils soient de l'Ouest ou de l'Est ou par ceux du continent américain.

La Guinée ne s'est pas inclinée face à l'incompréhension de ceux qui croyaient faire d'elle le simple prolongement des systèmes étrangers. En tant qu'entité politique, elle a continué ses activités, cherché à perfectionner ses principes et ses méthodes en les adaptant chaque jour plus intimement aux exigences d'une évolution nationale correspondant aux besoins de sa population et de son pays ; c'est pourquoi, si l'on parle aujourd'hui d'une nouvelle vérité historique et de son originalité, une bonne part du mérite en revient à la personnalité que la Guinée a su affirmer et faire partout respecter.

C'est donc, en instaurant la « démocratie nationale » que nous avons rapidement mis fin à la division politique dans notre pays, une des plus profondes en Afrique, et imposé sur la scène internationale, notre Personnalité Nationale.

C'est grâce à cette action que le P.D.G. a radicalement infléchi dans un sens progressiste le comportement guinéen. L'évolution de l'homme, bien qu'imperceptible, ne s'en poursuit pas moins constamment. L'homme et le peuple (éléments non statiques mais en perpétuel devenir dans et par l'action) subissent inévitablement la loi de la transformation qui ne dépend pas de leur seule volonté individuelle. Or, l'évolution bien dirigée débouche sur la transformation qualitative, qui s'assigne des objectifs de progrès et en assure la réalisation. Cette auto-évolution n'est possible que si le peuple agit pleinement et clairement, conscient de son rôle, dans tous les domaines de l'activité humaine. A la base de la « Démocratie Nationale » il y a donc l'Unité populaire consciente. Pour en apprécier le bien fondé, nous comparerons hier et aujourd'hui en essayant de voir si les transformations qui ont été opérées s'inscrivent dans le sens du progrès.

Interrogeons les faits.

Jusqu'en 1958, bien que le P.D.G. ait existé avant notre accession à l'indépendance et se soit développé durant douze années, prônant l'égalité, les bienfaits de la démocratie et du progrès social, le comportement des Guinéens relevait de considérations purement irrationnelles. Ceci concerne aussi bien ceux qui prétendaient constituer l'élite du peuple et qui, par la somme de leurs connaissances, se berçaient de l'illusion d'avoir un comportement rationnel grâce à une analyse scientifique dont les données de base étaient faussées, que ceux qui agissaient selon des impulsions principalement affectives et sentimentales.

C'est la preuve qu'il ne suffit pas de connaître mais qu'il faut encore agir ; qu'il ne s'agit pas d'apprécier mais qu'il faut dominer les réalités et, pour ce faire, qu'il convient de conquérir l'indépendance, le pouvoir souverain qui doit être placé au niveau du peuple laborieux et utilisé à opérer une reconversion fondamentale des structures et des mentalités coloniales.

Aujourd'hui, notre société, dans le domaine politique comporte certes des insuffisances, mais elle ne peut être comparée à ce qu'elle était avant 1958 sans que l'on reconnaisse le progrès accompli dans le domaine de l'unité.

Actuellement, il n'y a pas une seule région, pas un seul village, pas un seul quartier urbain où, au sein des comités, ne se soit réalisée l'unité populaire. Il n'existe pas non plus un seul village qui n'ait effectivement mis en application les principes d'égalité de l'homme et de la femme, du jeune et du vieux. Il n'y a pas un seul Guinéen qui n'ait aujourd'hui admis la nécessité de la vie collective par la démocratie et dans la démocratie ; tous ces principes, qui sont les fondements solides de l'unité nationale consciente et efficace font désormais partie des règles de vie du citoyen guinéen et ils sont les fruits de l'oeuvre du P.D.G.

Il importe de préciser que si au départ nombreux étaient les militants qui s'étaient trouvés entraînés de manière subjective par le mouvement irrésistible créé par le P.D.G., aujourd'hui, chacun est à même d'analyser correctement le phénomène de l'engagement politique et de se déterminer librement et en toute connaissance de cause. La réalité politique n'est donc plus le fait d'un groupe restreint ou d'un individu ; elle est concrètement le fait de chacun et de tous.

Dans ce domaine, nous sommes passés en moins de cinq ans d'une société fortement désunie, désarticulée et dans laquelle régnaient l'arbitraire, la contrainte et l'irresponsabilité au stade d'une société fortement unie et solidaire, parfaitement consciente de son indépendance, jalouse de sa liberté et de sa dignité, hautement responsable de son destin propre et résolument engagée dans le combat pour un monde de justice et de paix.

B) — SUR LE PLAN ECONOMIQUE

En 1958 la Guinée ne possédait pas d'économie nationale : c'était là d'ailleurs le sort de toutes les colonies qui n'étaient, en réalité, que le prolongement économique, financier, militaire et administratif de la puissance occupante. Elle n'avait pas non plus de responsabilité économique ou sociale puisque toutes ses activités dérivaient des intérêts de l'Etat qui la dominait.

Désormais, nous possédons une économie nationale. Pour en doter notre pays nous n'avons pas hésité un seul instant à briser toutes les vieilles structures coloniales, alors que de nombreux pays africains, bien que juridiquement libres, maintenaient encore l'ancien système commercial, financier et bancaire. Dans les conditions historiques où elle fut opérée, la reconversion économique de la Guinée n'était dépourvue ni de dangers ni de risques, mais nous savions que le courage qui est un des attributs de la liberté est un facteur décisif de la promotion historique d'un peuple.

Allant au-delà de « l'Africanisation des cadres » telle qu'elle était conçue par la puissance étrangère et qui tendait, sous le contrôle de celle-ci, à établir une bourgeoisie constituée de cadres minutieusement choisis pour leur attachement à la puissance de tutelle, nous avons réalisé la nationalisation intégrale de notre administration afin qu'aucun poste de responsabilité ne reste confié à des étrangers. C'est ainsi qu'au lendemain même de l'indépendance, tous nos services fûrent gérés et dirigés par des Africains. Nous avons prouvé, par là, que l'homme africain était en mesure d'assumer, et même dans des conditions extrêmement difficiles, toutes les responsabilités inhérentes à l'indépendance d'un peuple et à la souverainté d'un Etat, réduisant ainsi à leur nature mystificatrice toutes les théories d'incapacité élaborées pour justifier et renforcer le honteux système colonial.

Ceci ne nous empêche nullement de rendre un sincère hommage à tous les Etats qui nous ont apporté, sur le plan technique, une assistance loyale, car cette assistance a toujours respecté la souveraineté guinéenne.

Malheureusement tout le monde sait qu'il existe encore en Afrique des assistances dites « techniques» qui ne sont, en fait, qu'une nouvelle forme de domination étrangère laissant à l'indépendance du peuple et à la souveraineté de l'Etat un caractère purement nominal et formel.

Ainsi, dans le domaine économique, la Guinée n'a pas hésité à organiser son économie, c'est-à-dire à doter ce secteur vital de nos activités, d'un caractère national et d'un contenu dynamique, à en faire un élément de renforcement de notre indépendance et l'assise d'un développement général et harmonieux du pays et de ses populations.

Actuellement la Guinée contrôle et dirige effectivement sa production, son commerce, ses moyens de crédit, ses mouvements de devises, ses transports intérieurs ; elle décide de tous les accords économiques nécessaires à ses échanges internationaux. Ce fait se traduit, sur le plan concret, par une intégration complète des activités économiques aux besoins réels du pays. Comment pouvait-on briser autrement le caractère parasitaire des activités économiques établies et dirigées par une puissance étrangère sans procéder d'abord aux réformes fondamentales que nous avons réalisées ?

Les néo-colonialistes et tous les contre-révolutionnaires conscients ou inconscients prétextent des difficultés réelles attachées à une réforme de cette nature, agitent le spectre de la faillite de toute économie africaine qui se voudrait réellement indépendante, réellement intégrée aux besoins véritables de la Nation ; pour ce faire, ils citent volontiers l'exemple de la Guinée. En dehors de toute autre considération, leur acharnement à discréditer l'action économique guinéenne suffit à lui seul à prouver que nous marchons dans la seule voie juste, la voie d'une révolution populaire véritable.

En réalité, le problème qui se pose aux pays africains reste le suivant : continuer de subir la domination économique ou édifier une économie indépendante en tant que moyen de renforcement de la souveraineté du peuple et facteur du développement général de la Nation. Mais lorsque l'on s'arrête à cette dernière hypothèse, il faut avoir le courage de se priver du superflu pour accroître le nécessaire ; en d'autres termes, il faut avoir le courage de constituer une économie en rapport avec les capacités productrices de la Nation et renoncer par là aux subsides avilissants, aux aides conditionnelles et interessées ainsi qu'aux investissements monopolistes effectués par l'étranger.

Le vrai problème demeure le suivant : moins de whisky et plus de logements pour le peuple, pas de bases militaires étrangères et une liberté réelle, une production suffisante avec une monnaie solide et indépendante.

Dans les conditions historiques qui sont les nôtres, dans les conditions économiques et sociales désastreuses dont nous avons hérité du colonialisme, comment peut-on vouloir accéder brusquement à la liberté et à la prospérité ? Certains prétendent qu'il existe des compromis pour alléger cette indispensable réconversion économique. Ces compromis réduisent en fait la liberté politique de la Nation et l'indépendance d'action de l'Etat.

Le Parti Démocratique de Guinée et le Peuple Guinéen ont eu le bon sens et le courage de renoncer à réaliser ces grands ensembles qui nécessitent l'union du loup et du mouton, la communauté de l'épervier et du poussin. Le seul ensemble économique viable et non équivoque qui puisse se concevoir dans la mesure de nos moyens réside dans l'unité économique de l'Afrique, réalisée par l'Afrique et pour les Africains.

Dans ce domaine comment peut-on penser être libre lorsque les signes monétaires qui circulent dans le pays dépendent de monnaies étrangères ?

Si la monnaie, à son origine, résulte du développement économique des échanges, elle devient, par sa fonction même, un élément de régulation de ce développement économique. Comment peut-on se croire économiquement libre alors que la monnaie qui circule dans le pays a été mise en circulation dans l'intérêt de l'étranger ?

Là également, la Guinée a ouvert une brèche décisive dans la citadelle néo-colonialiste. L'Afrique n'avait jamais eu de système monétaire totalement indépendant. Nous n'avons cependant pas hésité à créer notre propre monnaie, apportant ainsi la preuve de l'inanité des théories selon lesquelles toute monnaie doit nécessairement être garantie par une réserve d'or. On se demande d'ailleurs sur quoi était gagée la monnaie lorsque dans le passé elle était constituée par des pièces d'or, si ce n'est sur les capacités productrices de la Nation, ce qui correspond au support actuel de la monnaie guinéenne. Mais derrière cette théorie, se cachaient toutes les espérances néo-colonialistes qui tentaient, par ce biais, de faire échouer la réforme guinéenne dont elles avaient su mesurer l'importance. Aujourd'hui la preuve de la réussite de notre monnaie est faite. Une monnaie indépendante a été créée en Afrique ; elle régularise les activités économiques à l'intérieur du pays et reste le seul signe monétaire en circulation. L'économie guinéenne ne s'est nullement effondrée bien au contraire, ses bases matérielles se sont constamment consolidées.

L'on a longtemps soutenu que l'Afrique était un continent à part, et que l'Africain, dans son comportement et dans sa mentalité était inférieur à l'homme blanc ; aussi nous ne pouvions administrer la preuve du contraire et, par là, démystifier l'histoire, qu'en prenant nous-même la charge de notre destin, en assumant résolument toutes les responsabilités qui s'attachent à la liberté de notre peuple.

Le 1er mars 1960, nous n'avons pas biaisé avec nos responsabilités. Nous avons, bien au contraire, affirmé que notre monnaie n'était pas gagée sur l'or, car tout le monde sait que l'or de l'Afrique est depuis longtemps exploité et exporté au profit des économies colonialistes qui ont exercé, dans ce domaine, un pillage systématique de toutes nos richesses. Nous avons dit que notre monnaie était basée sur la confiance, sur la conscience ainsi que sur les capacités productrices et créatrices de notre peuple.

Notre monnaie est avant tout le produit de nos réalités économiques et psychologiques.

C'est alors qu'on a crié à l'échec et ceux qui criaient le plus fort étaient, sans conteste, ceux qu'un échec aurait réjoui davantage. Mais s'il y avait réellement échec, pourquoi aurait-on inondé la Guinée de fausse monnaie ? Pourquoi se serait-on donné tant de mal pour tenter de réaliser la faillite de notre système financier ?

Si la défaite était tellement certaine, pourquoi se serait-on battu avec cette rage et cette persévérance pour finir par admettre, en définitive, que la défaite attendue s'était transformée en une incontestable victoire ?

Le succès guinéen dans le domaine monétaire est une réalité et ce que l'on continue de combattre à travers la monnaie guinéenne c'est la création, en Afrique, d'une zone monétaire authentiquement africaine, échappant à toute possibilité de domination, à tout contrôle et à toute influence étrangère.

Faisons brièvement le point de la situation; nous avons pris en main tous les secteurs de l'économie nationale: le commerce extérieur, les secteurs énergétiques, les transports, les sociétés d'assurance, les entreprises d'acconage et de transit, l'exploitation minière à l'exception de la Compagnie Fria, important pôle de développement qui jouit de garanties que notre Etat lui a accordées et dont les transactions financières se font d'accord-parties au nom de la Banque Centrale de la République de Guinée.

Les lois fondamentales qui régissent toutes les entreprises commerciales et industrielles imposent à leur fonctionnement le contrôle de notre Etat.

En est-il de même ailleurs en Afrique ? Non !

Bien souvent, en effet, c'est l'ancien système qui

a subsisté, système qui continue d'accorder aux Chambres de Commerce et aux Banques étrangères, instruments des intérêts économiques étrangers, la prépondérance en matière monétaire, financière et économique.

Nous ne nions ni nos erreurs ni nos insuffisances mais nous avons fait la démonstration que la liberté n'est valable que dans la mesure où le peuple assume ses responsabilités, et, puisque rien n'échappe à notre contrôle, nous sommes sans aucun doute sur la bonne voie, la voie de l'indépendance, la voie de la réalisation heureuse des intérêts de la Nation et du développement économique et populaire.

C – EN POLITIQUE INTERNATIONALE

Avant l'indépendance, personne n'aurait songé à accorder un rôle international quelconque à un pays africain, personne non plus ne pouvait penser que les pays d'Afrique auraient la possibilité d'évoluer en dehors de l'un ou de l'autre des blocs qui divisent le monde. Dès notre indépendance nous avons posé le principe du neutralisme, non pas du neutralisme en tant que forme d'indifférence politique au regard des phénomènes extérieurs, non pas du neutralisme passif, mais du neutralisme positif, en tant qu'étape indispensable pour l'affirmation de la personnalité de notre Etat et de l'Afrique souveraine.

De nombreux Etats Africains évoluaient dans la sphère d'influence de telle ou telle ancienne puissance coloniale : ces Etats s'intégraient soit au Commonwealth, soit à la Communauté Française auxquels ils abandonnaient un des attributs essentiels de leur souveraineté : la politique étrangère et quelque fois la représentation diplomatique. En réalité, dans le Commonwealth, comme dans la Communauté Française, la Grande Bretagne et la France seules accaparaient les responsabilités relevant de la diplomatie et de la politique étrangère.

Certains des pays membres avaient le droit d'être quelquefois africains mais on leur imposait d'être constamment britanniques ou français.

Nous avons, quant à nous réaffirmé l'égalité de tous les peuples et, connaissant parfaitement où se trouve l'intérêt de nos peuples, avons refusé la gymnastique cérébrale que l'on nous invitait à pratiquer pour nous déterminer contre les Etats de l'Est ou de l'Ouest. Nous nous sommes tout simplement déterminés pour l'Afrique en distinguant en toute chose la fin des moyens, de manière à rester fidèles aux intérêts de nos peuples.

Et pourtant, à cette époque, notre situation matérielle était extrêmement précaire. Tout ce qui pouvait contribuer à renforcer la vie de la Nation et les rouages de l'Etat nous avait été arbitrairement confisqué par le Gouvernement Français. Cela ne nous a pas empêché de placer l'intérêt des peuples africains au-dessus des difficultés volontairement créées pour nous contraindre à composer plutôt avec la France ou la Communauté rénovée qu'avec les intérêts de l'Afrique. A l'heure actuelle, notre mérite est d'avoir été un exemple de dignité africaine.

Dès la proclamation de l'indépendance, et malgré des conditions matérielles extrêmement difficiles, nous avons tenu à ce qu'à travers notre représentation extérieure, l'Afrique toute entière soit entendue sur la scène internationale. Il n'y a pas eu à cette époque de réunions, de conférences, de colloques, de manifestations à caractère international au sein desquels la Guinée n'ait, avec courage et efficacité, fait entendre la voix de l'Afrique et alerté la conscience du monde sur les nouvelles formes d'action colonialistes, par la dénonciation ouverte de toutes les manœuvres impérialistes. Nous posions la liberté inconditionnelle et le progrès démocratique et social de tous les peuples comme le facteur décisif du maintien de la paix dans le monde.

En réalité, la politique guinéenne a servi de levain à une importante transformation de la conjoncture politique en Afrique. Combien d'Etats, à travers la hantise de leurs difficultés, ont dénoncé la politique internationale de la Guinée comme non réaliste ? Or, qu'en est-il aujourd'hui ? A la doctrine réactionnaire qui prônait **l'apprentissage de la liberté** la Guinée a résolument apporté une réfutation théorique et pratique en affirmant et en démontrant **qu'à tout moment un peuple est en mesure de se diriger et d'assurer la conduite de son propre destin.** Peut-on apprécier cette contribution à l'évolution historique de l'Afrique à sa juste valeur sans affirmer qu'il n'y a pas une difficulté qui aurait pu justifier l'abandon d'une telle politique ? C'est pourtant cette ligne politique que définissait le P.D.G. dès le 17 Septembre 1958 à l'occasion du meeting tenu au cinéma VOX « S'il le faut, disions-nous, chacun prendra la daba pour aller cultiver un champ mais il ne sera pas dit que la Guinée aura trahi l'intérêt des peuples africains en ne relevant pas le défi qui leur a été lancé ».

Si dans les domaines de l'organisation politique, de l'organisation étatique et de la philosophie de l'Etat – qui est moins la somme des considérations particulières à l'Etat, que le résultat de la philosophie collective définie par le Parti – nous avons procédé à une reconversion fondamentale, si sur le plan économique et financier nous avons, dans le même temps, élaboré nos propres instruments de travail et réalisé de manière concrète l'amélioration de nos conditions de vie, nous avons fait, par là même, la démonstration de ce qu'un peuple libre est capable de faire. Quelles que puissent être les erreurs de notre peuple, le bilan de son œuvre reste positif et comporte plus d'actif réel que n'en a jamais comporté le système colonial. Cependant, l'on ne peut, en politique, mesurer la portée qualitative de ce bilan car les éléments déterminants du comportement politique – essentiellement abstraits – non qualifiables, échappent à toute appréciation objective. On peut toujours parler de niveau de conscience, de degré d'engagement : ces données demeurent immatérielles tant qu'elles n'ont pas été concrétisées par des faits que l'on peut confronter et des résultats pratiques que l'on peut apprécier.

UNE REVOLUTION GLOBALE ET PROFONDE

Autrefois, nous n'avions pas de personnalité autre que celle de l'Etat français qui, chez nous, nous imposait ses lois ; une fois libérés, nous affirmions sans détour que : « l'Etat, c'est l'instrument du peuple et que le peuple c'est le Parti » ; ce principe était posé en fonction de la volonté du peuple exprimée par le Parti. Lorsque nous avons eu à définir nos objectifs nous avons réuni des Conférences Nationales. C'était bien la première fois, en Afrique, que l'on voyait de telles réunions groupant tous les responsables de la Nation et tous les représentants du peuple : ouvriers, paysans, manœuvres, employés, ménagères, se prononcer sur le contenu de l'action administrative, financière et économique, sur l'organisation de la structure de l'Etat et ses méthodes de travail. Cet évènement a été le fait du P.D.G. Certes, nous nous sommes heurtés à des contradictions, c'est là le fait de toute société engagée dans la voie du progrès et qui se heurte aux éléments rétrogrades ; mais ces contradictions n'affectent en rien la valeur de nos méthodes. A cette époque, autour de nous, on s'étonnait de ce que nous « laissions des analphabètes s'emparer de problèmes difficiles » « Consultez plutôt des experts, eux vous apporteront les solutions » nous conseillait-on. **Nous n'avons pas retenu ces conseils car notre confiance dans le peuple est infiniment plus grande que celle que nous pourrions faire à n'importe quel expert aussi qualifié soit-il.** Les experts nous auraient peut-être apporté une solution, mais le peuple, lui, apportait sa propre solution qui était une solution humaine, une solution conforme à ses aspirations profondes, à ses capacités d'engagement et de participation. Un expert ne détient que la solution matérielle des problèmes, le peuple lui, en détient la solution historique car c'est de sa vie qu'il est question, de son avenir, de son mieux-être, de sa dignité. Qui donc pourrait, mieux que lui, se prononcer sur cet ensemble d'éléments qui se trouvent dans chacun des problèmes se posant à la Nation, à l'Etat ou au Parti ?

Nous savions bien qu'il n'était pas nécessaire d'avoir fréquenté un institut ou une faculté pour acquérir le sens de la dignité, déterminer ses aspirations et dénombrer ses besoins. Nous étions convaincus que dans la phase de l'édification nationale et de la consolidation de l'Etat, c'est le peuple qui détenait la véritable solution.

Chaque étape nous imposait ses propres exigences et avait ses propres impératifs. L'étape de l'indépendance se confondait et continue de se confondre, en Afrique, avec celle de la réhabilitation de nos peuples par eux-mêmes et pour eux-mêmes : c'est ainsi que l'Etat demeure le bien du peuple et son moyen d'action.

C'est en fonction de cela que nous avons envoyé de nombreuses délégations dans toutes les régions pour y tenir des conférences en soussou, en foulah, en guerzé, etc., et recueillir les réactions de nos comités. Il n'est pas une mesure administrative, financière, sociale, économique, qui ait été prise, sans avoir au préalable été soumise à la discussion populaire, car pour le P.D.G., la valeur d'une loi réside dans son application pratique et ses résultats, dans sa concordance rigoureuse avec la sauvegarde des intérêts du peuple.

Ainsi, le comportement de l'Etat Guinéen s'est-il confondu avec cette nécessaire mutation des pouvoirs qui étaient détenus, sous l'ancien régime, par quelques privilégiés — comme cela existe encore dans beaucoup d'Etats — et que nous avons restitués au peuple. Refusant de copier l'ancien régime, nous avons voulu constituer une entité indivisible et renforcer les éléments du progrès au détriment des éléments de la réaction. Ce n'était pas une démission, de notre part, que de nous retrancher alors derrière le peuple en disant « il a décidé telle chose », c'était l'illustration de la voie de développement que nous avions choisie.

Quelles sont les caractéristiques de cette option? La voie que nous avons choisie est une voie de développement collectif et harmonieux, elle est opposée à celle du développement individualiste et capitaliste ; il n'y a pas, dans cette voie d'autre issue que de mettre le peuple guinéen dans des conditions objectives devant le préparer à exercer effectivement tous les pouvoirs.

Ignorer l'importance capitale d'un tel choix, c'est vouer l'entreprise nationale à l'insuccès car il ne suffit pas de connaître ; la connaissance ne peut transformer les capacités de l'homme que dans la mesure où il possède le pouvoir de dominer ce qui entrave ses capacités. Pour en revenir aux pays de vieille souveraineté, ceux-ci ont d'abord existé en tant que Nations soumises à un régime féodal tributaire de fluctuations de caractère divers. L'Afrique par contre, a connu un tout autre processus puisqu'après la profonde désintégration de ses Etats, par la domination étrangère, elle s'est trouvée morcelée et divisée avant de conquérir les attributs de sa souveraineté. Mais si ces droits reconquis se trouvaient incarnés par l'appareil de l'Etat, celui-ci ne reposait pas sur une Nation historiquement constituée, mais seulement sur l'ensemble administratif qu'avait constitué la puissance de domination coloniale.

Cependant, bien que les conditions spécifiques soient différentes, il n'en demeure pas moins que le comportement de l'homme reste partout comparable. Autrefois, l'Afrique était organisée en communautés linguistiques dont chacune avait ses pratiques économiques, ses règles sociales et ses manifestations culturelles. L'organisation administrative de ces ensembles était plus ou moins perfectionnée : certains avaient mis sur pied un ensemble de services publics, d'autres laissaient à la féodalité le soin de résoudre leurs problèmes. Partout les caractéristiques de la Nation existaient. La colonisation n'a pas fait qu'engendrer la dépersonnalisation de ces ensembles, elle a procédé à leur dislocation ; de nouvelles frontières furent tracées ; les coutumes, les pratiques sociales connurent d'importantes altérations ; des déséquilibres internes graves furent introduits dans notre vie sociale et nous avons tous été profondément marqués par les nombreux complexes qui ont été créés en nous. Et voici qu'au milieu de ce chaos, nous nous sommes soudainement emparés des rênes de notre destinée. Alors, nous nous posons la question : quelle est la fin assignée à notre combat ? La fin, c'est la réalisation du bonheur de l'ensemble du peuple Guinéen. Désormais après la constitution de ses structures, l'Etat existe, mais en est-il de même de la Nation ? Nous répondons par la négative, tout au moins au 2 Octobre 1958 ; si le référendum du 28 Septembre 1958 avait envisagé que chaque région ethnique constituât une entité dotée d'un Gouvernement, n'est-ce pas que nous aurions eu plusieurs Etats en Guinée et non pas un Etat unique ? La Nation qui existe aujourd'hui résulte des activités de l'Etat et du Parti. L'Etat peut donc promouvoir rationnellement le caractère unitaire qui donne force à ses méthodes, à ses objectifs ; mais ce n'est là qu'un subterfuge, car la transformation de l'homme ne peut se faire radicalement et efficacement qu'au sein d'une organisation politique ; c'est le Parti qui peut opérer cette révolution, de manière satisfaisante, en éduquant le peuple et en organisant son action créatrice.

On nous demande très souvent comment le P.D.G. arrive-t-il à concilier la liberté collective et la liberté individuelle, les intérêts du locataire et ceux du travailleur salarié, l'intérêt de l'acheteur et celui du vendeur. Eh bien, nous répondons invariablement qu'il ne peut y avoir de compromis entre le vrai et le faux, entre la vérité et le mensonge. On a souvent embarrassé certains de nos jeunes militants avec ce genre de questions au demeurant pertinentes, et qui partent de l'appréciation des contradictions qui existent au sein de la société guinéenne comme au sein de toute autre société ; l'intérêt de classe et la lutte qui l'exprime existent au sein du P.D.G., car ce n'est pas parce qu'un homme cupide aura payé sa carte de membre du P.D.G. et crié des centaines de fois « VIVE le P.D.G. » que ses rapports économiques avec ceux qu'il exploite deviendront instantanément positifs pour son entourage. Quelle serait la signification d'une lutte en faveur de la justice et de l'égalité sociale si celles-ci étaient solidement établies ?

La lutte de classes en Afrique s'exprime concrètement dans le combat organisé par nos peuples contre l'impérialisme, le colonialisme et le néo-colonialisme qui sont les phénomènes d'exploitation et d'oppression les plus nocifs dans le monde.

A des degrés moindres, la lutte à l'intérieur des Nations d'Afrique contre les féodalités coutumières, les forces capitalistes, les pratiques de mystification religieuse et les comportements réactionnaires en général constitue d'autres formes actives des manifestations de l'antagonisme des intérêts économiques, politiques et sociaux au sein de nos sociétés.

Il est évident que toute lutte, pour accroître son efficacité, mérite d'être organisée rationnellement et dirigée vers des objectifs aussi clairs que justes et selon une échelle de priorité nécessairement conforme à l'importance et à la nature des besoins et des intérêts de ceux qui agissent en commun.

S'il est vrai que les commerçants, les propriétaires d'immeubles loués, les entrepreneurs et les planteurs utilisant de la main-d'œuvre salariée, enfin toute la couche de nationaux plus ou moins exploiteurs des travailleurs et des consommateurs sont sur le plan économique dans des rapports antagonistes avec une large fraction du peuple, il reste encore plus vrai que l'ennemi principal de l'émancipation et du progrès général de l'ensemble du peuple, la bourgeoisie nationale comprise, demeure encore l'impérialisme et le colonialisme.

La contradiction fondamentale qui doit davantage retenir l'attention vigilante des forces révolutionnaires est donc bien celle qui oppose à l'intérêt des Nations et des jeunes Etats Africains, les forces dangereuses de l'impérialisme et du colonialisme.

Dans nos Etats dépourvus d'une bourgeoisie capitaliste détentrice de grands moyens de production, l'impérialisme et le colonialisme favorisent la création d'une bourgeoisie nationale devant leur servir de support et d'instrument, en l'associant de plus en plus étroitement à leurs objectifs de domination. C'est là où réside le véritable danger d'embourgeoisement de nos sociétés.

Soustraire les réalités Africaines à la domination et à l'influence de ces forces de la réaction, c'est incontestablement œuvrer dans le sens le plus favorable à leur libération politique, économique et sociale.

En soulignant l'importance de la victoire de nos peuples sur les forces du mal, nous ne voulons nullement sous-estimer la nécessité de mener une lutte aussi vigoureuse contre les couches nationales vivant de l'exploitation des masses laborieuses : travailleurs, paysans, consommateurs, etc...

Nous estimons que l'apport des peuples et des pays sous-développés, victimes de l'impérialisme et du colonialisme, devra se développer même après leur libération politique par leur contribution à l'avènement d'un monde de justice grâce à l'abolition complète de tous les rapports de dépendance, de discrimination arbitraire et d'inégalité entre les nations et entre les hommes au sein de chaque nation.

Cette lutte, au-delà même de l'établissement de rapports équitables et justes entre les nations et entre les individus d'un même groupe social, se poursuivra sans interruption en convertissant son contenu de classe en facteur de progrès.

En effet, il existera toujours au sein de la société humaine certaines différenciations de caractère volontaire ou naturel qui auront tendance à s'approfondir si l'action consciente et collective des hommes ne les empêche pas d'engendrer et d'amplifier des contradictions d'intérêts et des conflits.

Par exemple, dans le meilleur des cas, les sociétés accèdent à un stade d'évolution supérieur grâce à leurs structures sociales hautement perfectionnées et aux qualités humaines de leurs pratiques présentant toujours une tendance plus progressiste que d'autres ; la lutte entre ces tendances, plus ou moins prononcées, pour un dépassement et un progrès social, opposera les hommes dans tous les domaines de la vie collective et requerra nécessairement la conscience, la volonté et le travail des hommes au sein de la société dont le propre est de ne jamais être stable tant le mouvement est la marque de son exsistence.

Le régime de Démocratie Nationale et son corollaire, le non-alignement, procèdent de trois conditions particulières aux nouvelles Nations Africaines:

1⁰ — L'affirmation effective de la présence politique de l'Afrique qui, dans son évolution, a élaboré un système « communaucratique » ; on objectera que l'Afrique était sans doute obligée d'adopter un tel système parce qu'elle se trouvait dans le cadre primaire de son évolution économique qui n'était ni très diversifiée, ni très complexe et permettait, à travers une grande solidarité, le développement du collectivisme. Si l'on se réfère à l'Economie Politique telle qu'elle est enseignée, on comprend pourquoi dans les autres pays, cette « communaucratie » n'a pas vu le jour bien qu'il y ait eu processus évolutif.

2⁰ — La prise en considération de notre retard scientifique. Néanmoins dans le domaine de l'humanisme nous n'accusons de retard sur aucun peuple du monde, et nulle part ailleurs, l'homme n'a plus d'importance qu'en Afrique. Ceci constitue, incontestablement, un facteur positif qui doit être mis au crédit, non de la seule Afrique, mais de l'évolution ultérieure de la société universelle.

3⁰ — Le respect de la doctrine du non-alignement. Tous les autres peuples pensent, de bonne foi, en termes de communisme ou d'anticommunisme. Nous pensons que ces deux philosophies n'épuisent pas à elles seules toutes les possibilités offertes à l'homme, que l'Afrique n'est pas frappée d'indigence intellectuelle : elle possède sa personnalité propre et elle entend assumer la responsabilité totale de sa présence internationale. L'Afrique devenue consciente ne peut qu'adopter le non-alignement pour dire leurs faits aux uns et aux autres selon qu'elle juge leur position juste ou fausse, bonne ou mauvaise, compte-tenu de leurs options ; l'Afrique ne doit pas avoir peur de donner raison à celui qui adopte une position juste, qu'il soit communiste ou non.

Le non-alignement n'est pas une démission, c'est au contraire l'affirmation de soi, de nos positions, car nous ne sommes placés dans le sillage d'aucun bloc, autrement nous ne serions pas réellement indépendants. « Non-alignement » signifie affirmation de soi, mais non négation des autres ; cela signifie également appréciation des autres en toute liberté et conclusion d'accords bilatéraux établis non sur des considérations arbitraires mais sur l'analyse concrète de leur contenu et de leur efficience.

De nombreux pays africains ont craint de «quitter» l'Occident, en raison de la nature de leur régime ; d'autres pourraient penser qu'il faudrait nécessairement s'aligner sur l'Est pour telle ou telle raison, une analyse objective des intérêts de l'Afrique, démontre qu'elle seule peut savoir où se trouvent les éléments appropriés qui créeront les conditions de son bonheur ; le non-alignement et son affirmation sont justement le fruit de ce travail d'analyse effectué dans quelques pays.

Nos débuts ont été abondamment critiqués, mais aujourd'hui nous sommes heureux de constater qu'à Addis-Abéba, tous les principes directeurs de la Révolution Guinéenne se trouvent codifiés dans la Charte de l'Organisation de l'Unité Africaine (O.U.A.). L'Afrique a conscience que si certains pays ne sont pas issus de l'idée de Nation, ils se trouvent obligés d'y aboutir ; si les uns pratiquent une démocratie de groupes, une démocratie d'intérêts particuliers, d'autres empruntent la voie de la démocratie populaire. Tout est question d'option et de mesure.

La République de Guinée est le dénominateur commun de tous les Guinéens et j'appelle Guinéens, tous les Africains qui, en toute connaissance de cause, par leur option, ont œuvré à la création et à la consolidation de notre régime, lequel se caractérisant par la « démocratie nationale », place sa confiance dans les capacités du peuple lui-même, centre d'intérêt des activités et des manifestations de la Nation.

Le tout n'est pas de faire confiance à des hommes qui, comme toutes choses, naissent et meurent ; toute attitude qui se détermine en fonction du sentimentalisme est empreinte d'un caractère irrationnel et conduit inévitablement à l'échec. Au contraire, toute attitude consciente déterminée par des données concrètes est payante et conduit sûrement à des résultats concrets et durables.

S'il est demandé au peuple Guinéen de respecter la discipline nationale, cela sous-entend qu'au préalable, il s'est librement exprimé et démocratiquement engagé dans la réalisation des objectifs qu'il s'est assignés et dont l'aboutissement implique le respect de cette discipline nationale qui est liée à l'engagement préalablement pris par chacun et par tous. Cet engagement n'a de valeur que dans la mesure où il ne subit aucune altération ; pour cela, l'homme doit connaître précisément l'objectif qu'il cherche à atteindre. Bien que le sujet soit infiniment vaste et qu'il soit extrêmement difficile d'aborder et d'analyser tous ses aspects en quelques phrases, nous tenons à faire la lumière sur les fondements **de notre régime et à expliquer les raisons des** options faites par le P.D.G.

Nous avions parfaitement conscience de ce que le progrès réel des peuples africains passait nécessairement par leur libération effective et que le premier instrument de notre Révolution ne s'appréciait ni en termes de subsides, ni en termes de tutelle, mais qu'au contraire, il résidait dans l'indépendance effective et la responsabilité militante.

Nos options ne pouvaient manquer de provoquer des réactions de la part de ceux qui, tant à l'intérieur qu'à l'extérieur, étaient opposés à l'évolution rapide de l'Afrique et qui n'ont, de ce fait, épargné aucun effort pour nous abattre.

Nos ennemis qui avaient rapidement compris l'importance de l'option guinéenne s'efforcaient d'accréditer, parmi les autres peuples africains, l'idée que l'indépendance ne s'improvisait pas, que la pratique de la souveraineté nécessitait un apprentissage prudent et qu'en conséquence pour n'avoir pas respecté ces principes, l'indépendance de la Guinée ne pouvait être viable. Les tentatives faites pour distraire notre révolution n'ont pu être mises en échec du fait que l'indépendance de la Guinée reposait sur l'unité politique du peuple.

Mais l'indépendance guinéenne n'influa pas seulement sur la nature des rapports entre la République de Guinée et les forces colonialistes ; elle portait en elle implicitement la condamnation de tous ceux qui n'avaient pas osé, le moment venu, prendre courageusement leurs responsabilités. Ainsi, nous nous sommes trouvés placés dans un contexte très particulier. Toutes les mesures qui ont été prises, à cette époque, constituèrent les réponses aux questions suivantes : Est-ce que la Guinée, en optant pour l'indépendance, serait capable de faire la démonstration de ce que son choix était commandé par l'histoire, ou est-ce que la Guinée, dans l'exercice malheureux des attributs de son indépendance apporterait la preuve de son incapacité à resoudre les problèmes posés par son propre progrès ? Si nous avions échoué, nos ennemis se seraient empressés de présenter cet échec comme la preuve de ce qu'aucun pays africain n'était en mesure d'assurer des responsabilités souveraines ; mais face à notre réussite, ils ont cherché à minimiser sa portée en la présentant comme une victoire due à des conditions particulièrement favorables.

DES CADRES TECHNIQUES ENGAGES

L'erreur est inhérente à l'action, l'homme est imparfait, mais l'erreur incite l'homme à abandonner ce qui mérite de l'être et lui permet d'acquérir l'expérience. Mais ces erreurs elles-mêmes sont infimes comparées à celles que comporte l'abandon de toute action consciente et résolue.

Nos principales fautes résultent de la pénurie en cadres techniques.

Alors que nous inaugurions en 1961 la 1re Exposition industrielle de la République Populaire de Chine, les étrangers nous avaient fait justement remarquer que nous ne contrôlions pas l'énergie électrique de Guinée car au moment où nous devions prendre la parole, ironie du sort ou préméditation, une panne de courant venait fâcheusement compromettre le déroulement de la manifestation.

La leçon fut comprise et, dès le lendemain, nous prenions un Décret nationalisant la Compagnie d'Electricité. Nous avons demandé aux ouvriers de désigner sans délai leurs responsables et avons accordé à ceux-ci notre entière confiance. Les résultats ? Aujourd'hui notre Centrale fonctionne normalement et ne cesse de se développer.

Revenons à la question relative au chemin de fer dont la situation était critique à la veille de l'indépendance.

La gestion du chemin de fer a conduit à des résultats trois fois supérieurs à ceux obtenus lorsqu'il était géré par les Français ; son budget, qui était de l'ordre de 225 millions, comportant un déficit annuel de 40%, atteint aujourd'hui 700 millions.

Le budget des Postes et Télécommunications est passé, quant à lui, de 240 millions à 650 millions de Frs.

Entre autres réalisations nous pouvons également citer à titre indicatif et sans commentaires quelques chiffres qui expriment l'importance du développement général réalisé au cours des années précédentes :

Dans le domaine de la Santé Publique :

— **En 1958 la République de Guinée ne comportait que :** 1 Hôpital de première catégorie (Ballay), 1 Médecin pour 70.000 habitants, 1 Infirmier pour 8.300 habitants.

— **En 1963 nous disposons de :** 4 Hôpitaux de première catégorie, 17 Hôpitaux de seconde importance, 160 Dispensaires, 20 Dispensaires Maternités, 40 Centres de P.M.I., 1 Dispensaire antituberculeux, 23 Hypnoseries-Léproseries.

La capacité hospitalière de l'ensemble de ces formations étant de 6.843 lits contre 1.383 en 1958.

Ajoutons à ces données la création de 6 Ecoles spécialisées de Santé Publique.

Sur le plan du Commerce :

Les Entreprises d'Etat accusent en 1960-1963 un bénéfice global de plus de 7 milliards de francs, alors que nos exportations accusent une augmentation en valeur de 6.212.000.000 entre 1958 et 1962, tandis que nos importations augmentent en valeur de 3.196.000.000 pendant la même période.

Dans le domaine de l'Education :

Contre 309 écoles totalisant 515 classes en 1958 nous avons, en 1963, 1.501 écoles totalisant 3.786 classes. 45.090 enfants scolarisés en 1958 contre 171.892 en 1963.

Dans le domaine de l'Economie Rurale :

Il a été mis à la disposition des régions soit en dotation matériel, soit sous forme de prêts de la B.N.D.A. pour un montant de 3.367.727.447 Fr.

D'autre part il a été procédé à une notable augmentation des prix des produits aux producteurs.

Par ailleurs, l'Administration Guinéenne et tous ses appareils et leurs moyens sont désormais reconvertis aux besoins du peuple.

— Les Institutions législatives sont profondément démocratisées et leur rôle fondamentalement déterminé en fonction du caractére harmonieux et réaliste des options faites par le P.D.G. en vue d'une évolution rapide de la Nation.

— La Justice est devenue humaine, gratuite et sereine ; et elle est désormais parfaitement adaptée aux exigences humaines et politiques de la société.

— L'Armée Guinéenne constituée sur des bases révolutionnaires contribue effectivement et positivement au développement économique et social du pays.

— Les principaux Secteurs économiques : Monnaie, Institut d'émission, Banques, Assurances, Commerce extérieur, Moyens de transports aériens et ferroviaires, Exploitation des richesses minières et des Forces énergétiques sont entre les mains de l'Etat.

Mais l'important, après cette adaptation rigoureuse des structures de base aux impératifs d'un développement économique et social rapide du pays, reste la formation rapide de cadres hautement qualifiés et d'agents d'exécution consciencieux et honnêtes.

En effet, **c'est au comportement professionnel des travailleurs Guinéens que nous devons accorder une importance essentielle.**

Les vols et les détournements ont notablement diminué depuis l'application des mesures de fermeté recommandées par le 6ᵉ Congrès de Décembre 1962, sans malheureusement disparaître complètement.

Les appels du Parti pour le respect des horaires du travail, la discipline professionnelle, l'amour du travail bien fait, en un mot sur la conscience professionnelle dans la production et dans la saine gestion du bien public n'ont pas été suivis honorablement par beaucoup de travailleurs et même par certains responsables qui pensent que la seule présence au lieu du travail justifie le traitement, en dehors de tout effort en vue de s'acquitter dignement et concrètement des tâches qui leur sont confiées par le Parti et par l'Etat.

Pour que les lacunes et les imperfections constatées dans le fonctionnement des services et des entreprises d'Etat — et singulièrement dans la réalisation des objectifs du premier plan — ne se répètent plus jamais il est fondamental qu'à tous les échelons, les responsables et les militants du P.D.G. aient une attitude positive et s'imposent une discipline permanente et stricte.

Les réalités sont là.

Si on nous compare à la France, aux Etats-Unis, on constate que nous sommes pauvres, mais si on nous compare aujourd'hui à ce que nous étions avant notre indépendance, nous pouvons être fiers des résultats obtenus. Des pays comme les U.S.A., comme l'U.R.S.S., n'étaient guère aussi développés au moment où ils prenaient leur indépendance ; c'est dans la liberté et grâce au travail qu'ils se sont épanouis.

Prenons l'exemple des Banques :

Là aussi, la pénurie des cadres se faisait durement sentir. Pour y remédier nous avons employé des jeunes qui n'avaient jamais travaillé dans une banque. Une Banque aussi expérimentée que la B.A.O. redoutait de créer deux ou trois succursales. Nous avons jugé que l'organisation bancaire devait s'adapter aux besoins du peuple et nous avons doté les 29 régions du pays de succursales. Il nous a fallu improviser, créer, expérimenter et contrôler nos camarades fonctionnaires et employés qui n'avaient jamais eu à gérer des millions de francs, encore moins des centaines de millions de francs.

Les responsabilités qui leur ont été confiées étaient et sont la marque de la confiance du régime Guinéen dans le peuple.

Nous avons fait face aux difficultés qui, d'ailleurs, étaient inévitables. Ainsi nos directeurs d'entreprises ne pouvaient pas s'adapter du jour au lendemain à leurs nouvelles charges, ils ignoraient certaines règles du commerce et n'étaient pas au courant des cadences d'importations pour les marchandises périssables. Quelques uns ont eu des défaillances et, confondant l'intérêt national avec leurs intérêts particuliers, ils ont commis des malversations et des détournements.

Mais il importe de se méfier des généralisations hâtives et d'éviter de prendre « l'arbre pour la forêt» ; le pays est plein d'honnêtes gens, armés de bonne volonté et qui luttent contre les contre-révolutionnaires et les éléments négatifs.

Les hommes peuvent être tous compétents, honnêtes, sincèrement engagés, sans pour autant être assurés de transformer leurs réalités si la ligne politique qu'ils suivent et l'organisation dans laquelle ils agissent ne sont pas justes et efficaces. Mais lorsque ces conditions sont effectivement remplies, elles favorisent la transformation heureuse des hommes les plus incapables. **On ne peut apprendre à nager sans se mettre à l'eau.**

Si l'on doit déplorer quelques détournements dont, pour leur honte, se rendent coupables des hommes indignes d'assurer des responsabilités, il suffit de les écarter, de rendre ces hommes inoffensifs ; car, les structures mises en place sont bonnes et rien ne justifie que l'on veuille mettre fin à une organisation parce que certains hommes s'y sont révélés déficients. L'échec d'un homme ne peut être l'échec de tous.

Nous avons foi dans le progrès, dans la possibilité d'amélioration des hommes et dans leur adaptabilité aux nouvelles structures.

Actuellement, le militant du village le plus reculé est en mesure de parler de la planification en Guinée, des structures de son pays et des méthodes à observer pour créer et organiser un commerce valable. Bien sûr, au départ, l'empirisme nous a gêné, mais c'était pour nous la seule façon de progresser. Les pays qui n'ont pas eu le courage de « mettre la main à la pâte » ne peuvent comprendre cette réalité parce que leur niveau de conscience politique est loin d'égaler le nôtre.

Avec l'expérience acquise, chacun de nous peut valablement parler de son secteur d'activité, l'élévation de ses connaissances ayant suivi l'élévation de sa conscience.

Pour terminer ce tour d'horizon nous traiterons rapidement des modifications apportées à l'enseignement en Guinée, enseignement qui a été l'objet d'une attention soutenue de la part du Parti et du Gouvernement.

Le caractère révolutionnaire d'un régime s'apprécie non seulement par la qualité des structures politiques, économiques, administratives, juridiques qui y sont instituées et qui le définissent de manière concrète, mais surtout par l'importance que ce régime accorde à la liquidation des différenciations arbitraires, à l'amélioration des rapports économiques et sociaux et surtout aux problèmes de la femme et de la jeunesse. Il ne nous est pas possible de montrer d'un trait, tout ce qui a été fait dans ces divers domaines mais il n'en reste pas moins que les progrès y sont considérables.

Si l'on se réfère aux statistiques de l'ex-«A.O.F» en 1957-1958 on constate que l'enseignement touchait à peine 8% de la population scolarisable. Pour 1963-1964, il représente près de 50%.

Si on ne peut mesurer la qualité des transformations intervenues au niveau de chaque individu, cependant en considérant les acquis collectifs, l'on peut se rendre compte de l'évolution enregistrée en Guinée depuis l'indépendance.

Nous savons que la civilisation ne se réduit pas à la somme des acquis matériels d'un peuple, elle ne se laisse apprécier qu'en fonction de ce qu'elle constitue comme possibilités d'amélioration des qualités de l'homme ; un peuple peut être matériellement très développé et ne posséder que des qualités morales médiocres par rapport à celles d'un peuple pauvre mais dont les structures recouvrent mieux ses intérêts. Plus les sociétés sont matériellement développées, moins les préceptes moraux sont respectés. Nous pourrions avoir un nombre considérable de bacheliers et de licenciés tout en restant plus sous-développés que nous ne le sommes actuellement. Ceci aurait pour effet de créer un déséquilibre social extrêmement grave. **L'instruction ne peut donc être conçue uniquement pour elle-même.**

Elle constitue simplement un moyen. Un paysan peut s'imaginer que son frère devenu bachelier sera heureux. Mais si l'Etat guinéen n'arrive pas à lui donner les moyens de vivre, il sera plus à plaindre que le paysan demeuré au village avec un maigre revenu annuel de 60.000 Francs.

C'est pourquoi une politique d'extension de l'enseignement devrait nécessairement envisager les conditions d'utilisation ultérieure des cadres qui auront été formés. La réforme de l'enseignement a rigoureusement tenu compte de cet impératif. Il existe deux voies pour en accélérer le développement.

La première est l'acquisition par le peuple des moyens dont il ne dispose pas encore, la seconde consiste à utiliser au maximum les moyens existants. Nous avons utilisé au mieux ces deux voies.

Un autre aspect de la réforme concerne la nouvelle orientation donnée à l'enseignement. Dans les nouveaux programmes, la littérature cède le pas aux sciences et à la technique. Naguère, ceux qui avaient le privilège de recevoir l'instruction étaient essentiellement destinés aux fonctions bureaucratiques du régime colonial.

Aujourd'hui, nous nous sommes attelés à bâtir notre indépendance économique, aspiration parfaitement légitime, ce qui implique l'obligation de former les techniciens indispensables à l'édification d'une économie moderne.

Notre pays dispose d'immenses richesses minières. Leur mise en valeur effective dépend des techniciens que nous saurons former afin de ne plus rester à la merci de conseillers et d'intérêts étrangers. C'est pourquoi notre institut polytechnique représente une de nos plus importantes réalisations.

Pour nous interdire l'accès des domaines techniques les colonialistes cherchaient à nous convaincre de ce que l'Afrique est fermée aux sciences. Eh bien ! nous entendons faire en sorte que nos hommes de science soient parmi les meilleurs, même si cela devait se faire aux dépens d'autres disciplines telles que la grammaire ou la littérature.

Il est des complexes dont nous devons absolument nous défaire. Le Parti entend créer, ici, les conditions propres à dispenser un enseignement supérieur spécialisé et approprié, dans tous les domaines.

Actuellement, les difficultés de l'Afrique sont immenses et plus notre continent s'engagera dans la voie de sa réhabilitation et dans celle de la recherche de son originalité afin de se donner un développement qui lui soit propre, plus il aura à faire d'efforts de réadaptation.

Malheureusement, dans de nombreux pays africains, le programme d'enseignement est demeuré ce qu'il était sous la domination coloniale ! Trop nombreux sont ceux qui, dans ces pays, pensent qu'il n'existe d'autres cultures que les cultures d'origine européenne.

Quel a été le rôle tenu jusqu'ici par l'intellectuel africain ? Se servant de formes d'expression étrangères, il pensait exprimer l'Afrique en utilisant des critères moraux et une table de valeurs sans rapport avec la société africaine. Avant de vouloir exprimer des réalités objectives, faut-il encore être en mesure d'en comprendre la nature, les caractéristiques et la génèse. Désormais le rôle imparti à l'intellectuel exige d'abord l'authenticité envers soi et la réalité de ce qu'il doit exprimer. La langue d'emprunt dans laquelle il est appelé à exprimer sa pensée ne doit être pour lui qu'un instrument, une sorte de prisme qu'il utilisera pour projeter sur l'écran de l'histoire la personnalité africaine qui n'a été jusqu'alors que grossièrement caricaturée à la mode anglaise, française, belge ou portugaise.

Naguère, on nous avait appris à nous justifier devant « le chef blanc », à respecter l'éthique et l'esthétique de l'Europe ; à présent, l'apport intellectuel de l'Afrique exige que l'on pense en Africain. **Si nous n'opérons pas ce retour aux sources, jamais nous ne parviendrons à restituer à notre personnalité, partant à l'Afrique, la place qui lui revient de droit au sein de la société universelle.** Et parviendrons-nous encore moins à préserver ses valeurs qui constituent autant de facteurs positifs que nous devons utiliser pour assurer son développement historique avec le maximum d'efficacité !

C'est pourquoi, il convient d'abandonner et même de combattre tous les complexes absurdes à travers lesquels on se persuadait que la véritable intelligence devrait aller se tremper à Paris, Berlin, Londres ou New-York et qu'il n'y avait de véritable culture qu'en Europe. L'ingénieur, le professeur, l'écrivain que nous formerons en Afrique sera socialement supérieur à celui formé à l'étranger car il n'aura perdu à aucun moment le contact avec les réalités africaines.

Cet ensemble de faits et de considérations a créé peu à peu des conditions meilleures pour aborder les problèmes de l'Unité Africaine. Déjà, il faut le dire, la République de Guinée avait pris plusieurs initiatives dans le sens de la réalisation de cette Unité ! Le premier déplacement que nous avons effectué à l'extérieur a été pour signer des accords en ce sens avec le Libéria. Ensuite, à Accra, nous posions le principe des Etats-Unis d'Afrique dont l'Union Guinée-Ghana-Mali constituait le noyau et ceci, à un moment où toutes les tentatives africaines de regroupement se faisaient au sein de la Communauté Française ou au sein du Commonwealth. Notre Union avec le Ghana, en même temps qu'elle portait condamnation de ces sortes de regroupements, faisait éclater la fausse division linguistique de l'Afrique pour n'affirmer qu'une seule et même Afrique, à savoir l'Afrique Unie.

Les Africains conscients, loin de se bercer d'illusions savent que la conférence d'Addis-Abéba a ouvert à l'Afrique la voie de son Unité et qu'il lui reste à surmonter encore de nombreuses difficultés qui seront en rapport avec l'importance des décisions qui y ont été prises.

Les impérialistes et les néo-colonialistes ne veulent pas d'une Afrique Unie ; ils ne veulent pas d'une Afrique économiquement indépendante pas plus qu'ils ne veulent d'une Afrique libre, débarrassée des bases militaires étrangères, ayant sa propre unité monétaire et disposant de son propre marché commun. En conséquence, si chaque progrès fait dans la voie de l'Unité correspond à une défaite de l'impérialisme, nous devons, à tout moment, être à même d'en affronter les assauts renouvelés.

La grande force de l'Unité, c'est que désormais elle est inscrite dans la conscience des peuples d'Afrique et rien, de ce fait, ne saurait s'opposer à elle car si les idées peuvent être provisoirement mises en échec, si les hommes sont parfois déficients, les peuples, eux, demeurent et triompheront toujours.

Aussi l'Unité doit-elle, pour chacun de nos Etats et pour chaque homme et chaque femme de nos peuples, être l'objectif numéro un à atteindre et la plus urgente tâche à accomplir.

La repersonnalisation de l'Afrique et la réhabilitation historique de tous ses peuples caractérisent, plus particulièrement, la lutte menée pour l'Unité Africaine ; elles ouvrent à une jeunesse consciente un champ d'activités infini.

Cette révalorisation consiste à fixer les richesses que comporte notre littérature orale, à restituer à l'histoire de l'Afrique sa véritable signification, à rendre à nos pratiques sociales leur contenu humain original et à reconvertir scientifiquement la pharmacopée traditionnelle qui constitue un important héritage scientifique patiemment expérimenté par nos pères.

Nul ne peut sous-estimer la valeur de cet apport qui est le fondement même de notre personnalité. Aussi, un problème si vaste et si complexe que celui de la culture est-il lié à toutes les manifestations tant matérielles qu'immatérielles de la vie et représente-t-il la somme des connaissances, des pratiques, des principes et des activités avec lesquels un peuple donne à sa vie un sens et une signification dont la valeur s'exprime dans la qualité de son humanisme.

La République de Guinée n'a pas seulement pour ambition de réhabiliter l'Afrique à travers son développement économique, mais également elle entend que cette réhabilitation s'exprime à travers le développement de sa personnalité politique et culturelle afin que soit assurée sa totale indépendance, condition indispensable à son intégration libre et égalitaire à la société universelle, à la concrétisation des idées progressistes et à l'élimination de toutes les considérations réactionnaires. Toutefois la Démocratie Nationale ne serait qu'une étape éphémère si elle ne réussissait pas à se maintenir dans le cadre qui est le sien et avec les principes qui l'animent ; si cela ne peut être, elle cèdera la place à un autre cadre et à d'autres principes dont les impératifs internes seront différents des siens. Si au contraire elle renforce continuellement ses principes et si nous restons vigilants, tout en évitant le chauvinisme, tout complexe sera éliminé dans nos rapports avec les autres peuples.

Compte tenu de nos conditions tant objectives que subjectives une seule voie nous permettra d'assurer le succès de notre entreprise historique, c'est celle que notre peuple a choisie, celle dans laquelle le P.D.G. s'est engagé : LA VOIE REVOLUTIONNAIRE.

Or la révolution se traduit concrètement par la qualité des transformations qu'elle opère tant dans les conditions morales et matérielles d'un peuple que sur l'ensemble des capacités et des moyens que celui-ci détient et qui lui permettent de s'assurer un avenir toujours plus conforme à ses légitimes aspirations au bonheur.

Renonçant à sacrifier l'avenir aux difficultés du présent, notre action a été, par une volonté constamment affirmée, de donner à l'indépendance nationale une portée historique à la mesure de nos ambitions et de nos capacités humaines, à la mesure de notre ferme volonté d'émancipation totale.

Or si nous pouvons avec une juste fierté dresser un bilan positif des cinq années d'indépendance, nous ne devons pas oublier que pour nous-mêmes et pour l'Afrique, il nous reste à démystifier toutes les propagandes néo-colonialistes et toutes les théories impérialistes qui tendent à maintenir l'Afrique en état de continuelle dépendance.

Nous ne devons pas non plus ignorer que la lutte de libération des peuples africains a engendré, au niveau de nos Gouvernements, des comportements politiques différents marqués par les trois tendances suivantes :

a) — tendance révolutionnaire dont l'ambition est de doter rapidement les peuples d'Afrique des moyens politiques, économiques, sociaux et culturels nécessaires à leur totale émancipation.

b) — tendance qui se satisfait d'une indépendance formelle préservant l'essentiel des intérêts colonialistes et impérialistes et qui, de ce fait, porte en elle-même les germes des luttes difficiles que les peuples auront à engager pour assurer leur émancipation.

c) — tendance caractérisée par un attentisme coupable qui n'entend s'engager que sur les voies sûres, préalablement déblayées de tout obstacle et de toute difficulté.

Il est évident que les victoires sur lesquelles repose incontestablement le rayonnement international de l'Afrique sont dues exclusivement aux efforts courageux déployés par les Etats et les organisations populaires qui ont fait de la souveraineté l'instrument du progrès des peuples africains et parmi lesquels la Guinée et son Parti d'avant-garde figurent en bonne place.

En dehors des susceptibilités inconscientes et des rancœurs sans fondement, chacun reconnaît l'importance de la victoire politique que notre peuple a su remporter sur lui-même tout autant que sur les forces de domination qui par tous les moyens cherchaient à renverser notre régime populaire et démocratique.

Il reste cependant que l'impulsion la plus décisive que nous pourrons donner à la révolution Africaine réside dans nos capacités à transformer radicalement nos conditions matérielles d'existence.

C'est essentiellement une telle démonstration qui opèrera la mutation de notre influence politique en action révolutionnaire concrète et dotera l'Unité Africaine des moyens pratiques pour l'émancipation totale de l'ensemble de nos peuples.

C'est pourquoi sans renoncer en rien à notre lutte politique, mais bien au contraire en la renforçant continuellement, nous devons faire du Plan Septennal la démonstration pratique de nos capacités révolutionnaires en élévant notre conscience au niveau de nos ambitions et de nos légitimes espérances.

Après cinq années de lutte difficile qui ont fait de la République de Guinée un des principaux instruments de la Révolution politique de l'Afrique, nous devons aborder résolument les tâches que nous assigne l'évolution de nos peuples dont la victoire initiale doit être rapidement élargie et consolidée jusqu'à ce que soient définitivement liquidés, sur le plan international, les rapports d'inégalité dont les Etats en voie de développement sont encore les victimes.

Nous ne devons pas oublier que des Gouvernements amis bien intentionnés qui nous apportent loyalement leur concours technique et scientifique tiennent néanmoins compte de certains courants égocentriques de leurs peuples qui, traduisant l'histoire en termes d'intérêts matériels, confondent le destin de l'humanité avec leur comptabilité financière. Ces courants sont là où se manifeste l'expression politique des forces réactionnaires qui existent dans le monde.

C'est pourquoi, quelles que soient nos options, nous devons nous convaincre que l'émancipation réelle de nos peuples résultera essentiellement de nos capacités, de notre travail, de nos efforts à résoudre par nous-mêmes tous les problèmes impliqués par notre développement historique. En un mot, nous sommes et restons les seuls responsables de notre Nation et de son avenir.

Il s'ensuit que pour atteindre les objectifs inscrits dans notre plan de développement et qui doivent nous amener au décollage de notre économie, **la conscience militante qui anime notre peuple doit se traduire rapidement et concrètement dans nos capacités productrices, notre courage, notre détermination, notre engagement absolu, notre conscience professionnelle et enfin dans notre souci constant d'assurer la rentabilité de nos entreprises.**

Plus que jamais c'est dans les champs, dans les bureaux, dans les ateliers, sur les chantiers, à l'école et dans les entreprises que se manifesteront l'engagement militant, l'élan patriotique, la mobilisation consciente du peuple Guinéen et sa volonté de progrès démocratique et social.

Si le 28 septembre 1958 nous avons **préféré la liberté à l'esclavage,** c'est que nous avions la conviction profonde de pouvoir faire de notre liberté l'instrument du bonheur populaire et de la prospérité de la Nation. Or aujourd'hui que notre indépendance est solidement établie et que la révolution est irréversiblement engagée dans la voie du progrès démocratique et populaire, nous choisissons l'effort constructif et, s'il le faut, les privations, plutôt que la facilité dégradante et le renoncement indigne à la loi du travail.

C'est pourquoi, s'il est un pari que nous devons tenir, c'est celui de notre réussite. S'il est un engagement que nous devons prendre c'est celui du triomphe de notre plan Septennal. S'il est une attitude à adopter, c'est plus que jamais, celle de la fermeté révolutionnaire à l'égard des trafiquants donts les spéculations malhonnêtes compromettent le pouvoir d'achat des masses laborieuses du pays.

La lutte contre le marché noir et le sous-développement est indissociable de notre lutte anti-colonialiste et anti-impérialiste.

En refusant sans équivoque tout compromis avec les forces de domination et d'exploitation, en disant « non » à la dépersonnalisation et à l'assujettissement, le peuple Guinéen s'est prononcé pour une liberté totale et une entière dignité.

En affirmant que la réalisation authentique du destin des peuples africains exigeait l'élimination de toute tutelle étrangère, nous nous engagions, par là-même, à faire la démonstration concrète que la force réelle d'un peuple réside essentiellement dans ses capacités de création et dans son pouvoir à opposer sa volonté d'indépendance à toute tentative de subordination de ses intérêts à des intérêts étrangers.

Nous n'ignorons rien de toutes les réactions négatives qu'ont engendrées nos affirmations et la rigueur de notre comportement chez tous ceux qui, professant l'incapacité de nos peuples à assurer la direction libre et indépendante de leurs propres affaires, assortissaient leur soutien à notre lutte de libération politique, de développement économique, d'évolution sociale et d'épanouissement culturel, d'un paternalisme outrageant qui prolongeait, sous de nouvelles formes, tous les complexes de supériorité raciale et toutes les pratiques d'aliénation de l'impérialisme et du colonialisme.

C'est donc pleinement conscients de la nature et de l'importance des contradictions qui nous environnent que nous abordons avec confiance et détermination la réalisation de notre second plan de développement économique car nous avons la certitude, grâce à notre volonté inébranlable, de triompher de toutes nos insuffisances et de surmonter les divers obstacles qui obstruent la route de la promotion humaine du peuple laborieux de Guinée.

RAPPORT PRESENTE PAR EL HADJ SAIFOULAYE DIALLO, MINISTRE D'ETAT, AU C.N.R. DU 16 AVRIL 1964 SUR LES LECONS A TIRER DU PLAN TRIENNAL

Camarades,

Nous sommes déterminés à tirer les leçons de notre Plan Triennal avant de mettre en chantier le nouveau Plan Septennal !

Encore faut-il faire un bref retour sur le passé et nous rappeler les conditions dans lesquelles le premier Plan avait vu le jour, définir ses objectifs et examiner rapidement s'il les a atteints. Tirer les leçons d'un évènement qui a couronné une action librement entreprise et celles d'un accident qui a marqué le cours de notre existence, ne se conçoit pas de la même façon.

LES CARACTERISTIQUES DE NOTRE PLANIFICATION DE TROIS ANS

Décidé au Ve Congrès de 1959, établi à la Conférence Nationale de Kankan de 1960, notre Plan possédait des caractéristiques bien précises.

Le rapport du Ve Congrès en traçait l'orientation dans les termes suivants :

« L'économie de notre Pays suivra un processus de développement qui sera évidemment fonction de ses aspirations sociales. Telle est, pour chaque Pays, la nature de son système politique, telle est ou sera obligatoirement, celle de son organisation économique.

Notre action de décolonisation, notre volonté de progrès démocratique et de justice sociale, notre détermination à évoluer dans un cadre unitaire et harmonieux, enfin notre indépendance politique et le développement de notre personnalité, exigent que la structure de l'économie guinéenne et les pratiques économiques de nos populations, dans le triple domaine : production, commercialisation et consommation, suivent la même voie, et respectent les mêmes principes. »

Il ne s'agissait donc pas seulement de développer telle ou telle branche particulière de la production, mais de réformer profondément nos structures y compris celles de la consommation. Par ailleurs, la hiérarchie des besoins était ainsi fixée :

- 50 % pour la production,
- 30 % pour l'équipement social,
- 20 % pour l'infrastructure administrative.

Pour terminer, nous affirmions que la réforme monétaire et ses corollaires : banque nationale, code des investissements, faisaient partie intégrante du Plan.

Nous serions en droit de nous demander si nous avons, nous mêmes, respecté étroitement les principes que nous dégagions si fermement dès 1960.

Ces objectifs étaient précisés avec plus de minutie encore à Kankan où, du rapport présenté par notre Camarade Keïta N'Famara, nous pouvons extraire le passage suivant : « Les objectifs fondamentaux du Plan Triennal sont : l'amélioration du niveau de vie, la décolonisation économique et l'amorce de transformation de la Guinée en un pays moderne, pleinement développé, susceptible de participer activement à l'essor futur de l'économie de toute l'Afrique. »

Puis venaient des précisions sur :

1° — La modernisation de l'infrastructure du pays qui devait comprendre l'installation d'émetteurs puissants et de studios modernes, d'une Imprimerie ultramoderne, l'aménagement du Port de Conakry, la modernisation des Aérodromes, la construction d'Hôtels à Conakry, l'équipement de notre chemin de Fer et de nos routes, etc...

2° — Le développement rapide de la production agricole, grâce, principalement, à la coopération et à la mécanisation progressive de l'agriculture, ceci, sans en faire une obligation absolue, et nous insistions sur ce point.

3° — L'industrialisation projetée qui devait principalement être décentralisée et ne pas être concentrée à Conakry.

4° — Le développement accéléré de l'enseignement général et de la formation technique. Ce dernier point représentait la pierre angulaire de notre édifice avant tout social.

De tous ces travaux, de tous ces espoirs, qu'est-il advenu ? Allons nous présenter un bilan négatif ? Heureusement, il n'en est rien.

LES REALISATIONS DE NOTRE PLAN TRIENNAL

Nous poserons comme premier principe admis unanimement et sans discussion, que la réforme monétaire, préalable obligatoire, a été un succès qui s'est maintenu contre vents et marées. Il faut nous persuader que, sans le franc guinéen, il n'y aurait pas eu de Plan et partant pas de révolution économique. Les faits s'enchaînant inéluctablement, la révolution politique eut été bien compromise dans ces conditions.

Or, notre monnaie est un succès malgré les trafiquants de tout poil qui s'y sont attaqués. Notre Banque en est un également et nous ne devons pas être peu fiers de pouvoir mettre actuellement sur pied une Banque Internationale Africaine, nous qu'on prétendait incapables, il y a seulement trois ans, de gérer le moindre guichet.

Ceci n'exclut pas la recherche et l'aveu de nos imperfections en la matière mais il ne faut pas que l'arbre nous masque la forêt.

Le Plan totalisait dans son ensemble 171 Opérations à réaliser et ainsi réparties :

- 56 actions dans l'Infrastructure,
- 62 actions dans la production agricole et industrielle,
- 53 actions dans l'Enseignement, la Santé et les Affaires Sociales.

C'est avec une fierté légitime que nous avons le plaisir d'annoncer au C.N.R. que ces opérations ont été pleinement réalisées à plus de 80%, ce qui constitue un véritable record si l'on tient compte de notre inexpérience et de toutes les embûches semées sous nos pas par les ennemis de l'émancipation des peuples Africains.

Nous avons donc parfaitement le droit de considérer notre PLAN comme une réussite.

Il a eu une immense portée politique et économique tant intérieure qu'extérieure ! La Planification intégrale, tant décriée autrefois par nos détracteurs a conquis ses lettres de noblesse grâce aux efforts et à la vigilance du Parti.

En tant que Plan de transition nécessaire, le Plan Triennal a jeté les bases de la planification continue.

Il faut maintenant, et nécessairement, en relever les insuffisances pour se garder de commettre les mêmes erreurs à l'avenir.

Est-ce à dire que nous ayions attendu la fin du Plan, pour les mesurer et en prendre conscience ? Rien ne serait plus faux en vérité.

LES AVERTISSEMENTS DE 1962 SUR LES INSUFFISANCES DE NOTRE PLAN

Le 25 Février 1962 déjà, dans sa huitième Conférence, le Camarade Secrétaire Général du P.D.G. mesurait certaines de nos erreurs et en tirait les leçons. Il disait :

« C'est en fonction de la rigueur permanente de notre vigilance, en fonction de notre conscience et de notre réalisme, que nous pourrons valablement corriger nos insuffisances, revenir sur un échec, et contrôler étroitement l'allure et la qualité de notre développement économique...

Mais, dans le domaine agricole, qui touche le plus grand nombre, nous sommes en retard par rapport à la puissance mobilisatrice de nos mots d'ordre, et aussi par rapport à la signification qui s'est attachée au lancement du premier Plan Triennal en République de Guinée.

C'est donc dès maintenant que nous devons corriger l'allure imprimée à notre développement, si nous voulons être fidèles à nous mêmes et atteindre les buts que nous nous étions assignés ».

Parmi les facteurs principaux, le Secrétaire Général insistait :

1°) — Sur la faiblesse de certains secteurs ou services qui n'avaient pas aussitôt tiré les leçons des assises de la Conférence Economique de Kankan, compromettant ainsi le démarrage immédiat des opérations du Plan.

2°) — Sur la sous-estimation de leur propre action par certains Départements et la surestimation corrélative de l'action des experts, livrés à eux-mêmes comme seuls réalisateurs du Plan.

3°) — Sur la confusion entre le budget du Plan et les autres budgets servant au fonctionnement régulier de ce qui existe déjà.

« Si notre action, disait-il alors, ne tend seulement qu'à corriger l'imperfection des moyens anciens, il n'y aura pas développement mais survie ».

4°) — Sur le manque de décentralisation des actions du Plan, il donnait les exemples de l'artisanat et de la coopération.

5°) — Sur la nécessité d'établir le coût de toute opération avant de l'entreprendre.

Le Secrétaire Général du P.D.G. demandait alors de considérer dans chaque comptabilité trois éléments :

1°) — Tout ce qui concourt à la réalisation directe et qui en fait partie intégrante.

2°) — L'ensemble des salaires, les frais généraux, les dépenses de matériel divers.

3°) — Ce qui est partiellement intégré au travail et doit être, en fin de chantier, réévalué pour définir le coût définitif de l'opération.

Enfin il concluait son exposé par des recommandations impératives dont les têtes de chapitre sont :

1°) — Contrôle permanent des tâches dans le cadre des attributions de chaque Département.

2°) — Gestion correcte des crédits du Plan qui, en aucun cas, ne doivent être déviés de leur destination.

3°) — Décentralisation des tâches au niveau de chaque Département, pour que chacune des tâches dépende au moins d'un responsable, qui en assume personnellement l'exécution.

4°) — Organisation rationnelle du travail.

5°) — Modernisation de notre agriculture et amélioration des conditions de travail du paysannat.

6°) — Exiger la rentabilité de nos opérations à caractère économique.

7°) — Faire des opérations du Plan des unités économiques distinctes.

Camarades,

Voici donc la mise en garde dont faisait l'objet, à mi-course, notre premier Plan Triennal. La course s'est achevée apportant les résultats que vous savez déjà. L'avertissement a-t-il porté et la trajectoire a-t-elle été rectifiée ? Pas entièrement, il faut bien l'avouer.

CRITIQUE DE L'EXECUTION DU PLAN TRIENNAL

Nous les présenterons en neuf groupes distincts :

1°) — Critiques des méthodes de conception

Du fait de l'urgence et du nombre de problèmes à résoudre en même temps, le Parti et le Gouvernement se sont trouvés en 1960 devant l'alternative suivante :

— ou bien emprunter une voie normale, c'est-à-dire entreprendre toute une série d'investigations et, sur la base des renseignements réunis, bâtir le Plan. L'approbation de ce Plan équivaudrait à admettre un ensemble de projets prêts à être réalisés. Cette méthode suppose évidemment remplies les conditions d'existence d'une économie planifiée. Or, à cette époque si l'indépendance politique du pays était chose acquise, son indépendance économique restait à conquérir et le Plan en était l'instrument indispensable.

Choisir cette voie était retarder la mise en application d'un certain nombre de mesures d'urgence et de sauvegarde. C'était aussi vouloir se servir d'un outil sans en connaître le maniement et supposer défrichée une voie que cet outil seul pouvait nous frayer.

Ou bien inscrire en priorité des objectifs à atteindre dans la réorganisation des structures de la Nation. La Conférence de Kankan a alors dressé, choisissant cette seconde branche de l'alternative, une liste d'opérations dans leurs grandes lignes.

De cet état de fait découlaient évidemment des imperfections que nous n'étions pas à même de déceler en détail, si nous en devinions l'existence par le seul raisonnement.

2°) — **Critiques de l'Organe**

Le Ministère du Plan a été mis en place par un texte organique irréprochable, mais son fonctionnement s'est heurté, il faut l'avouer, à de nombreuses difficultés.

3°) — **Des moyens de conception**

Pour pouvoir planifier un développement économique, il faut connaître l'état de toutes les données qui sont en jeu dans le mécanisme de l'économie nationale :

— Production
— Consommation
— Revenu national
— Accumulation nationale
— Données démographiques etc...

Le Service de la statistique peut seul fournir ces données.

Encore faudrait-il que les éléments de base du calcul lui soient fournis. Privée de ces connaissances élémentaires, toute conception pourrait être faussée. A quoi sert d'implanter une usine fabriquant telle pâte alimentaire, si les données statistiques prouvent qu'il n'est pas possible d'en écouler le produit sur le marché national et si nos contrats internationaux ne nous en offrent pas, non plus l'occasion ?

A quoi sert de tripler la capacité d'une Entreprise si les calculs de consommation permettent d'affirmer que la demande n'atteindra jamais ce volume ?

4°) — Le coût des opérations

Malgré la mise en garde nette et sans équivoque de notre Secrétaire Général, nos actions ont été mal calculées. Non seulement le coût réel et la rentabilité économique des opérations n'ont jamais été dégagés avant la mise en chantier, mais le devis lui même a souvent été sous-évalué.

C'est ainsi que :

— Pour l'Imprimerie Patrice Lumumba		
Le Montant prévu est de ..	700	Millions
L'opération a atteint	1.226	„
— Pour l'adduction d'eau de Conakry et quelques actions annexes		
Le montant prévu est de....	2.100	„
Les opérations atteignent déjà	2.652	„
— Pour la piste de l'Aérodrome		
Prévu	690	„
Atteint	2.126	„
— Pour l'équipement TP des Régions		
Prévu	0	„
Atteint	1.226	„
— Pour la navigation maritime		
Prévu	500	„
Engagé	1.446	„
— Pour la Briqueterie		
Prévu	600	„
Engagé	892	„
etc....		

5°) — **Méthodes de comptabilisation**

Malgré les observations formulées en 1962, le Plan a continué jusqu'à son achèvement à être comptabilisé avec des moyens trop précaires pour être efficaces. C'est ainsi que son montant ayant été arrêté à 44.331.000.000 de francs, nous devrions trouver les disponibles après constatation :

a) — des recouvrements en ressources intérieures et extérieures correspondant à ce montant.

b) — des engagements tant par contrats extérieurs que par marchés nationaux pour chaque action.

Si la comptabilité des ressources n'a pas été correctement tenue, celle des dépenses n'a pas été plus exacte. Ont été comptabilisées seulement les **dépenses correspondant à des paiements en monnaie guinéenne.**

C'est ainsi que :

1°) — Tous les engagements extérieurs dont les contrevaleurs sont déjà fournies par nos partenaires, et même parfois déjà en service (cas du chemin de fer), ne sont comptabilisées que par notre B.C.R.G. dans ses comptes en devises. Le Plan ne les a pas suivis.

2°) — Outre l'alimentation des Trésoreries régionales et générales pour le règlement, des dépenses en monnaie locale ont été effectuées sur le compte du Plan, sans aucune comptabilité budgétaire :

a) — des amortissement de prêts

b) — des règlements de traites et de crédits documentaires

c) — des intérêts et frais de commission.

6°) — L'Harmonie des secteurs

Au 30 juin 1963, de 39 milliards de francs initialement prévus, le Budget du Plan était passé à 43 milliards avec la répartition suivante :

1) — Infrastructure et transports : 57,4% au lieu de : 36,39%

2) — Production .... 29,1% au lieu de : 47,27%

3) — Services Sociaux .... 13.3% au lieu de :15,96%

4) — Fonds de réserve .... 0,2% au lieu de : 0,38%

Non seulement une déviation générale lui est imposée, mais 71% de ses moyens investis dans des secteurs non productifs exigent, chaque année, des dépenses de fonctionnement, grevant lourdement le budget normal de la nation et nécessitant des importations de matériel technique, réglées tôt ou tard en devises, donc demandant de notre part une production accrue.

7°) — Le fléchissement du rendement des Entreprises d'Etat

Les bénéfices des Entreprises d'Etat étaient une des sources intérieures de financement du Plan. Les bénéfices réalisés au 31 décembre 1962 étaient évalués à 7 milliards dont 5,300 milliards devaient revenir au Plan.

Au 31 mars 1964, quinze mois après la clôture de cet exercice, nous voyons que les versements de ces entreprises n'atteignent pas 4 milliards.

Malgré tous les commentaires malveillants, c'est tout de même une ressource appréciable et nous ne pouvons dire que le secteur privé nous ait apporté la même pierre à l'édification du Plan Triennal.

Il n'en reste pas moins qu'un certain fléchissement dû aux maladies infantiles de notre commerce d'Etat : bureaucratisme, malhonnêteté, anarchie de gestion et j'en passe, s'est fâcheusement repercuté dans nos ressources du Plan Triennal.

8°) — **Esprit de clan**

Je devrais presque parler d'esprit de clocher. Chaque Département veut absolument faire « passer » ses opérations au Plan, les faire inscrire à tout prix et leur faire attribuer priorité. Personne ne se soucie de l'harmonie générale, encore moins des possibilités de remboursement et chacun fonce vers les actions les plus diverses. Ceci désorganise l'ensemble du Plan et n'a pas peu contribué aux glissements constatés dans les actions.

Dans ces conditions, il est parfaitement inutile de parler de hiérarchie dans la priorité des urgences. Nous ne disons pas volontairement de hiérarchie des besoins. Tout étant besoin, et besoin urgent dans un pays non développé, il faut toutefois admettre un ordre de priorité dans ces urgences et ceci ne peut être fait que d'un commun accord entre tous les Départements intéressés.

9°) — **Non planification dans les travaux**

Il est paradoxal de devoir souligner ce défaut dans l'exécution d'un plan, mais facile de constater que lorsqu'on attaque un travail dans le cadre du Plan, jusqu'à présent, on a tout commencé à la fois, tout commandé à la fois. C'est ainsi que des milliers de caisses ont encombré nos quais voire nos avenues alors que les constructions destinées à abriter le matériel n'étaient pas encore élevées !

Décision à prendre pour l'application du Plan Septennal

A la lumière des critiques qui précèdent, et pour éviter qu'elles restent négatives, pour tirer réellement les leçons de notre pratique, les raccorder avec celles que le Camarade Secrétaire Général du P.D.G. avait déjà dégagées en 1962, nous devons prendre des dispositions rigoureuses.

1°) — Mise au point de l'outil

Nous savons maintenant clairement ce que nous voulons. Pour l'obtenir, le premier devoir est de perfectionner notre outil de travail.

Ce perfectionnement portera sur les points suivants :

A — le Ministère d'Etat contrôlera étroitement l'exécution financière.

Il n'y aura plus possibilité de glissement d'actions, plus d'engagements de dépenses extérieures sans délégation expresse notifiée par le Plan. La commission Nationale des Contrats sera étroitement associée à la réalisation des actions et le Plan les dirigera financièrement.

Sa comptabilité sera réorganisée. La fusion des deux Ministères Finances et Plan permet de supprimer une dualité anormale. Un seul service de la Comptabilité subsiste dès maintenant au Plan et qui assurera :

- le contrôle des ressources extérieures
- le contrôle et le recouvrement des ressources intérieures
- La délégation et l'engagement des dépenses pour chaque action.

Enfin le Ministère demeurera le coordinateur nécessaire de toutes les actions, mais abandonnera la technicité des actions particulières aux Départements intéressés, se réservant un contrôle financier d'autant plus strict qu'une autonomie d'exécution dans le détail leur sera accordée plus largement.

B — LES NORMES

Les normes dont l'établissement est poursuivi avec tenacité par le Parti et le Gouvernement depuis deux ans sont peu à peu établies. Dans les coopératives du bâtiment elles sont appliquées assez largement, mais elles doivent être étendues à tout le secteur embrassé par le Plan Septennal :

— Salaires
— main d'œuvre
— entreprises d'Etat
— formation professionnelle, doivent être planifiés.

Une mystique du travail doit être créée.

2°) — **Le Plan Septennal doit être réalisable à 100 %**

Nous avons vu que le Plan Triennal a été élaboré selon une méthode empirique que les évènements commandaient d'utiliser. Cette méthode peut être désormais abandonnée. Les conditions économiques ont en effet changé grâce à notre premier Plan. Nous abordons la phase de l'indépendance économique.

a) — Nous devons établir et respecter pour toute la durée d'exécution du Plan, une hiérarchie des secteurs à développer.

b)—Nous devons savoir nous restreindre en nous disant qu'il nous est imposible de réaliser en même temps tout ce que nous voudrions faire. « Qui trop embrasse mal étreint » ! Sans être trop modestes, fixons nous des objectifs précis et déployons tous nos efforts pour les atteindre avant ou en tous cas dans les délais prévus.

c) — Une étude approfondie des actions doit être établie **avant** le début de toute opération. Le coût réel, compte tenu des trois facteurs déterminés par le Secrétaire Général du P.D.G. doit être connu avant que le moindre travail ne soit entamé.

d) — Chaque action doit être couverte par des ressources précises et suffisantes et sa poursuite dans l'avenir ne doit pas être laissée au hasard.

3°) — Politique d'austérite

Nous devons pratiquer dès maintenant une politique d'austérité absolue en nous basant sur le raisonnement suivant :

Le développement de la Nation doit être inscrit dans le Plan. Toutes nos ressources extraordinaires, tout ce que nous pourrons obtenir immédiatement et que peut être nos enfants seront seuls à pouvoir rembourser, doit y être inscrit. Le Budget Général de la Nation ne doit servir qu'à couvrir nos besoins immédiats. L'accumulation nationale doit être planifiée pour être rentable pour nous et pour les générations futures.

Nous n'avons pas le droit désormais de gaspiller des ressources budgétaires dont nous sommes comptables devant le peuple de Guinée qui ne nous a jamais marchandé sa confiance.

CONCLUSION :

Notre premier Plan, Plan de transition, nous laisse des acquis dont nous avons lieu d'être fiers. Par lui, nous avons détruit les bases de l'économie coloniale.

Les imperfections de notre Plan Triennal, connues de nous dès 1962, vont nous aider à faire du Plan Septennal un instrument plus perfectionné et plus facile à utiliser.

Notre engagement politique nous commande, après l'avoir mis sur pied, de l'utiliser à plein rendement et de surveiller avec une vigilance accrue toute déviation qui pourrait se produire. Il ne s'agit pas, cette fois, d'être emporté par le courant et de ne redresser les erreurs qu'après l'accomplissement du Plan. La durée du plan rendrait catastrophique une telle pratique.

Chaque erreur éventuelle, chaque déviation probable devra être signalée immédiatement et immédiatement redressée.

Forts des principes révolutionnaires du P.D.G. des aspirations légitimes du peuple, de l'expérience acquise et de nos perspectives d'avenir, nous restons fermement convaincus que le Plan Septennal, conçu dans ces nouvelles perspectives et surveillé étroitement dans son application, accélèrera le processus de l'Indépendance Economique de notre République pour le plus grand bien de toute l'Afrique.

RAPPORT PRESENTE PAR ISMAEL TOURE MINISTRE DU DEVELOPPEMENT ECONOMIQUE AU C.N.R. DU 16 AVRIL 1964

Camarades,

Le sixième Congrès National du P.D.G.-R.D.A. tenu à Conakry du 27 au 31 Décembre 1962, entre autres décisions importantes a fixé dans ses grandes lignes le Programme d'action économique du Parti. Au cours de ce Congrès désormais historique dans l'évolution guinéenne, l'on a assisté à une prise de conscience décisive du peuple de Guinée devant les tâches brûlantes qui l'attendaient dans le domaine économique. Réaffirmant la volonté collective de l'ensemble de ses militants, le Parti, au cours de son Sixième Congrès, a pris l'engagement ferme de liquider dans les délais les plus brefs le lourd héritage du système colonial et d'engager le combat pour son Indépendance économique. La nécessité d'une mobilisation totale des ressources humaines et matérielles du peuple de Guinée devait être proclamée avec force. Dans ce combat la République de Guinée entendait jouer un rôle d'avant-garde, sûre de lutter à la fois pour la consolidation de son Indépendance Nationale, pour la Réhabilitation définitive et l'unité du continent Africain.

Le Sixième Congrès a permis de donner au « NON » historique du 28 Septembre 1958 sa double signification :

Volonté du peuple de Guinée de liquider définitivement toute domination étrangère mais aussi **détermination** de bâtir un avenir heureux pour les générations montantes en jetant dès aujourd'hui les fondements d'une économie nouvelle tenant compte de nos réalités nationales, d'une économie s'appuyant avant tout sur nos moyens et visant à la satisfaction de nos légitimes aspirations.

Il est essentiel de souligner qu'avant d'aborder le programme de rénovation économique défini au cours du Sixième Congrès, le P.D.G. avait déjà réalisé une véritable révolution des structures administratives et sociales du pays inspirée par la nécessité de mettre fin à toute forme d'opposition susceptible d'engendrer des contradictions internes, partant, des conflits d'intérêts au sein de la Nation.

En fait, sans le caractère profondément démocratique de nos institutions, sans la parfaite solidarité qui existe entre les différentes couches de nos populations, sans la liberté et l'égalité effectives des droits et des devoirs dont jouissent l'ensemble des hommes, femmes et enfants au sein du Parti Démocratique de Guinée, l'on ne saurait comprendre ni la stabilité du régime guinéen ni les chances maximales réelles de succès dans la construction économique hardie déjà entamée.

Quinze mois après, il est aisé de mesurer la justesse des résolutions du Sixième Congrès à travers les principales décisions prises par le Gouvernement Guinéen depuis janvier 1964.

La simple énumération de ces décisions témoigne éloquemment du dynamisme de l'action révolutionnaire du P.D.G.

— Création du Ministère du Contrôle Administratif et Financier.

— Création du Ministère du Développement Economique.

— Intensification de l'action coopérative dans la production rurale.

— Lancement des coopératives du Bâtiment, notament à Conakry.

— Décentralisation de l'Entreprise Nationale du Bâtiment.

— Création de la Commission Nationale des Licences.

— Aide accrue à la production agricole grâce à une politique continue d'importation de machines agricoles et d'engrais.

— Injection d'un grand nombre de cadres confirmés de l'Economie Rurale dans la production.

— Institution de la Journée du travail continu.

— Deuxième réforme monétaire.

— Réorganisation du secteur commercial et suppression au niveau de l'Etat du commerce de détail.

— Renforcement de la lutte contre les trafiquants anti-nationaux.

— Lutte contre le faux-chômage créé dans la Capitale par l'exode rural.

— Intensification de l'action économique de l'armée.

Au cours de la même période de quinze mois qui nous séparent du VI^{0} Congrès, toute une série d'opérations du Plan Triennal ont été achevées. Sont entrés en service l'entrepôt frigorifique du Port, la briqueterie de Cobayah, le barrage de Kalé et l'extension de la centrale hydroélectrique de Grandes Chûtes, le motel de l'aéroport, l'hôtel de Camayenne, l'adduction d'eau à Conakry, la conserverie de Mamou et la ferme expérimentale de Ditinn.

Il est permis aujourd'hui d'affirmer que la République de Guinée a déjà abordé de façon concrète la phase de son industrialisation. En fait, le véritable processus du développement de notre économie nationale est irréversiblement engagé.

LE DEVELOPPEMENT ECONOMIQUE.

Ici, il importe de reconnaître le caractère relatif de tout développement. Nous définirons donc notre programme de développement économique à partir des données politiques, économiques et sociales de la République de Guinée, certains traits de cette situation nationale se retrouveront évidemment dans d'autres Etats appartenant à ce que l'on est convenu de désigner sous le vocable de « tiers-monde » et communément appelé **pays sous-développés** ou de plus en plus **pays en voie de développement.**

C'est seulement en partant de cet ensemble de facteurs politiques, économiques et sociaux définissant la Nation Guinéenne qu'il est possible d'en saisir les caractéristiques dominantes ; leurs importances et leurs relations. Sur la base de cette connaissance objective dans l'espace et dans le temps, du groupe social organisé qu'est le peuple guinéen, il est possible de définir le développement économique de la République de Guinée.

En matière d'économie, la notion de développement implique nécessairement celles de dynamisme et de mutation positive.

Dans la société considérée, elle suppose nécessairement.

1° — **Un mouvement ascendant** c'est-à-dire une élévation continue du volume et de la qualité des activités créatrices.

2° — **Un accroissement d'énergie** signifiant une augmentation des ressources globales entrainant une capacité plus grande de progrès.

3° — **Une accélération du mouvement** se traduisant en termes économiques par un rythme plus rapide dans les progrès réalisés dans tous les domaines.

Il est clair que tout développement économique ayant un caractère non pas fortuit mais permanent, non pas superficiel mais fondamental suppose un milieu révolutionnaire ;

Or, il n'y a pas de révolution sans conscience révolutionnaire. Aussi n'y a t-il pas de développement économique d'un pays sans volonté nationale révolutionnaire. En République de Guinée, le niveau élevé de la conscience du peuple forgée dans l'action populaire et démocratique du Parti National constitue à la fois le garant et le stimulant du développement économique.

L'objectif de ce développement économique impulsé par le peuple guinéen s'identifiera logiquement au but que s'est assigné le P.D.G. : liberté et dignité.

Le développement doit assurer à notre pays **une existence autonome digne d'un peuple libre.** Grâce au travail de tous les guinéens, notre vie quotidienne doit s'améliorer sans cesse. Une nourriture suffisante et variée, un logement salubre répondant aux meilleures conditions d'hygiène et d'esthétique, des habits propres et décents, des loisirs sains et une **fonction sociale stable faisant du travail une nécessité vitale pour l'équilibre physique et moral de l'homme,** telles sont les aspirations du peuple guinéen. De telles aspirations sont légitimes pour tous les peuples libres et elles ne sauraient admettre ni la domination étrangère, ni l'inégalité entre les peuples. Mais faut-il le réaffirmer une fois de plus, pour réaliser ce rêve, il n'y a pas d'autre voie que celle du courage, de l'effort, de la persévérance du peuple tout entier uni et solidaire, conscient de ses possibilités et déterminé à vaincre tous les obstacles.

Il nous faut vaincre les forces d'inertie, le scepticisme et l'insouciance pour engager résolument tous les citoyens valides du pays dans la gigantesque bataille du Développement Economique.

Le développement économique commence par la réconversion des mentalités. Ainsi, pour mener à bien un développement économique, il faut nécessairement des hommes engagés, qui mesurent leurs actes, savent prendre des décisions devant les événements, **sans précipitation mais sans hésitation** et une fois les décisions prises, les appliquent avec esprit de suite.

L'on conçoit, s'agissant d'un pays nouvellement libéré de la domination étrangère, l'importance exceptionnelle de la confiance entre les masses et leurs dirigeants, entre les travailleurs et les cadres techniques.

Réciproquement, un développement guidé par des décisions qui ne tiennent pas compte de l'adhésion intime des populations concernées est d'avance voué à l'échec.

Le premier impératif de tout développement économique en Afrique, où l'exploitation colonialiste a réduit les masses populaires à l'ignorance, à la misère et à la maladie, doit tendre à détruire dans leurs fondements même ces fléaux de l'humanité.

Dans certains états africains, il ne faut pas s'étonner devant l'indifférence des populations sinon devant leurs réactions plus ou moins violentes quand les responsables de ces pays négligent cette loi fondamentale, et engagent leurs pays dans une voie qui aggrave l'état misérable des plus défavorisés en contradiction flagrante avec l'embourgeoisement capitaliste d'un petit nombre de privilégiés. En République de Guinée, grâce aux enseignements du P.D.G. on ne confond pas la confiscation des biens de la nation au profit de quelques uns avec l'élévation générale du niveau de vie matérielle et culturelle de toutes les couches de la population, des villes comme de la campagne.

Dans l'immédiat, nos objectifs de développement économique consistent à résoudre certains problèmes que pose la satisfaction des besoins essentiels des populations. Notre production agricole jusqu'ici déficitaire doit nous permettre d'assurer normalement notre consommation.

Tout en garantissant une existence normale à tous les citoyens, le produit national brut doit nous permettre de constituer des réserves et un fonds d'accumulation, pour faire face aux aléas éventuels et soutenir la progressivité de notre développement.

Chaque progrès enregistré doit élargir les bases d'auto-progressivité de notre économie nationale. L'objectif social permanent que nous devons poursuivre parallèlement à l'élévation du niveau de technicité dans tous les domaines d'activité de la nation doit être l'éducation civique de tous les citoyens en qui doit se développer la mystique du travail et le sens du dévouement à la cause de la nation. Notre programme de développement économique, devra à tout moment considérer la libération économique de la Guinée comme indissolublement liée à celle de toute l'Afrique.

DONNEES DE L'ECONOMIE GUINEENNE

L'insuffisance de notre production agricole a maintes fois été soulignée. Elle est la conséquence de l'état archaïque de nos moyens de production. Dans une certaine mesure, nos méthodes de travail, totalement dépassées, ne permettent pas de tirer de la terre le maximum de profits.

La situation de notre élevage est semblable à celle de l'agriculture. Elle a également fait l'objet de nombreux rapports qu'il est inutile de reprendre, aucun changement décisif n'étant à signaler. La pêche guinéenne riche de promesses reste au stade artisanal.

Nos voies de communication, routes et chemin de fer ne répondent plus aux impératifs économiques actuels. L'on peut même dire que notre infrastructure routière et ferroviaire constitue un véritable goulot d'étranglement à l'essor de notre économie. Signalons enfin le manque tragique de cadres constituant le bilan le plus déplorable du régime colonial. Le déficit en cadres ne se fait pas sentir seulement dans le domaine technique, dans le domaine de la production, mais il est cruellement ressenti dans les secteurs de gestion et d'administration. Pour agir efficacement sur une économie aussi rudimentaire les moyens matériels indispensables nous font défaut. C'est la règle commune pour tous les Etats Africains nouvellement libérés. Pour la Guinée, le colonisateur a sciemment aggravé les conditions matérielles du démarrage de la jeune République, croyant ainsi compromettre définitivement sa marche en avant et remettre en cause sa souveraineté.

Nos pays en voie de développement ont chacun ses difficultés particulières entravant sa croissance économique.

Il faut y ajouter les graves conséquences des termes d'exploitation dans lesquels s'effectuent actuellement sur le marché international les échanges de matières premières et de produits agricoles d'une part contre du matériel d'équipement et des produits industriels d'autre part. Ici le front économique met face à face les pays industrialisés dans un camp et les pays en voie de développement dans l'autre. Cette lutte inégale soumet nos jeunes économies ayant besoin d'énergie pour se développer aux clauses mercantiles imposées par les maîtres actuels de la science, de la technique et de l'industrie. Cette situation paradoxale tend inexorablement à enrichir les plus développés cependant que les moins développés s'appauvrissent. L'on peut comprendre à travers cette réalité le caractère mensonger et hypocrite de certaine «aide désintéressée» proclamée à satiété par la grande presse internationale au moment où la substance des jeunes pays subit un courant de transfert vers les pays riches. La notion de relativité permet d'affirmer, que les échanges mondiaux non-équivalents Nord-Sud continueront « tant » que les pays en voie de développement ne sont pas ceux que l'on pense mais plutôt ceux qui possèdent déjà une base économique industrielle élevée.

Notre Développement doit être compris comme une volonté ferme de changement par rapport à notre situation économique actuelle.

Malgré le transfert d'énergie dénoncé plus haut, triste réalité contre laquelle tous les peuples exploités doivent lutter avec la même détermination qui leur a permis de triompher de la domination étrangère, le développement économique reste possible à condition d'en saisir les facteurs essentiels et d'en faire **non pas la tâche de quelques-uns mais l'oeuvre collective de tous.** L'étape difficile **est celle du démarrage. Néanmoins elle peut être** franchie victorieusement si la voie de développement choisie est juste et si elle correspond aux exigeances fondamentales du groupe social concerné. En République de Guinée la démocratie nationale exige la Justice, l'Egalité et la Solidarité. En son sein, la souveraineté s'exerce par et pour le peuple.

La voie juste, une fois déterminée, il faut que le développement économique obéisse à une méthodologie précise sans laquelle aucun progrès réel ne peut être enregistré quelle que soit la justesse de la voie choisie. Nombreux sont les pays africains qui s'empressent de choisir la voie Socialiste tout en bafouant chaque jour davantage cet idéal exigeant une discipline d'action qui leur échappe totalement. Dans certains cas, il est ridicule de la part de certains responsables africains de parler d'un socialisme quelconque lorsque le contrôle de l'Economie est exercé par une puissance étrangère.

En République de Guinée, sous la direction ferme et lucide du P.D.G. aucune influence néocolonialiste ne peut s'imposer à notre développement économique qui est et reste l'oeuvre exclusive du peuple de Guinée.

La Guinée, comme on le sait a subi la domination coloniale pendant plus de soixante années. Ses richesses ont été exploitées sans aucun profit pour sa propre mise en valeur. Nos populations sont restées en marge du progrès qui s'effectuait en grande partie grâce aux richessses tirées des empires coloniaux.

Mais en 60 ans, le colonialiste n'a pas eu le temps matériel d'exploiter toutes nos ressources naturelles. Dans la plupart des cas, ces richesses n'ont même pas été recensées. Selon la classification colonialiste, la Guinée appartenait à la catégorie des colonies d'exploitation, où l'objectif n'était pas d'y implanter les populations métropolitaines, mais uniquement d'en extraire les matières premières nécessaires à la marche de l'industrie métropolitaine.

Ce passé comporte des avantages et des inconvénients, par exemple l'infrastructure est laissée à l'état primaire parce que ni l'habitat, ni les voies de communication internes n'intéressaient les colonialistes. Par contre, au moment de notre accession à l'indépendance, des ressources naturelles du sol et du sous-sol, celles qu'on ne peut pas piller sans au préalable une certaine infrastructure sont restées presque intactes. En fait, sans effort d'investissement, il n'est pas possible de tirer du sol les immenses possibilités qu'il renferme. En abordant l'étape de l'édification économique, la Guinée présente aujourd'hui des potentialités exceptionnelles. Son agriculture peut encore se développer et mettre à sa disposition une production en fruits, céréales et légumes des plus variées et dépassant en volume les besoins d'une population dix fois supérieure au chiffre actuel. Toute une région du pays appartenant à la zône forestière recèle les essences tropicales les plus recherchées. Le Foutah, ainsi que les régions de Beyla, Kankan, Siguiri et Boké pourraient faire de l'élévage une des principales sources de revenus du pays.

Tout le long de nos côtes, les eaux territoriales guinéennes, considérées comme des plus poisonneuses, attirent d'ores et déjà les pêcheurs de tous les continents.

Aussi la pêche industrielle en général et celle du thon en particulier sont-elles considérées comme des chances immédiates de développement de l'économie de la Guinée.

Quant aux possibilités minières de la République de Guinée, elles sont considérables: gisements de bauxite et de fer se chiffrant à des milliards de tonnes. Il est rare de trouver un gisement de bauxite à la fois aussi près de la côte et d'une teneur aussi élevée que celui de Boké dans une Région offrant les mêmes possibilités à la riziculture. à la pêche, à la culture maraîchère, à l'élevage et au tourisme. La réserve du mont Nimba totalise plus de 700 Millions de tonnes de minerai d'une teneur de 65%. Aujourd'hui le gisement du Kaloum situé à quelques kilomètres du port est désormais à la veille d'un développement décisif. Le procédé brévеté par la V.O.E.S.T. permet de produire à partir des installations sidérurgiques actuelles des aciers de haute qualité utilisés surtout dans la fabrication de tôles minces à emboutissage. Dans les trois à quatre prochaines années, les exportations de minerai de fer du Kaloum passeront de 700.000 à 6 Millions de tonnes. Des recherches scientifiques ayant pour but de valoriser encore davantage le gisement du Kaloum qui compte plusieurs milliards de tonnes, sont également entreprises et pourraient aboutir à la création à Conakry du premier complexe sidérurgique de l'Ouest Africain. Le sous-sol guinéen renferme également du chrome, du nickel, etc. Des indices de la presque totalité des métaux usuels ont été découverts.

Le diamant, l'or et l'argent déjà prospectés, n'attendent que les moyens d'une exploitation à grande échelle.

Le calcaire et le kaolin ne posent que des problèmes d'infrastructure et de voies de communication pour leur mise en valeur. Il a été découvert tout récemment des réserves importantes de granit noir, rose, vert et rouge ayant sur le marché mondial une valeur actuelle de 35 000 à 120 000 Fr le m^3

brut. Le gisement de granit rose de Morifanyé, estimé à 70 000 Fr le m^3 est situé sur la côte même.

L'on n'a pas encore découvert de gisement de pétrole en Guinée, les hypothèses sont pessimistes quant à la présence de nappes importantes, cependant aucune recherche sérieuse ne permet d'affirmer l'absence de pétrole dans notre sous-sol.

En attendant, l'énergie hydroélectrique favorise largement l'industrialisation rapide de la Guinée. L'on sait que le potentiel hydroélectrique du pays est évalué à 63,2 milliards de kwh. avec une productibilité estimée en 1958 par une mission de l'E.D.F. à 13,6 milliards de kwh.

Bassins versants	Potentiel 10q kwh.	Productivité 10q kwh
Konkouré	12	6
Fatala	2	0,7
Kogon	2	0,2
Kolenté	2,5	0,2
Tominé	6,5	2
Gambie	4,5	0,5
Bafing	10	3
Ht Niger	23,7	1
Totaux	63,2	13,6

En productivité par habitant comparée à la production en France et aux U.S.A.

Guinée	Productivité	3400 kwh
France	Production 1963	2000 kwh
U.S.A.	Production 1963	4350 kwh

Au départ, nos moyens matériels sont faibles. C'est un fait qui doit être pris en considération avec la plus grande attention dans la mise au point de notre programme de Développement. Il ne s'agit pas de conclure, étant donné la faiblesse de nos moyens de financement, à une impossibilité de promouvoir un changement positif quelconque ni d'attendre naïvement de l'apport extérieur les ressources qui nous manquent. Ces deux attitudes mentales sont également condamnables.

Bien au contraire, l'insuffisance de nos ressources financières doit nous amener à une conscience plus aiguë de nos responsabilités et nous inciter à rechercher les conditions les plus favorables à la maximation des profits résultant de l'emploi judicieux de nos faibles moyens. Dans tous les cas où cela est possible, le travail volontaire des collectivités villageoises réduira avantageusement les coûts de réalisation de certaines opérations d'intérêt général : routes, ponts de faible portée, écoles, dispensaires, maternités, plantations et champs collectifs, etc.

Les investissements, au lieu d'être dispersés seront concentrés sur un petit nombre d'opérations pour lesquelles les critères, **priorité, rentabilité et utilité sociale** auront été minutieusement vérifiés.

L'esprit d'économie doit s'imposer à tous les citoyens sans exception. Economie du temps et des moyens de fonctionnement aussi bien dans les secteurs productifs que dans les services publics, dans les secteurs d'Etat comme dans les secteurs privés. Nous aurons ainsi à combattre l'état d'esprit malheureusement assez répandu encore chez nos travailleurs qui se traduit par un mépris total des biens de l'Etat et constitue aujourd'hui une des causes principales de l'hémorragie du patrimoine national.

Les instruments, engins, matériels de précision, matériaux, matières premières importés non sans difficultés sont soumis à des actes de pur vandalisme qui font honte à tous les guinéens conscients. Il s'y ajoute le manque de conscience professionnelle qui, loin de constituer un phénomène rare, atteint parfois des proportions incompatibles avec toute notion de dignité. La paresse, l'insouciance, l'individualisme et l'inconscience sont les seuls vrais ennemis de tout développement économique. Nous devons les combattre sans relâche et sans ménagement si nous voulons que tous nos projets et toutes nos réalisations ne soient voués à l'échec.

Quelle que soit la contribution de chacun, la nation avancera sûrement si tous les citoyens sont animés de la même volonté d'apporter une part, si modeste soit elle, à l'édification de la patrie.

Par contre, rien de durable ne sera réalisé si les uns démolissent moralement et physiquement ce que construisent les autres. Nous avons la conviction que le Parti est assez bien organisé et suffisamment vigilant pour empêcher tous les contre-révolutionnaires plus ou moins camouflés au sein de nos organisations de masse de porter atteinte au programme exaltant de développement économique et social engagé par le P.D.G.

Le complexe d'infériorité, exerçant une action dissolvante sur toute initiative créatrice, constitue l'une des tares héritées du régime colonial qui égare souvent certains pseudo-intellectuels nostalgiques, lesquels souhaitent encore le retour sous une forme ou une autre de l'ancien maître et font preuve d'un manque total de confiance dans la révolution nationale qui s'accomplit sous leurs yeux. Ceux-là ne croient et n'apprécient que les valeurs codifiées par le soi-disant « enseignement » métropolitain souvent marqué de racisme et d'impérialisme bourgeois, qu'ils ont réçu à l'étranger. Les cadres de la révolution et du développement économique doivent être sains, leur engagement et leur conviction doivent être sans équivoque. **C'est pourquoi il est particulièrement dangereux de confier des postes clés dans le secteur économique à des élements même nantis de diplômes et titres universitaires qui n'adhèrent pas à la cause de la révolution nationale démocratique et n'ont aucune foi dans son avenir.**

Le développement économique en République de Guinée situe le centre de gravité de la force agissante au sein du peuple, moteur de l'action révolutionnaire. **Il exclut toute tutelle étrangère et toute ingérence néocolonialiste.**

COOPERATION INTERNATIONALE.

Le P.D.G. n'a pas à cacher son objectif final qui est l'émancipation totale du peuple guinéen et la réhabilitation définitive de la patrie africaine. Tout en rejetant l'impérialisme et le néocolonialisme, nous entendons aborder de front tous les problèmes, aussi bien guinéens, africains qu'internationaux.

En effet ces problèmes sont liés et les solutions particulières que nous envisageons pour les problèmes politiques et économiques guinéens doivent nécessairement tenir compte du contexte africain et international.

Grâce aux progrès rapides réalisés dans les dernières décades par les forces de paix, la situation internationale actuelle est favorable à la coopération bilatérale et multilatérale.

L'accumulation dans les deux blocs antagonistes des armements nucléaires capables de détruire presque instantanément l'humanité tout entière a créé une certaine conscience mondiale du danger qui menace la race humaine. La conséquence directe de cette peur collective est l'apparition d'un certain équilibre des forces opposées et d'une détente internationale effective. Ainsi la compétition économique tend à se substituer de plus en plus à la course insensée aux armements.

Il est évident que malgré les milieux réactionnaires impérialistes, l'instinct de survie des peuples du monde entier oriente de plus en plus les efforts des nations vers la recherche en commun du bien être matériel indissociable de la liberté, besoin vital de tous les hommes. La désagrégation des empires coloniaux devant la vague impétueuse des peuples privés de liberté vers la reconquête de leur dignité montre de plus en plus clairement que la véritable voie de dénouement de la crise mondiale **passe par la reconnaissance de l'égalité fondamentale de tous les peuples, tout comme de leur droit inaliénable à la liberté et à la recherche d'une existence digne et heureuse.**

Ainsi, le retard économique dont souffrent les pays sous-développés engage la responsabilité de tous les peuples. **En effet, la contradiction fondamentale entre la minorité qui possède et l'immense majorité qui vit dans le dénûment est la véritable cause du déséquilibre mondial, la source de tous les conflits.**

La paix est indivisible et la lutte pour son maintien a effectivement un caractère international ; et de plus en plus la lutte contre la pauvreté, la misère et la maladie apparaît comme un des aspects les plus significatifs de la lutte pour la paix.

La lutte pour le développement économique que mènent avec courage et détermination les jeunes nations d'Asie, d'Afrique et d'Amérique latine constitue indiscutablement une lutte pour la paix. Elle doit intéresser tous ceux qui pensent que la solidarité entre tous les hommes, quels que soient leurs croyances, leur degré d'avancement et leurs systèmes sociaux, est nécessaire et indispensable, en raison même de l'indivisibilité du destin de l'humanité. La coopération internationale ou bilatérale doit être fondée sur les notions de solidarité, de responsabilité commune, d'égalité, de respect et de réciprocité d'intérêt entre les partenaires. Dans la mesure où ces conditions sont remplies, la coopération apporte le complément indispensable à l'effort national et peut contribuer à accélérer le progrès économique. La République de Guinée, par la voix de son Premier Responsable a toujours souhaité une telle coopération qu'elle ne confond pas avec les tentatives néocolonialistes de contrôle des jeunes Etats par les Grandes Puissances sous prétexte d'assistance économique.

NOTRE VOIE

Dans le rapport politique et d'orientation du B.P.N. lors du VI° Congrès du Parti Démocratique de Guinée, le Président Ahmed Sékou Touré déclarait :

« Notre voie est une voie non-capitaliste. Elle le restera car cette voie est la seule qui sauvegarde les intérêts de la Communauté tout en libérant chaque individu de l'injustice qui caractérise tout rapport d'exploitation de l'homme par l'homme ».

Partant des objectifs essentiels de la Révolution Guinéenne, la voie de développement non-capitaliste obéira aux critères suivants :

1°) — Eliminer des structures économiques toute séquelle du pacte colonial qui dominait la vie économique de la Nation.

2°) — Empêcher l'éclosion d'un capitalisme guinéen ayant pour conséquence directe la naissance de classes antagonistes entraînant à son tour des oppositions d'intérêts et l'exploitation du peuple par une bourgeoisie nationale.

3°) — Assurer le contrôle effectif et l'orientation du développement économique au niveau exclusif du Parti et de l'Etat qui est l'instrument de souveraineté du peuple et l'émanation du Parti.

4°) — Resserrer progressivement l'éventail des revenus individuels en mettant l'accent sur les moyens collectifs de production pour que chaque citoyen puisse profiter des efforts de la Nation sur une base de répartition équitable **proportionnée à son travail.**

5°) — Favoriser la constitution d'une accumulation nationale susceptible d'assurer à notre économie un développement harmonieux et rapide, l'objectif immédiat étant la réduction progressive et rapide de l'aide extérieure.

Dans les conventions négociées, l'Etat se porte garant de la sécurité des investissements étrangers dans le sens du développement général de l'économie du pays et conformément à la voie choisie.

L'on peut dire que le choix du développement non-capitaliste répond au souci d'une meilleure efficacité compte tenu des réalités concrètes de la société guinéenne en pleine mutation. Ce choix traduit dans le domaine économique notre conception de démocratie nationale.

Celle-ci ne saurait en aucun cas se référer aux formes classiques des régimes fondés essentiellement sur la lutte des classes ayant pour corollaire la dictature de l'une d'elles selon le rapport des forces.

Ainsi notre politique économique exclut la possibilité pour un individu ou un groupe d'individus, de penser et d'orienter notre économie à leur profit exclusif.

Le pouvoir de décision se situera donc au niveau du Parti et de l'Etat, c'est-à-dire du peuple et s'exercera dans les sens de l'intérêt général.

Aussi, la création d'une nouvelle unité économique ne résultera-t-elle plus d'un calcul spéculatif fondé sur des intérêts particuliers mais d'une évaluation globale visant à créer les conditions les meilleures pour la satisfaction des besoins de la Nation.

Le marché capitaliste, on le sait, ne répond qu'aux besoins solvables, c'est-à-dire au pouvoir d'achat et non aux besoins réels.

Par contre, en régime de démocratie nationale, l'Etat, dans sa planification se doit de tenir compte de tous les besoins vitaux ; car c'est au nom du peuple et pour lui qu'il entend exercer son pouvoir économique.

Aussi, dans le domaine qui concerne, le développement économique, l'Etat sera-t-il le principal agent et le seul à orienter et à coordonner les actions économiques dans les différents secteurs de production (secteurs public, mixte et privé).

Notre but est double : sauvegarder l'unité nationale, condition essentielle de progrès, en évitant la création de classes antagonistes et promouvoir l'élévation continue du **niveau de vie général des populations grâce à une saine gestion et à une répartition équitable du revenu national.**

Nous atteindrons ce double but en réalisant le programme social que le Parti et le Gouvernement ont élaboré et largement expliqué au cours de toutes les conférences nationales.

La scolarisation de masse qui est désormais une réalité et la formation sanitaire extensive sont des succès éclatants enregistrés dans le domaine social.

Dans les villes la politique de l'habitat vise à la construction de quartiers modernes avec logements collectifs et maisons à bon marché pour les moins favorisés.

Le Gouvernement compte aller plus loin dans sa lutte pour l'amélioration des conditions de vie de la population.

La nature essentielle de notre développement économique résulte donc de son objectif social démocratique qui vise à rendre le citoyen guinéen de plus en plus conscient de ses devoirs envers la collectivité au sein de laquelle il trouvera son bonheur.

En effet, dans cette phase de démarrage nous nous devions d'établir des priorités en réservant certaines activités économiques aux initiatives privées qui peuvent apporter une contribution efficace à l'édification nationale si elles bénéficient de l'appui de l'Etat.

Ces priorités tiennent évidemment compte de certains impératifs : éducation de masse et formation de cadres techniques, deux préalables à l'épanouissement des capacités de réalisation d'une nation.

C'est pour cela que dans le rapport économique, lors du VI° Congrès nous affirmions que : « **L'industrialisation doit transformer la matière, mais aussi le citoyen en élevant son niveau de conscience et sa contribution au développement général de la société** ».

La résolution économique du VI° Congrès mettait l'accent sur la même idée en définissant le militant du P.D.G. **en fonction de son apport économique tout autant que de son action politique au sein du Parti.**

La récente réorganisation du Commerce en restituant au privé le secteur local de distribution et l'achat des produits tout en réservant le commerce extérieur d'importation et d'exportation à l'Etat n'a fait que reconnaître la justesse de cette politique. Cette réforme a souvent été interprétée, sourtout à l'étranger, comme un retour au capitalisme. Il n'en est cependant rien, car notre politique reste toujours la même : l'Etat prenant en mains les fondements de l'économie en laissant à l'initiative privée les secteurs autres que ceux de la grande industrie, de l'énergie et de l'infrastructure de base.

Ainsi l'ensemble du pouvoir économique sera détenu par l'Etat dont le souci constant est d'assurer à la Nation un équilibre stable et au pays un développement harmonieux et rapide. Ce pouvoir sera exercé par l'ensemble de la Nation et non par un groupe aux détriments du reste de la population. Nous sommes sûrs que ce sera la seule façon de sauvegarder la dignité de l'homme tout en assurant le développement du pays : deux préoccupations majeures du Parti Démocratique de Guinée.

REGLES GENERALES EN MATIERE D'INVESTISSEMENTS.

Les investissements qui s'effectueront dans les différents secteurs économiques planifiés obéiront à une discipline générale conforme aux principes dominants et aux critères définis par la voie du développement non-capitaliste.

La recherche constante d'un développement dynamique sera une des règles à observer. Ainsi les investissements les plus importants seront orientés vers la création d'unités économiques nouvelles signifiant apparition d'activités génératrices de ressources nouvelles, élargissement de volume d'emplois permanents et de spécialités ayant pour conséquence l'accroissement de la fraction active de la population, une telle ligne directrice correspond effectivement à la recherche du progrès général, économique et social **par propagation sphérique à partir des**

noyaux d'activités successives. Par contre, on évitera l'anarchie dans les investissements résultant de la loi de la rémunération maximale du capital investi au risque de rompre l'harmonie du développement en favorisant les secteurs parasitaires par rapport à des secteurs actifs mais de rentabilité peu importante.

En tant que responsable du développement économique devant le peuple, c'est l'Etat qui aura à définir l'importance relative des différents secteurs économiques groupés en trois catégories essentielles:

1°) — SECTEUR NATIONAL

2°) — SECTEUR D'ECONOMIE MIXTE

3°) — SECTEUR PRIVE.

1° — **Secteur National :** Le secteur national couvrira les activités économiques de base : infrastructure routière, ferroviaire, portuaire, voies maritimes, fluviales et aériennes ; l'énergie sous toutes ses formes nécessaires au fonctionnement des services publics et des unités de production quel que soit le secteur dont relèvent ces dernières.

Dépendront également du secteur d'Etat, toutes les activités économiques nécessitant un contrôle indispensable pour la sécurité intérieure et extérieure du pays. Sur la base du principe de la propriété d'Etat sur l'ensemble des ressources minières et du domaine, la grande industrie de base sera contrôlée par l'Etat.

L'émission de la monnaie et l'ensemble des activités bancaires ainsi que le commerce extérieur et l'Office des changes appartiendront également au secteur d'Etat.

2°) — **Secteur d'Economie mixte :** Le secteur mixte définit les investissements publics associés aux capitaux privés détenus soit par des étrangers, soit par des nationaux.

L'importance du Secteur Mixte dépendra de la phase de développement économique et d'autres critères tels que :

a) **Volume des investissements :**

En règle générale, les Sociétés d'Economie Mixte ne seront envisagées que pour des opérations économiques nécessitant des investissements importants tant en monnaie nationale qu'en devises étrangères.

b) **Nature des investissements :**

Dans le cas des investissements visant la mise en valeur de ressources naturelles (gisements, ressources hydrauliques, domaines) relevant en principe du secteur d'Etat mais exigeant des investissements importants auxquels les ressources nationales ne peuvent faire face actuellement, la Société d'Economie Mixte est la meilleure solution pratique.

c) **Gestion :**

La direction compétente et l'exploitation rationnelle des unités industrielles créées présentent une importance primordiale.

Ainsi, dans tous les cas où le fonctionnement d'une entreprise exige des cadres hautement qualifiés et des techniciens spécialisés, il est recommandé d'adopter la formule de société d'Economie Mixte au sein desquelles les cadres nationaux pourront et devront se former auprès des spécialistes étrangers jusqu'à ce qu'ils soient en mesure d'occuper de manière efficace les postes-clés de l'entreprise.

d) **Prépondérance de l'Etat :**

Dans les sociétés d'économie mixte intéressant les secteurs clé de l'économie nationale, la représentation de l'Etat doit être majoritaire ou au moins égale à 50 %. Dans de telles sociétés, la direction générale ou la présidence du conseil d'administration sera assurée par un représentant de l'Etat.

En tout état de cause, si la direction générale exige une haute compétence technique dépassant le niveau actuel des cadres nationaux disponibles, cette fonction peut être confiée à un étranger auquel il sera adjoint un Guinéen.

En règle générale, les sociétés mixtes seront de durée plus ou moins longue avant leur transformation en Société d'Etat. Ce délai dépendra essentiellement des possibilités de rachat des parts des associés privés par accord mutuel explicité dans les conventions de base : de la rentabilité des investissements et du taux normal d'amortissement à plus ou moins long terme du délai nécessaire à la formation des cadres nationaux capables de gérer efficacement l'entreprise, enfin du marché qui absorbe la production de l'unité industrielle d'économie mixte.

En effet, les sociétés d'économie mixte dont la production intéresse soit le marché intérieur soit le marché international seront soumises à des délais de fonctionnement compatibles avec la nécessité du placement de leur production.

3°) — **Secteur Privé.**

Ce secteur englobe non seulement les activités répondant à la signification courante du terme privé mais aussi les coopératives et les groupements régionaux mettant en commun leurs moyens pour exercer telle ou telle activité économique sous leur propre responsabilité. Le secteur privé en République de Guinée peut jouer un rôle important en donnant à toutes les initiatives heureuses l'occasion de contribuer à la mise en valeur accélérée du pays.

Par ailleurs, le secteur privé constitue souvent un stimulant pour certaines activités exercées simultanément par le secteur public. Une fois définie, les limites d'intervention des investissements privés conformément à la ligne générale de la politique économique et des objectifs nationaux, l'aide de l'Etat doit soutenir l'effort privé.

Les sociétés exercent leurs activités dans le cadre règlementaire défini par la loi (code des investissements, loi sur les sociétés votés par l'Assemblée Nationale en Avril 1962). Les exploitations, coopératives, familiales et privées joueront un rôle prépondérant dans l'agriculture où elles bénéficieront de l'aide de l'Etat sous forme de facilités d'acquisition des moyens de travail et d'assistance technique. Leur rôle sera aussi important dans la commercialisation des produits agricoles et la distribution des marchandises et des produits finis au niveau des régions, arrondissements, villages.

Dans le secteur industriel, l'initiative privée sera un complément de l'industrie de base relevant du secteur public.

Dans tous les cas l'Etat veillera à ce que les activités des différents secteurs s'harmonisent au profit des populations le principe directeur étant la recherche constante du progrès général et le renforcement de l'équilibre interne de la société dans la voie de la satisfaction des aspirations définies par le Parti.

PLAN SEPTENNAL — CHOIX ET PRIORITE

Le Plan Septennal doit marquer l'entrée de l'économie guinéenne dans sa phase d'industrialisation. Il sera un plan de développement économique par la nature des opérations mises en oeuvre et par la méthode de choix de ces opérations. Le Plan Septennal aura pour caractéristique essentielle la concentration des moyens de l'Etat dans les secteurs clé de l'économie Nationale. D'où la nécessité d'un choix judicieux d'opérations assurant le maximum de chance au progrès économique.

L'expérience du Plan Triennal a permis de constater qu'il serait erroné de vouloir développer horizontalement et parallèlement tous les secteurs économiques sans discrimination.

L'ordre de priorité des opérations à réaliser dépend de la situation économique, des perspectives de développement et des problèmes urgents à résoudre.

Notre Plan Septennal donnera à l'industrie la priorité sur les autres secteurs. Le rôle assigné à cette première phase de l'industrialisation sera de développer dans le pays les activités industrielles ayant pour but le redressement dans les délais les plus brefs de notre balance extérieure actuellement déficitaire. Les raisons de ce déficit sont connues ; augmentation des importations consécutivement à notre accession à l'Indépendance par rapport aux exportations dont le niveau moyen est resté inférieur. Tout en cherchant à résoudre ce problème d'importance primordiale pour un pays en voie de développement cherchant son autonomie économique, notre programme d'industrialisation doit nous permettre de satisfaire les besoins fondamentaux des populations. C'est-à-dire que l'on recherchera à la fois l'élévation du niveau d'activité général du pays et la satisfaction sur place des besoins vitaux dont la solution dépend encore de l'extérieur.

Ainsi le Plan Septennal recherchera avant tout à augmenter la production nationale. L'industrialisation en tant que moyen d'accroissement de production ira de pair avec les autres secteurs directement liés à cette production :

a) **Energie,** facteur essentiel de productivité indispensable à l'industrie.

Pour la République de Guinée, il s'agira de mettre en valeur les immenses possibilités offertes par la nature en matière d'énergie hydro-électrique.

b) **L'infrastructure** qui constitue également une condition préalable à toute industrialisation en tant que moyen de liaison entre la production industrielle et le marché de consommation ; entre production de matière première et industrie de transformation.

c) Le développement prioritaire des **grandes cultures** qui constituent certaines des matières premières des Entreprises industrielles qui seront implantées et des cultures vivrières de base nécessaires à l'alimentation des ouvriers dont le nombre ira croissant.

d) L'industrialisation devra entrainer **le développement de l'habitat** en tant que facteur d'équilibre social.

Compte tenu des moyens disponibles et du critère de rentabilité une liaison judicieuse sera maintenue entre d'une part l'industrie et l'agriculture, et d'autre part l'industrie et le commerce extérieur. Le commerce extérieur revêt en pays sous-développé une importance particulière du fait que toute industrialisation doit s'effectuer par l'importation de biens d'équipement non disponibles sur place.

Par conséquent, le Commerce Extérieur devra accorder une place importante à l'importation prioritaire de biens d'équipement, de carburants, de matières premières et de pièces détachées nécessaires à l'industrie de production et aux activités auxiliaires de soutien.

Le développement de l'économie nationale aura atteint sa vitesse de croisière lorsqu'à tout moment, elle disposera de moyens suffisants pour l'élargissement du secteur industrialisé et l'accroissement du taux de rentabilité de l'ensemble, des unités économiques existantes. Le volume des biens produits sur place ou importés mis à la disposition des consommateurs doit assurer la régulation constante du courant de circulation fiduciaire, mettant ainsi la monnaie nationale à l'abri des phénomènes de crises inflationnistes.

Les exigences du démarrage de l'industrialisation dépendent essentiellement des données de l'économie à développer. L'observation rigoureuse de ces exigences, qui s'impose plus impérativement dans les conditions particulièrement difficiles des pays nouvellement libérés de la domination coloniale conduit à un ensemble de principes dont la synthèse détermine de manière scientifique le schéma idéal du développement propre à chaque pays.

Au fur et à mesure de l'évolution de la situation économique initiale, le schéma subira une transformation qui l'adaptera sans cesse aux données économiques nouvelles.

Le schéma du développement de l'économie guinéenne apparaîtra clairement à travers le programme d'industrialisation du plan septennal soumis par le B.P.N. aux présentes assises du Conseil National de la Révolution.

Notre shéma de développement admet les principes fondamentaux suivants :

1°) — La République de Guinée est une entité économique dont le caractère unitaire repose sur la solidarité effective de l'ensemble des régions naturelles du pays collectivement responsables de la réalisation des objectifs économiques et sociaux du Parti.

2°) — Les programmes régionaux de développement découlent du programme national et obéissent aux mêmes objectifs généraux définis par le Parti au nom du peuple guinéen.

Les investissements nationaux, régionaux et privés répondent aux mêmes critères de rentabilité et de priorité conditionnant le progrès économique le plus rapide, le plus général et le mieux équilibré par la mobilisation des ressources naturelles des différentes régions aux moments les plus opportuns, sans retard ni précipitation contraires aux intérêts primordiaux de la Nation Guinéenne.

4°) — La distribution horizontale systématique d'une part et la concentration arbitraire des unités industrielles en voie de création d'autre part sont incompatibles avec le Régime guinéen de Démocratie nationale et de responsabilité commune au sein du Parti.

5°) — La contradiction entre les nécessités du développement économique et les droits sociaux des travailleurs n'existe pas en République de Guinée, puisque aussi bien ce sont les travailleurs qui décident les programmes de réalisation économique en vue de libérer leur pays de toute tutelle étrangère et de réunir, grâce à leurs efforts, toutes les conditions indispensables à la création de leur propre bonheur.

Il est clair que la mise en oeuvre de ces principes de base assurera au Parti un développement économique libérateur dans les meilleures conditions possibles. Elle est la seule garantie du succès aux moindres frais et du renforcement de l'unité nationale.

Les militants du P.D.G. savent déjà qu'ils rencontreront des obstacles sérieux dans la voie courageuse du développement autonome qu'ils ont choisie au nom du peuple Guinéen et de l'Afrique.

Ils savent que les peuples forts ne sont pas ceux qui ont des moyens matériels puissants et des cadres techniques qualifiés en grand nombre, mais surtout ceux qui sont animés d'une volonté ferme **pour décider, agir collectivement et pour vaincre.**

Notre Plan Septennal ne sera ni une question d'investissements, ni un ensemble d'industries nouvelles.

Ce sera une question **d'hommes engagés** au service d'une cause noble, la cause de l'épanouissement de l'homme Africain, la cause de la réhabilitation de la Patrie Africaine.

TITRE PREMIER

INDUSTRIALISATION

a) **Assurer le plein fonctionnement des unités économiques du plan triennal.**

1. Frigorifique du Port.
2. Briqueterie de Kobaya.
3. Usine de meubles de Sonfonia.
4. Conserverie de Mamou.
5. Abattoir frigorifique de Conakry.
6. Ferme expérimentale de Ditinn.
7. Imprimerie Patrice Lumumba.

b) **Opérations du plan triennal à terminer.**

1. Scierie de N'Zérékoré.
2. Complexe de Sérédou : qui comprend une usine hydroélectrique et l'usine à panneaux de particule, 15.000 m^3/an.
3. Complexe de Foulaya : boissons hygiéniques et lait chocolaté.
4. Allumettes - Cigarettes de Wassa-wassa (Conakry).

Conformément aux règles définies en vue d'une planification plus rigoureuse par le Camarade Saïfoulaye ce matin chaque opération nouvelle, avant sa mise en chantier, fera l'objet d'un dossier complet comportant notamment :

1. Une étude technico-économique avec étude de marché et d'évolution des besoins de la consommation nationale.
2. Le coût global de réalisation en monnaie nationale et en devises étrangères.
3. L'économie du projet dans les domaines politique et social.
4. Le coût de production unitaire escompté.
5. La main-d'œuvre et les cadres nécessaires en période de construction et de fonctionnement.
6. Rentabilité économique et financière.
7. Délai de réalisation, formation de cadres.
8. Contraintes liées à la réalisation.
9. Localisation et justification de cette localisation.
10. Planning de réalisation.
11. Planning de financement.
12. Programme de démarrage et prévision d'approvisionnement, etc.

c) **Opérations Nouvelles :**

1. Usine textile.
2. Verrerie.
3. Usine de sel.
4. Chaîne de montage (camions, véhicules légers, tracteurs).
5. Usine de rechappage de pneus.
6. Usine de bicyclettes.
7. Usine d'ustensiles en aluminium et de tôles ondulées.

8. Raffinerie de pétrole.
9. Tannerie - cordonnerie.
10. Usine de confection.
11. Cimenterie.
12. Usines d'égrenage de coton dans les centres producteurs.
13. Huileries.
14. Usines d'engrais.
15. Sucreries et raffineries : deux unités.
16. Usine de maisons préfabriquées, (procédé Bonnet Calad).
17. Usine de sciage de granit.
18. Usine de concassage de granit et fabrication de carreaux.
19. Corderies - sacheries.
20. Clouteries.
21. Faïence et céramique.
22. Papeterie.
23. Briqueteries, (Kankan, Labé et N'Zérékoré) financement par l'Etat et les Régions.
24. Fabrique de tapioca.
25. Usine de jus de mangue, Siguiri.
26. Usine de torréfaction de café.

INDUSTRIES PRIVEES :

1. Boulangerie - patisserie - biscuiterie (SADICOM).
2. Bonbons glacés, (Hassan Micky), (Diané).
3. Boulangerie - patisserie à Kindia, (Yansané Soriba).

4. Tricotage et confections industrielles, (Société TRIGUITEX).
5. Fabrique de valises, (Société VALIDOR).
6. Teinture — blanchisserie, (Chérif Sidi Mohamed).
7. Savonnerie - huilerie, (Société S.H.G.).

MINES :

a) **Recherches générales.**

b) **Diamants.**

1. Modernisation de l'exploitation de l'EGED.
2. Exploitations nouvelles en sociétés mixtes.

ALUMINE :

Fria : Accroissement de la production d'alumine de 480.000 à 720.000 tonnes.

BAUXITE :

Boké : Production de 1 à 3 millions de tonnes par année, Bauxite calcinée 200.000 tonnes par an.

ALŨMINIUM :

Projet d'usine d'aluminium.

MINERAI DE FER :

1) **Kaloum :** Accroissement de la production de 700.000 à 6 millions de tonnes.
2) **Nimba :** Négociation, recherches et évaluation détaillée des réserves.

CULTURES INDUSTRIELLES :

Plantations annexées aux usines de transformation assurant un approvisionnement de l'ordre de 40 à 50 % pour l'usine.

Coton.

Canne à sucre

Tabac.

Fibres textiles.

Rachat des installations SOCOTAB.

TITRE DEUXIEME

INFRASTRUCTURE (TRANSPORT)

A — OFFICE MARITIME :

1 — **Port de Conakry :**

— Construction du nouveau quai.

— Construction de la digue nord.

— Construction de cales sèches pour la réparation des navires.

2 — **Port de Benty :**

— Construction d'un grand magasin.

— Construction d'un nouveau poste à quai.

— Aménagement du chenal-Balisage.

3 — **Port de Kassa :**

— Création d'un nouveau port de pêche, adduction d'eau.

4 — **Marine Nationale :**

a) Acquisition d'un navire garde côte.

b) Flotte marchande : 2 navires bananiers, 2 navires minéraliers, caboteurs, cargo pour transports, fruits et divers.

5 — **Port de Boké** (Kamsar) :

— Construction d'un grand port pour les navires jusqu'à 32 pieds de tirant d'eau.

6 — **Télécommunications :**

— Réseau de télécommunications côtières (protection de la navigation et sauvetage en mer).

B – CHEMIN DE FER (ONCFG) :

1. — **Renouvellement de la voie ferrée** (achat de 200 km de voies).

2. — **Renouvellement partiel du parc tracteur et tracté.**

3. — **Acquisition de matériel.**

a) Ateliers.

b) Relevage et manutention.

c) Télécommunication.

C – AVIATION CIVILE :

Travaux d'infrastructure au niveau des aérodromes :

a) Goudronnage.

b) Equipement de sécurité aérienne.

D – O.N.T.P.R.

Renouvellement du parc d'autobus, construction et équipement de garages et d'ateliers de révision.

TITRE TROISIEME

INFRASTRUCTURE - TELECOMMUNICATIONS

1. – CENTRAUX TELEPHONIQUES :

A Conakry, à Kankan, Fria, Boké, Kindia, Foulaya, Mamou, Pita, Dalaba, Labé, N'Zérékoré, Kassa, ces créations sont liées aux opérations industrielles nouvelles.

2. – LIGNES INTERURBAINES :

Ouassou-Fria (85 km), Boffa-Boké (150 km), Dabola-Kissidougou (270 km), Kissidougou-Mamou (350 km), Gueckédou-Macenta (150 km), Dabola-Kankan (200 km), Macenta-N'Zérékoré (150 km), Kankan-N'Zérékoré (450 km), Labé-Koundara (300 km), Kindia-Gaoual (260 km), Kankan-Kissidougou (200 km), Dabola-Dinguiraye (115 km), Labé-Mali (114 km).

3. – OPERATIONS EN COURS D'EXECUTION :

Centraux Conakry I et II, central Kankan aérosouterrain Conakry, aérosouterrain Kankan, Telex-Centraux émetteurs et récepteurs.

Kippé, centre de réception de Conakry, centres de Kankan, N'Zérékoré, Labé, logements techniques et ateliers, 8 bureaux de poste.

Remarques : Afin de faciliter la réalisation de certaines de ces opérations il serait souhaitable :

1° – Que l'office des Postes et Télécommunications soit autorisé à contracter des emprunts auprès de la B.C.R.G.

2° – Que l'office soit autorisé à signer des conventions avec :

a) Des groupes privés ayant leurs activités en Guinée et intéressés par le développement des télécommunications (Harvey, Fria, France-câbles).

b) Les régions administratives comme pratiqué dans beaucoup de pays.

TITRE QUATRIEME

ENERGIE

A. – ELECTRICITE

I. – ETUDES :

1° — **Plan d'électrification de la République de Guinée :**

a) Centrales hydroélectriques 64/66.

b) Centrales thermiques.

2° — **Dossier Konkouré :**

a) Etude du marché de l'énergie disponible.

b) Plan d'utilisation dans les différents secteurs.

1. — Industrie.
2. — Agriculture.
3. — Transports et services publics.
4. — Rachat du dossier aux autorités françaises.

II. — PROJETS COMPLETS :

Projets barrages et centrales hydroélectriques des chutes de :

a) Tougué (aménagement fleuve Sénégal).

b) Niandan (Confluent avec le Niger).

c) Dion (Beyla).

d) Macona (Macenta).

e) Tinkisso (Dabola).

f) Kamarato (Kérouané).

III. — REALISATIONS :

1° — **Lignes haute-tension :**

a) Grandes chutes à Conakry en 110/150 KV.

b) Grandes chutes - Donkéa Kindia en 30 KW.

c) Pita-Labé et Pita-Dalaba en 30 KW.

2° — **Réseau d'éclairage public.** (au fur et à mesure) :

a) Autoroute Conakry-Aviation.

b) Cité Rogbané I et II.

c) Autres quartiers reconstruits.

3° — **Extension et modernisation réseau éclairage** (Ville de Conakry).

4° — **Centrales thermiques :**

a) Electrification 19 villes.

b) Centrale thermique de secours à Conakry (transfert au Km. 18).

5° — **Centrales et barrages hydroélectriques :**

a) **Barrages :**

1. KINKON sur la SAMOU.
2. BANECA.
3. DABOYA.
4. TINKISSO (Dabola).
5. KAMARATO (Mines Kérouané).

b) **Centrales hydroélectriques :**

1. PITA (10.000 Kw).
2. DONKEA (15.000 Kw).
3. TINKISSO.
4. KAMARATO.

B. — **EAU**

I. — ETUDES ET PROJETS :

Achèvement études et projets adduction d'eau. Commencés au cours du plan triennal et couvrant l'ensemble des villes ou territoire national.

II. — REALISATION :

1° — **Adduction d'eau des villes :**

a) Conakry I et II (A achever (par ordre (de priorité.

Villes de l'Intérieur

2° — **Réseaux assainissements definitifs :**

a) Ville de Conakry par quartier :

1. ROGBANE I et II.
2. Autres quartiers.

b) Réalisation des réseaux d'assainissement des villes de l'intérieur :

Par étape au fur et à mésure de l'achèvement des études - financement national + région.

TITRE CINQUIEME

INFRASTRUCTURE (PONTS ET CHAUSSEES)

ROUTES :

	Axes	Longueur
1.	— Coyah - Forécariah - Benty	100
2.	— Conakry - Mamou	300
3.	— Mamou - Faranah - N'Zérékoré	660
4.	— Mamou - Youkounkoun (par Gaoual)	450
5.	— Mamou - Kankan	320
6.	— Conakry - Boké	320
	Total	2.150 km

PONTS :

19 ponts sont à construire en ouvrages d'art définitif sur le réseau routier national de base dont 5 ouvrages retenus pour le plan septennal.

1. — Fatala (Boffa)		700
2. — Diani (Macenta - N'Zérékoré)		130
3. — Yirikiri (Kouroussa - Kankan)		450
4. — Diélibakoro (Kankan - Siguiri)		600
5. — Tinkisso (Kankan - Siguiri)		400
	Total	2.180

TRAVAUX URBAINS :

1 Achèvement autoroute avec trois passages supérieurs.

TITRE SIXIEME

HABITAT

I. — ETUDES :

— Plan d'urbanisme - villes de l'Intérieur (par ordre de priorité).

— Lotissements - au fur et à mesure.

II. — REALISATIONS :

Cités nouvelles (Rogbané — Belle-Vue) :
(Urbaines et rurales) :

Dans le cadre du plan de reconstruction de la ville de Conakry et d'implantation des nouvelles unités industrielles et agricoles.

TITRE SEPTIEME

EDUCATION NATIONALE

ANNEXE II

ECONOMIE RURALE

A. – PRODUCTION AGRICOLE

1. RIZICULTURE :

— **Etudes :** Poursuite des études concernant l'aménagement hydro-agricole de 35.000 hectares de terres rizicultivables en Basse Guinée, production escomptée après aménagement : 35 à 40.000 tonnes de paddy par an.

Aménagement de 3 secteurs pilotes totalisant 900 ha.

— **Rizeries :** Achèvement de la mise en place des rizeries prévues au Plan Triennal, à Kankan, Kouroussa, Siguiri et Koundara.

Installation de nouvelles rizeries de petites capacités dans les régions productrices de riz.

— **Travaux d'aménagement :**

a) **Basse-Guinée :** Aménagement des périmètres : Monchon 2.000 ha, Kakossa 2.500 h, Koba 4.000 ha, Kapatchez 7.000 ha.

b) **Haute-Guinée :** Remise en état des ouvrages des plaines de Siguiri, Kankan, Kouroussa.

c) **Foutah :** Examen des possibilités d'aménagement de la plaine de la Koloun ougué), suivant les études préliminaires déjà effectuées.

2. MAIS :

Développement de la culture du maïs en vulgarisant auprès des producteurs les résultats de l'expérimentation (variétés, fumure, etc.)

3. CULTURES MARAICHERES :

Intensification de la culture maraîchère dans toutes les régions pour le ravitaillement de la population.

Principalement dans les régions :

Kindia : Exportations sur Conakry.

Mamou: Alimentation de la Conserverie 3.000 tonnes de tomates et 2.000 tonnes de légumes divers.

4. BANANES :

Augmentation de la production pour atteindre des exportations annuelles de 10.000 tonnes (minimum).

— Lutte contre les maladies cryptogamiques (cercosporiose) et prédateurs (charançons anguillules).

5. ANANAS :

Augmentation intensive de la production de 6 à 20.000 tonnes.

— Exportation en frais (6.000 tonnes).
— Conserverie jus et tranches (14.000 tonnes).

6. AGRUMES ET AUTRES FRUITS :

Développement des différentes cultures fruitières et principalement :

— Agrumes dans le Foutah pour la production d'huiles essentielles et de fruits destinés à la consommation locale et l'exportation sur les pays voisins.
— Bergamotiers dans les régions de Kindia, Mamou, Dalaba, Pita, Labé pour la production d'essence.
— Manguiers, avocatiers, etc... dans les régions de Conakry et Kindia pour l'exportation.

Dans les autres régions pour la consommation locale (jus de mangue à Siguiri).

Développement des pépinières en particulier celles de l'Institut de Recherches Fruitères.

7. — CAFE :

Augmentation de la production pour atteindre des exportations annuelles de 20.000 tonnes (maximum).

— Lutte contre la trachéomycose. Mise en place dans les régions d'équipes phytosanitaires (régions forestières).
— Multiplication en pépinières de clones hautement productifs et résistants à la maladie.
— Développement de la culture du caféier arabica dans certaines zones du Foutah.

8. PALMIER A HUILE :

— Régénération des palmeraies naturelles, isolement de types pouvant servir de géniteurs dans l'avenir.

— Entretien des plantations des palmiers sélectionnés déjà existantes et repérage de tous les clones intéressants pour la multiplication (croisements).

— Multiplication en pépinières des types isolés et des semences introduites.

— Création d'une plantation de 2.000 ha (Régions Boffa-Boké) pour alimenter dans l'avenir une installation industrielle d'huile de palme (rapport Checchi ; dépense estimée à 2.200.0000 dollars pour la création de 2.000 ha de palmeraies).

9. CACAO :

Etablissement de plantations de cacaoyers en zone forestière en tenant compte de l'expérience déjà acquise à Sérédou.

Introduction de matériel végétal de haute valeur en provenance du Congo (Léopoldville) de Trinidad, du Ghana, de la Côte d'Ivoire, des Etats-Unis et de certains pays d'Amérique Production qui, dans l'avenir, doit être une source de devises et répondre aux besoins du complexe de Foulayah.

10. SESAME, RICIN, SOJA :

Introduction de nouvelles espèces améliorées et à haute productivité.

Mise au point de la culture du soja et sa vulgarisation dans les régions.

11. COTON :

Introduction de différentes variétés pour acclimatation.

Prospection des zones de cultures (Haute-Guinée).

Production pour alimentation de l'usine de textile en voie de construction d'une capacité de 3.750 tonnes de coton fibre par an.

Moyens préconisés sur deux plans.

— Création d'une plantation industrielle à haut rendement, irrigation, fumure, traitement, etc...) qui devra assurer à l'usine le tonnage minimum pour un fonctionnement rentable.

— Introduction en milieu paysan (coopératives) d'une culture rationnelle, type culture sèche, mais bénéficiant de la fumure minérale et des traitements anti-parasitaires.

Compte tenu des études préalables et des dispositions à prendre pour le lancement de cette culture l'objectif à atteindre en fin de plan septennal serait de 4.000 tonnes de coton graines.

(L'usine de textile consommera environ 10.000 tonnes de coton graine annuellement ce qui nécessitera une superficie en culture de 13.000 à 20.000 hectares).

— Il est prévu un accroissement de 100% de la production deux ans après la mise en route de l'usine en 1965.

12. AUTRES CULTURES INDUSTRIELLES :

Introduction pour acclimatation de différentes variétés de cocotiers, arachide, sésame, ricin, soja, fibres textiles diverses (hibiscus, canabinus ou dâh, sisal, jute, lin, hévéa, poivre, etc...

13. CANNE A SUCRE :

Introduction des variétés sélectionnées des différents pays producteurs.

Multiplication des clones les mieux adaptés à la Guinée.

Prospection et enquête sur les zones retenues pour la culture (Régions de Boké, de Kissidougou, de Gueckédou).

Création de deux unités de plantation industrielle de 3.000 ha susceptible d'alimenter chacune une sucrerie d'une capacité annuelle de production de 20.000 tonnes de sucre.

14. TABAC :

Production de 400 tonnes minimum par an pour alimenter le combinat tabac-allumettes de Kissosso par :

— La création d'un Centre distributeur de semence et qui étudierait les espèces pour mélange introduites du Nyassaland (grade Naléaf) Bulgarie (Malnik) classe 2 et 4 Rhodésie (B.G.O.) et des variétés pour cape.

— Assistance aux coopératives et fourniture de graines de bonne qualité.

15. THE :

Plantation de théïers dans la Région de Macenta (en cours) dans le cadre des accords avec la République Populaire de Chine.

Objectif à rechercher en fin de plan Septennal 200 à 300 ha de plantation pour une usine de traitement livrant à la consommation du thé vert et du thé noir.

16. QUINQUINA :

Pl[illegible]ion à Sérédou et aménagement de 20 à 60 ha de quinquina annuellement pour alimenter l'usine de quinine.

B. — PRODUCTION ANIMALE - ELEVAGE

17. FERMES D'ELEVAGE :

Achèvement de l'installation de la ferme d'élevage commencée au cours du plan triennal à Famoyla (Beyla).

18. LABORATOIRE DE DIAGNOSTICS, DE VACCINS ET DE RECHERCHES VETERINAIRES :

Construction à Kindia (Pastoria) d'un laboratoire vétérinaire en annexe au laboratoire prévu par le Ministère de la Santé et des Affaires Sociales.

19. TRAITEMENT DE MIEL :

Création d'un Centre Apicole et traitement du miel à Labé.

20. PARC ZOOLOGIQUE ET FORESTIER :

A prévoir en bordure du Kakoulima.

21. PECHE ET COMMERCIALISATION DU POISSON :

a) Développement de la pêche industrielle pour atteindre une production de 22.000 tonnes de poisson par an.

b) Modernisation de la pêche artisanale en dotant les coopératives de moyens mieux adaptés (embarcations, motorisation, engins, etc...).

c) Création d'une industrie pour le traitement des produits de la pêche.

d) Mise en place d'un réseau de distribution du poisson pour alimenter les différentes régions.

e) Laboratoire océanographique.

f) Port de pêche : choix de l'emplacement du port de pêche compte-tenu des études déjà effectuées.

Réalisation du projet retenu au cours du plan septennal.

C. – PRODUCTION FORESTIERE

22. AMENAGEMENT SYLVICOLE DE LA FORET DE DIEKE :

Il s'agit d'aménager les 64.000 ha de la forêt classée en vue d'assurer la pérennité des exploitations et la continuité pour de nombreuses années de l'approvisionnement de N'Zérékoré (35.000 m^3 de sciage par an).

Layonnage :

— Etablissement du parcellaire.
— Comptage et marquage des arbres.
— Régénération.
— Enrichissement de 1.000 ha environ de forêt en espèces intéressantes.

23. CENTRE DE FORMATION FORESTIERE DE N'ZEREKORE :

Création à N'Zérékoré d'un Centre pour la formation de cadres moyens et subalternes pour les exploitations forestières et industrielles du bois existant ou en cours d'installation.

Ce Centre recevrait également des artisans du bois qui, après une période de formation, retourneraient dans leurs villages avec l'équipement nécessaire et seraient à même de former de nouveaux artisans.

24. SCIERIES :

Installation de deux nouvelles scieries à :
- Macenta : capacité 3.000 m^3/an.
- Gaoual : Capacité 2.000 m^3/an.

25. PLANTATIONS D'ESSENCES A BOIS TENDRE :

Alimentation de l'usine de Kissosso (allumettes) en espèces à déterminer (localisation des plantations à étudier). Caisses et fibres d'emballage pour fruits.

26. CENTRE DE FORMATION PROFESSIONNELLE ARTISANALE :

D. – ARTISANAT

Création à Kankan, d'une école de 500 élèves environ à plusieurs sections : bois, ivoire, métaux, cuir, maroquinerie, tissage et broderie, céramique et poterie.

27. INDUSTRIE DU BAMBOU :

Fabrication artisanale d'objets en bambou (meubles et divers).

28. ENTREPRISES COLLECTIVES DE PRODUCTION :

A créer dans les régions pour les différentes activités artisanales.

E. — INDUSTRIES AGRICOLES

29. HUILE DE PALME :

Installation de pressoirs à Boffa, Boké, Forécariah, N'Zérékoré, Macenta, Gueckédou et Kissidougou en vue d'atteindre une production minimum de 5.000 tonnes d'huile correspondant à nos besoins actuels.

30. HUILLE DE COCO :

Compte tenu des plantations existantes dans les régions de la Basse-Guinée (Forécariah, Boffa, en particulier) installer des ateliers de traitement artisanaux (collectifs ou individuels) analogues à ceux retenus pour l'huile de palme.

31. FIBRE DE COCO :

Utilisation de la fibre de coco pour fabrication de cordage, tapis, etc...

Camarades, au nom du B.P.N., nous vous invitons à l'étude et à la mise au point définitive de ce programme qui, si modeste soit-il **devra être réalisé entièrement** et de manière satisfaisante grâce aux efforts conjugués de tous, dans un esprit militant fait de dévouement à la cause du peuple de Guinée et de détermination farouche à vaincre le sous-développement en Guinée et en Afrique, objectifs majeurs de la Révolution Africaine du P.D.G.

DISCOURS DE CLOTURE DU C.N.R. PRONONCE PAR LE PRESIDENT AHMED SEKOU TOURE

Camarades,

Pendant trois jours les membres du Conseil National de la Révolution se sont penchés sur les problèmes qui préoccupent actuellement le peuple Guinéen. Mais si ces problèmes sont de tous ordres, ceux qui ont retenu plus particulièrement l'attention du Conseil National de la Révolution se trouvent tout naturellement être les problèmes d'ordre économique. Le développement économique du pays étant la condition de tout épanouissement social et humain de notre peuple, nous pouvons à présent l'aborder avec certitude car les conditions qu'il était nécessaire de créer, au préalable, sont heureusement réalisées et effectivement réunies.

Les résolutions qui viennent d'être adoptées seront communiquées sans tarder au Peuple Guinéen et entendues par les Peuples frères d'Afrique et par les autres Peuples du monde. Ces résolutions sont par elles-mêmes l'illustration de la prise de conscience des cadres du Parti Démocratique de Guinée, en même temps que l'expression de la fermeté, de la volonté avec lesquelles, à travers le Parti et par le Parti, nos cadres entendent conduire les destinées de la Nation Guinéenne.

La lutte de notre peuple qui résulte de l'action du Parti Démocratique de Guinée est, concrètement, un des principaux éléments du combat général des Peuples Africains et notre légitime ambition est que cet élément soit de plus en plus dynamique afin que la contribution du Peuple Guinéen au développement historique des Peuples Africains reste de qualité, qualité qui a été déjà conférée à notre action dans le domaine du développement politique de l'Afrique.

Le développement historique des Peuples Africains est lui-même un des aspects de la lutte générale des Peuples du monde pour le mieux être, pour une sécurité accrue, pour plus de justice et de liberté grâce à la Démocratie et par la Démocratie. Nous savons qu'actuellement dans le monde il existe des réalités qui ne sont pas l'expression de la volonté des masses pacifiques du monde. C'est dire que certaines de ces réalités expriment la puissance des forces du mal, des forces de domination qui s'imposent encore aux peuples et compromettent dangeureusement leur développement historique. Ce monde divisé en egocentrismes nationaux est cependant appelé à se transformer. Il se transformera parce que la volonté de transformation est partagée par l'ensemble des peuples du monde ; la République de Guinée est convaincue, que le comportement objectif des Nations face aux problèmes de la liberté et du développement économique indépendant des peuples sous-développés, sera de plus en plus le critère distinctif de la qualité des différents régimes qui, dans le monde, s'opposent les uns aux autres.

Il n'est plus question d'approuver ou de condamner de manière abstraite tel ou tel régime, telle ou telle idéologie face aux besoins humains des peuples.

Il est désormais question de juger concrètement la signification de ces différents régimes et de ces différentes idéologies dans la satisfaction des besoins humains qui sont historiquement et étroitement interdépendants. C'est pourquoi d'ailleurs, sur le plan international, notre Parti a bien fait d'indiquer que de plus en plus le monde est condamné à une civilisation de masse et, par conséquent, qu'il est appelé à abandonner les vieilles hiérarchies des valeurs à caractère individualiste pour s'engager résolument dans la seule voie que dictent les intérêts supérieurs de l'humanité, celle de la prise en considération de l'égalité absolue de tous les êtres, celle qui favorisera la participation effective et consciente de tous les hommes à la construction du bonheur humain.

Le Parti Démocratique de Guinée a bien fait d'indiquer également qu'il ne s'agit plus, soit par motion, soit par résolution, de se prononcer pour ou contre la paix, pour ou contre la guerre, que la paix et la guerre sont liées l'une à l'autre, mais n'étant pas des phénomènes de même nature, l'une ne saurait dépendre de l'autre. Nous avons bien fait de souligner que pour nous, le caractère de la guerre compte peu : qu'elle soit violente ou non violente, la guerre n'exprime qu'une contradiction d'intérêts au sein de l'humanité ou au sein des Nations, ou des groupes sociaux. La seule solution à apporter pour établir la paix est de rendre effectivement les Peuples souverains, d'établir en leur sein des rapports économiques et sociaux absolument justes, rapports ne permettant aucune exploitation, aucune oppression et laissant à chaque individu le bénéfice de ses activités productives. Ainsi, sur le plan international, avons-nous indiqué, que la libération de l'Afrique de toute domination étrangère doit être considérée comme la lutte des Peuples Africains pour la paix, une paix durable, une paix juste. Mais les principes tout en étant tous justes, lorsqu'ils résultent de la prise en considération de l'intérêt de l'homme, de l'intérêt du peuple, oblige cependant à une classification marquant leur degré d'urgence. Dans le cadre de la classification d'urgence que nous avons faite, la liberté politique a été placée en tête, bien que l'existence d'un peuple procède directement de cette liberté politique. Toutefois la liberté ne s'obtient pas en un jour, la liberté n'est pas le fait seul de la vie elle-même, au-delà de la vie, la liberté d'un peuple c'est sa conscience en action. Agir librement, c'est avant tout agir en conscience, donner à ses actes non seulement une justification mais aussi un prolongement social, un prolongement historique, c'est cela la liberté humaine. Heureusement pour notre peuple, depuis le 2 octobre 1958, la République de Guinée Indépendante et Souveraine existe, et depuis cette date son développement fait l'objet de nos constantes préoccupations et de nos incessantes activités. Aujourd'hui nous pouvons affirmer que notre liberté est une réalité effective qui n'est plus conditionnée par une volonté externe à notre peuple, mais qui est l'expression authentique de sa conscience, de son combat quotidien, de sa lutte permanente contre toutes les forces qui pourraient le dominer, réduire à néant sa liberté. Notre liberté est effective parce que notre peuple a choisi la voie juste, celle qui ne veut pas que la responsabilité d'un individu soit assumée par un autre, celle qui veut que la responsabilité d'un peuple soit assumée par lui-même ; la voie qui écarte la démission et l'irresponsabilité, celle qui apprend la vie dans ses difficultés afin de pouvoir en triompher en imposant le fruit du travail, le fruit de la volonté, le fruit des aspirations qui concourent à la qualification de l'homme, à la transformation de la société selon sa volonté, ses besoins, ses espérances.

En jetant un coup d'oeil sur notre Continent nous nous rendons bien compte que la qualité de la vie politique guinéenne n'est malheureusement pas conférée aux nombreux régimes qui existent en Afrique et dont certains ont délibérément tourné le dos à la responsabilité pour maintenir le caractère d'irresponsabilité qui était le fondement même de la colonisation. Ces régimes n'ont pas voulu faire une totale confiance au peuple et ils pensent que leur maintien et leur survie ne peuvent dépendre que d'une minorité. Ces sortes de régimes ne peuvent, quoi qu'ils fassent, être démocratiques et encore moins révolutionnaires quand bien même la minorité qui les anime prendrait les décisions théoriques les plus justes.

Le seul fondement de la liberté et du progrès c'est le peuple qui le constitue et lui seul.

La voie que nous avons choisie et le régime que nous avons instauré correspondent étroitement à la liberté et au progrès, car ils nous ont permis de dominer de nombreuses et importantes contradictions qui, ailleurs, continuent de maintenir les populations dans la sujétion, empêchant tout élan créateur, toute initiative progressiste et tout épanouissement. La véritable liberté d'un peuple, et par conséquent la liberté de l'homme, c'est, avant tout, celle qui lui permet de se défaire des difficultés, qui lui confère les moyens de modifier qualitativement ses conditions d'existence, c'est enfin celle qui lui assure concrètement la maîtrise de son destin.

En assurant l'unité politique du peuple guinéen, le Parti Démocratique de Guinée a liquidé l'ensemble des cloisonnements arbitraires, des antagonismes absurdes, des dualismes irrationnels, et des oppositions introduites par la politique de division de la domination coloniale. Nous avons fait sauter les barrières qui existaient entre l'Administration et l'administré, restauré la justice dans son rôle social, replacé la foi sur ses assises spirituelles ; nous avons brisé les régionalismes destructeurs ; notre armée ne peut être une source de peur ni d'inquiétude pour notre peuple. L'Armée Guinéenne est une armée démocratique, une armée populaire qui ne pense qu'au développement du pays et c'est pourquoi elle s'intègre intimement dans le grand combat organisé par le Parti Démocratique de Guinée contre la misère, l'ignorance et la maladie. L'Armée n'a pas d'autre ambition et même si elle en nourrissait le niveau de conscience et d'organisation du peuple guinéen sont le gage certain de sa victoire irréversible sur toute fraction qui s'opposerait à sa liberté. Par rapport à l'extérieur, la Guinée a défini avec le même courage politique, civique et moral l'attitude qui convient. N'ayant aucun complexe elle a démontré qu'elle a une haute conscience de l'égalité de tous les êtres humains bien que le développement extérieur de ceux-ci soit le fruit des conditions spécifiques dans lesquelles ils se trouvent ; nous avons fait la preuve que nous pouvions créer, nous-mêmes, toutes ces conditions, comme ont pu le faire les nations du monde qui jouissent de la plénitude de leur indépendance.

Au lieu de vivre le passé dans le présent, la Guinée veut vivre l'avenir dans le présent. L'avenir est en construction et qui dit construction suppose l'acceptation du travail, de l'effort. La Guinée n'a pas voulu et ne voudra jamais qu'à la tête de ses services, de son armée, de ses différents secteurs économiques, il y ait une espèce d'assistance dite technique mais qui dispose, en fait, de tous les pouvoirs pour exploiter le peuple et contrecarrer son développement. Ce qui se passe dans certains pays sous forme d'assistance technique ne se passera jamais en Guinée, parce que nos assistances techniques ce sont d'abord nos paysans, nos ouvriers. Aussi avons-nous eu parfaitement raison d'installer directement, après la proclamation de notre liberté, les structures les plus conformes à notre idéal démocratique et social. Ces structures qui existent dans les domaines économique, politique, social, dans les domaines culturel, moral et spirituel nous confèrent une puissance créatrice et nous permettent d'exercer notre souveraineté au mieux de nos intérêts. Ainsi, la Guinée peut se comparer à elle-même, mais non à d'autres Etats quand bien même ces Etats disposeraient de conditions matérielles supérieures parce que au-delà de la matière c'est l'esprit, c'est la ligne politique, ce sont les rapports économiques existant au sein du peuple qui permettent d'aller rapidement vers l'avenir. Or il est des pays matériellement en avance qui ont néanmoins l'avenir derrière eux. Quant à nous, nous pouvons dire, aujourd'hui, au Conseil National de la Révolution, constitué des principaux cadres de notre peuple, que nos chances sont immenses. Ces chances il ne faut pas les gaspiller. Le potentiel de conscience dont jouit notre Parti, le prestige qu'a notre Etat et les ressources naturelles dont dispose notre pays sont les facteurs positifs à utiliser pleinement, efficacement, en vue d'assurer dans le minimum de temps la promotion générale de la Guinée. Nos chances, elles sont immenses car nous savons que les richesses naturelles, le potentiel économique de la Guinée ne se trouvent réunis nulle part ailleurs. D'autres pays aujourd'hui hautement développés ne disposent pas de tant de potentialités, et parmi les pays non-développés, il en est peu qui en disposent. Ici tout est combiné : les potentialités agricoles, pastorales, minières, industrielles, tout existe dans le pays. Le travail que nous avons à faire est d'autant plus aisé que les matières premières ne nous manquent pas. Elles sont à notre disposition. Nous pouvons immédiatement les transformer pour satisfaire nos besoins à condition de nous organiser. Pour cela nous devons développer, en chacun de nous, autour de nous, la mystique du travail. Nous savons que notre peuple a donné mille preuves de son engagement à faire de la Guinée un pays prospère, prêt à accepter toutes les difficultés déterminées en fonction de son intérêt exclusif. Nos chances sont donc grandes car indépendamment des richesses naturelles, nous avons la meilleure richesse, celle qui valorise les autres richesses, c'est-à-dire un peuple conscient, un peuple engagé : nous avons les exigences de notre développement ; nous avons des chances parce qu'au-dessus de l'Etat, de son administration, au-dessus des groupes d'intérêts marqués par les contradictions il y a un Parti puissant, un Parti fort, un Parti structuré, un Parti unique. Et alors, lorsque de tels moyens existent, l'on peut être assuré que leur utilisation efficace conduira sûrement à la fin assignée à nos activités. Nous avons indiqué ici qu'une phase de développement était terminée, celle qui s'assignait comme objectif la consolidation des bases de la liberté individuelle et de la souveraineté populaire. Cette phase cède aujourd'hui la place à une phase encore plus dynamique, celle du développement économique. Nous savons qu'il n'y a pas deux possibilités permettant à l'homme de dominer la nature et de combler ses insuffisances. Il n'y en a qu'une seule, elle est universelle, c'est celle de l'effort et du travail. La faculté essentielle qui distingue les peuples forts c'est leur travail, leur volonté de travail. La phase actuelle comporte des tâches infiniment complexes mais toutes exaltantes car il s'agit de s'engager dans ce processus pour en vérifier le bien-fondé dans le relèvement constant du niveau de vie de chacun et de tous, ce qui ne peut manquer de nous encourager davantage à poursuivre sur la voie de l'effort l'œuvre de qualification de notre pays et de son peuple.

Camarades, nous devons savoir que tout développement implique certaines conditions. En énumérant quelques-unes d'entre elles, je voudrais que vous sachiez que les plus importantes sont l'organisation du monde du travail dans tous les secteurs. L'organisation méthodique du travail postule qu'il faut donner la primauté à la production des biens nécessaires à la vie de notre Nation.

Si nous répondons « oui » à cette question nous sommes sur la bonne voie ; si nous répondons «non» nous ne sommes pas encore sur la bonne voie. Il faut donc que notre ambition immédiate soit non seulement d'accomplir les tâches prescrites par le plan septennal, mais de présenter au Congrès du Parti, après ce bilan, un bilan encore plus réconfortant parce que présentant des réalisations nouvelles qui ne figuraient pas dans le plan au moment de son élaboration. Cela est possible si à tous les échelons l'initiative se manifeste. Chacun peut créer quelque chose et chacun doit créer quelque chose ! Voyez ces terres de Guéckédou ; si chacun de nous, tout à l'heure allait planter seulement un manguier, un oranger, un arbre quelconque, ces plantes pousseraient d'elles-mêmes et leurs produits seraient à la disposition des populations de Guéckédou ! C'est dire que les conditions naturelles sont tellement favorables qu'il n'y a pas de travail ingrat en Guinée. **Tout travail porte fruit,** il s'agit uniquement que le travail soit fait et nous devons dire que désormais tout sera fait. Le travail sera donc la seule conclusion à donner aux assises du Conseil National de la Révolution tenu à Guéckédou et nous nous réjouissons de la fermeté de la commission économique dont vous venez d'adopter la résolution et qui a marqué la primauté à accorder à la production nationale.

Dans tous les domaines le travail doit être fait. D'abord dans la Fonction Publique : ce secteur qui est à la disposition du Peuple doit donner le meilleur de lui-même. Il faut qu'au cours des manifestations du 1er Mai 1964 que vous aurez à présider dans vos régions, vous informiez les travailleurs que la volonté exprimée par le Parti, pour l'amélioration constante des conditions de vie des travailleurs, va de pair avec la fermeté qui devra désormais sanctionner tous les cas de mauvaise volonté, tous les cas d'inconscience professionnelle. Et l'exemple doit être donné car si dans certains services des fonctionnaires ne respectent pas les horaires de travail, s'ils viennent en retard ou quittent les bureaux, les chantiers avant l'heure, si, lorsqu'ils sont bénéficiaires d'un congé de deux jours, d'une ou plusieurs semaines, ils ne respectent pas la date à laquelle ils doivent reprendre le travail, il faut en chercher les raisons non dans le Parti, non dans la famille mais dans la défaillance des responsables des services où se manifeste une telle incurie. Les cadres administratifs et politiques doivent savoir que les défectuosités que l'on constate dans le fonctionnement des services ne seront plus jugées à travers la qualité des travailleurs mais à travers la mauvaise qualité des cadres.

Si, en effet, le médecin ou le docteur, responsable de l'hôpital, de la maternité est à l'heure, si la sage-femme principale est à l'heure et ne quitte pas son service avant l'heure, si ces responsables remplissent scrupuleusement le temps de travail qui leur est imparti quel est l'infirmier, quel est le sous-agent qui peut venir au service après l'heure, le quitter avant l'heure ou simplement rester inactif sans remplir sa journée d'un travail bien fait ?

Il faut maintenant que chacun sache apprécier les choses dans le cadre même de la responsabilité qui est à la base du fonctionnement de nos services. C'est dire que désormais nous devons, sans défaillance, recourir aux sanctions. Le bureau politique tient à vous prévenir et vous demande de prévenir les travailleurs que certainement, d'ici la fin de l'année, nombreux seront les cadres administratifs, Gouverneurs, Ingénieurs, Médecins, Professeurs, Instituteurs qui seront purement et simplement révoqués pour avoir trahi la résolution de Guéckédou.

La fermeté dans le domaine de la production implique que les responsables donnent l'exemple. Lorsqu'on sait que le peuple guinéen entièrement uni dans le Parti, lui faisant une totale confiance est prêt à appliquer les décisions prises par le Parti, lorsqu'on sait cela, l'on ne peut plus accepter l'échec. Or, en ce moment, l'échec ne peut être imputé qu'à la carence des cadres. La phase que nous venons d'ouvrir exige plus de fermeté que la phase qui s'achève ; la volonté farouche avec laquelle nous avons combattu le colonialisme, l'esprit de sacrifice élevé des centaines de nos camarades qui, dans cette lutte ont trouvé la mort, celui des milliers de nos camarades qui ont connu la répression fait que vous êtes ici nombreux à avoir courageusement accepté tous les sacrifices nécessaires à la libération du peuple guinéen ; or ce qui a été fait hier, si important soit-il. est moins important que le travail qui reste à faire.

Il faut donc que nous sachions nous imposer la meilleure discipline, trouver les meilleures méthodes de travail. Le plus grand service que nous pourrons nous rendre à nous-mêmes, est de nous habituer à l'effort, de ne plus pouvoir vivre sans le travail, d'être perpétuellement dominé par notre conscience qui nous reproche chaque minute gaspillée, alors qu'elle pouvait être utilement employée au progrès du peuple.

Actuellement nous avons des normes d'avancement qui ne tiennent compte que du temps de service. Ainsi le fonctionnaire qui sait qu'après deux ans de service il avancera automatiquement, finit-il par se laisser gagner par la médiocrité. C'est pourquoi, nous allons modifier les statuts de la fonction publique afin de les rendre plus dynamiques en faisant prévaloir sur le critère de l'ancienneté, celui du rendement. C'est ainsi que les instituteurs adjoints, par exemple, pourront être versés dans le cadre des instituteurs ordinaires à la suite des résultats positifs qu'ils auront obtenus. Il est inutile de continuer à juger les agents théoriquement : nous devons les juger sur le plan de leur rendement pratique, de leur efficacité. Il ne suffira plus d'avoir satisfait aux examens et aux concours qui ne sont en eux-mêmes que des tests de capacité, mais faudra-t-il encore faire concrètement la preuve de celle-ci. Le temps n'est pas un facteur de qualité, le facteur de qualité c'est la production, c'est le rendement, c'est l'importance de ce qui est réalisé en tant qu'élément de développement. C'est pourquoi nous avons modifié fondamentalement l'enseignement et l'éducation. En ce domaine le progrès que nous ambitionnons est de préparer nos jeunes avec intelligence pour qu'ils soient utiles à eux-mêmes, utiles à la Nation et à l'humanité. Nous avons dit que tous les jeunes devront se livrer, parallélement à leurs études, à des activités productrices afin que le jeune docteur, le jeune professeur, le jeune pharmacien, le jeune magistrat, le jeune administrateur ait donné déjà concrètement la preuve de ses capacités pratiques sur les chantiers ou dans les fermes avant de prendre fonction dans les bureaux administratifs.

Nous devons donc envisager tout ce qui peut permettre l'intégration de notre société telle qu'elle est, avec ses misères et ses joies, par nos jeunes intellectuels que nous avons formés non pas pour eux-mêmes, mais que nous avons formés pour le peuple.

Dans l'administration générale également la mystique du travail doit se développer, car l'administration générale est directement en contact avec le peuple. Qu'il s'agisse des services d'état-civil, de celui des domaines, de celui des contributions diverses, une vigilance accrue doit s'y manifester et cette vigilance doit s'accompagner de fermeté.

A travers son efficience l'administration doit incarner les nouvelles valeurs et les nouvelles vertus de la phase dynamique que nous venons d'engager à l'issue de ce Conseil National de la Révolution.

Les services financiers, les trésoreries, les banques doivent être tenus avec plus de rigueur.

La vigilance des fédérations et des autorités administratives doit être renforcée à l'égard des services qui gèrent les deniers publics. La douane, les postes et télécommunications méritent la même reconversion. Nous savons les négligences coupables de certains postiers.

Vous retorquerez que la règlementation actuelle vous paralyse et que la fermeté est inconciliable avec la procédure disciplinaire actuellement en vigueur. En réalité la sanction n'est valable, elle n'est éducative que dans la mesure où elle s'applique au moment même où la faute est commise. Eh bien nous allons modifier celà !

Une nouvelle règlementation sera édictée et qui permettra aux responsables de faire appliquer partout les mots d'ordre que nous venons de dégager au cours des travaux du présent Conseil National de la Révolution.

Par ailleurs le classement annuel des fédérations est maintenant simplifié. Jusqu'à maintenant certains critères avaient servi à ce classement : il s'agissait d'abord de l'état d'organisation unitaire des populations, du niveau de la conscience politique dû à l'éducation politique dans la région, du perfectionnement de l'appareil de la J.R.D.A., de la qualité des rapports existant entre les autorités politiques et les autorités administratives, du niveau d'émancipation de la femme, du respect des lois sociales, du bon fonctionnement des services publics et de la production. Maintenant une reconversion vient d'être opérée à l'issue des assises de Guéckédou : la production qui était au 9me rang des critères de classement devient le critère décisif à 75 %. Vous me permettrez de commenter cette décision que vous venez de prendre et qui détermine les bases selon lesquelles sera jugée la capacité de nos fédérations. Vous me direz qu'il est difficile de noter le volume de production alors que les conditions naturelles des régions diffèrent, que si ici la terre est très fertile, la productivité agricole peut être plus grande que là où la terre est ingrate en dépit des efforts qui pourront être fournis. Celà est vrai, et nous vous précisons à l'avance qu'il ne s'agira pas de comparer Guéckédou à Kissidougou, Kissidougou à Labé, Télimélé à Siguiri, ou Conakry à Kankan, il s'agira de comparer chaque région à elle-même. Et nous voulons, d'ici la fin du plan septennal, avoir à inscrire, au niveau de chaque région une courbe ascendante dans tous les domaines de la production. Hier une fédération proposait qu'en vue d'assurer le succès du plan l'on renonçât à ce que les Gouverneurs soient amovibles.

A cette proposition nous avons répondu qu'une seule chose est inamovible, c'est le peuple. Les Gouverneurs au même titre que nos divers services et organismes sont des moyens à la disposition du peuple. Aussi longtemps qu'ils sont efficaces, ils restent en place. S'ils cessent de l'être ils perdent leur poste. Nous rappelons que des normes seront établies. Aucune dérogation à ces normes ne sera tolérée. Les normes de chaque année seront contrôlées et jusqu'au prochain congrès qui peut seul désavouer le Bureau Politique National nous allons appliquer une dictature dans ce domaine ; sur la base des normes qui seront élaborées, si les régions ne les atteignent pas, le Bureau Politique National prononcera la dissolution du Bureau Fédéral et des Comités Directeurs et affectera les autorités administratives ailleurs. Ainsi la validité des sections politiques dans une région ne résultera pas seulement de la simple élection des militants mais aussi de la conformité de son action aux prescriptions du Parti et dans l'intérêt bien précis du peuple. Chaque fois que le peuple aura été mal dirigé par les responsables qu'il se sera choisis, la direction cèdera la place à une nouvelle direction.

Camarades, vous avez parlé longuement du problème du commerce et vous avez eu raison d'évoquer ce problème. L'état d'organisation politique du peuple guinéen, la qualité des structures administratives, politique et sociale de la République de Guinée ne peuvent échouer devant n'importe quelle action ; nous dirons donc qu'au lieu de vous taire ou de vous contenter de constater des faits, il faut attaquer les problèmes dans leur racine, dans leur cause.

Il faut donc que les prochaines conférences de cadres étudient de manière pratique le comportement des commerçants au niveau de la région et décident de retirer la carte professionnelle à tout commerçant dont l'attitude n'est pas conforme à la politique économique du Parti. Ce pouvoir jusqu'alors détenu par le Ministère du Commerce vous est conféré. Mais nous devons préciser une nouvelle fois que le commerce reste organisé par l'Etat, d'abord à l'importation et à l'exportation, ensuite dans la vente en gros et en demi-gros. Le commerce de détail reste du domaine de l'entreprise privée. Qu'il n'y ait pas d'équivoque sur cette détermination établie.

Dans la région les Gouverneurs peuvent, connaissant bien le prix de revient des marchandises, sauvegarder le pouvoir d'achat des populations puisque le Conseil Général est habilité à règlementer les éléments servant à l'établissement des prix de vente au consommateur.

Le contrôle tout le long de la chaîne des prix doit être exercé ; il faut également éduquer les commerçants ; bien que cela ne puisse fondamentalement pas changer leur nature, cela permettra de maintenir dans un comportement professionnel loyal et correct ceux qui sont acquis à l'idéal que poursuit le Parti Démocratique de Guinée.

Il faut également inviter les populations à améliorer les conditions de l'habitat. Mercredi soir en rendant hommage aux efforts de la fédération de Guéckédou nous avons dit qu'il n'y avait pas, naguère, dans cette ville, plus d'une cinquantaine de maisons en dur ; aujourd'hui voyez l'état des maisons, regardez les toits, vous constaterez que 99% des bâtiments sont couverts de tôles. Vous savez que nos populations ont de l'argent, nous le savons quant à nous, puisqu'il y a à peine 3 ans, 200 guinéens environ allaient à la Mecque, cette année il a été inscrit plus de trois mille candidats pélerins. Si le Parti a arrêté à 800 le nombre de pélerins cette année, il n'en demeure pas moins que trois mille guinéens étaient prêts à dépenser trois cent mille francs chacun pour se rendre à la Mecque alors que la plupart d'entre eux continuent de vivre dans des cases insalubres. Il faut donc ouvrir la campagne pour l'amélioration des conditions de l'habitat.

Nous vous demandons même de susciter les contradictions sociales sur ce plan en rendant conscients les femmes et les enfants de l'état d'égoïsme inqualifiable des chefs de famille qui disposent de moyens financiers souvent importants mais qui se refusent à en faire profiter leur famille.

Aussi, pour chaque région l'objectif doit être, de produire tout ce qui est nécessaire à l'alimentation des populations. Il faut éduquer la population dans ce domaine en diversifiant la nourriture.

Nous sommes le pays d'Afrique qui a le taux de consommation de riz le plus élevé. En Côte d'Ivoire la nourriture principale c'est l'igname, au Dahomey au Togo et au Tanganyika c'est le maïs, l'igname et le manioc, au Mali c'est le mil.

En Guinée chaque citoyen considère l'igname, le manioc, la patate uniquement bons pour les chèvres et chacun se comporte comme si la qualité de citoyen se justifiait par la présence quotidienne d'un plat de riz que nous devons importer. Cela doit cesser. L'importation de riz sera arrêtée cette année et vous devez en aviser les populations ; nous ne devons pas importer un kilo de riz pour l'année 65 et si nous devons en importer, ce sera uniquement pour la zône industrielle de Fria et la ville industrielle de Conakry. Chaque région doit résoudre directement les problèmes de l'alimentation en mobilisant, dès maintenant, les populations puisque la campagne de l'agriculture commence en ce moment.

Les populations doivent savoir qu'il n'y aura plus une denrée alimentaire d'importation dans les boutiques ; la terre de Guinée est très fertile ; tout y pousse, par conséquent que chacun tienne compte des nécessités vitales.

Lorsque la nourriture sera devenue suffisante par nos propres efforts, non seulement le peuple ra dans des conditions physiques et par conséquent morales meilleures, mais le pays pourra utiliser plus judicieusement les maigres devises résultant de l'exportation de certains de ses produits. Nous sommes malheureusement condamnés à exporter ces produits car le commerce international est déterminé en fonction exclusive des intérêts des pays industrialisés. Dans le cadre de ces réalités nous devons exporter davantage de palmistes, de café, de bananes, de produits miniers, etc... Lorsqu'on pense que l'année dernière il a été importé pour un milliard cinq cent millions de francs de riz alors qu'un milliard cinq cent millions investis dans le pays sous forme d'usines pourraient couper une des cordes qui nous met sous la dépendance de l'extérieur, on comprend que l'ambition **d'une indépendance totale ne peut être réalisée que par une reconversion et grâce à une reconversion fondamentale de nos réalités économiques.** Ainsi nous devons pouvoir satisfaire tout ce qui peut être satisfait par nous-mêmes et ne commander que ce que nous ne pouvons pas, pour le moment, fabriquer dans le pays. Les devises nécessaires à la réalisation des opérations du plan, c'est-à-dire à l'équipement technique, à l'achat de certaines matières premières, seront judicieusement utilisées. Nous disons qu'il faut prendre très au sérieux la phase nouvelle et que les prescriptions qui viennent d'être énoncées ne sont pas limitatives ; ce sont nos initiatives qui doivent les compléter. Les réalités de chaque région devront être étudiées et toutes ses possibilités doivent être exploitées dans le sens de l'augmentation qualitative et quantitative de la production.

Le 1er Mai 1964 sera la journée de mobilisation Nationale, de compte-rendu des travaux du Conseil National de la Révolution. Le 1er Mai 1964 sera la date de départ de la grande bataille d'application du plan septennal. Nos ambitions sont grandes, car nous ne voulons ni de la médiocrité ni de la dépendance, nous voulons l'indépendance complète et la prospérité.

Si nos esprits sont indépendants, si nos attitudes sont indépendantes, les moyens de satisfaction de nos besoins doivent le devenir ; pour cela nous devons, avant tout, compter sur nous-mêmes.

Personne, avec continuité, avec volonté et efficacité, ne fera pour nous le travail qu'il nous revient de faire face à notre devenir. Nous sommes les seuls responsables de ce devnir. La responsabilité c'est la liberté, la responsabilité c'est l'indépendance, la responsabilité c'est la dignité. Nous devons certes remercier tous les pays amis qui tout en respectant notre souveraineté nous apportent leur contribution pour réduire la durée de l'état de sous-développement de la Guinée. Ces pays nous les remercions, mais nous leur disons que l'aide qu'ils nous apportent n'est pas pour nous la source de notre existence. La source de notre existence c'est nous-mêmes, ce sont nos propres efforts, nos propres capacités, notre volonté ; c'est pourquoi les cadres du Parti doivent, sans désemparer, renforcer la mobilisation, renforcer l'éducation professionnelle, renforcer la discipline économique et financière, employer toutes les méthodes de contrôle et de vérification.

Camarades, lorsqu'on est placé dans les conditions qui sont les nôtres, l'on n'a pas le droit d'échouer. Aucune excuse ne peut être admise. La Guinée en a fini avec les complexes aussi bien à l'égard des pays dits développés, que nous considérons quant à nous, comme sous-développés dans bien d'autres domaines, qu'à l'égard des pays frères, notamment envers ceux qui ont maintenu les structures coloniales et qui croient qu'en important plus de Whisky, plus de belles voitures, plus de frigidaires, ils sont dans un état d'évolution plus avancé. **Cette évolution que l'on paye au prix de la liberté du peuple, nous n'en voulons pas !**

La Guinée est dépourvue de complexe, son ambition est de pouvoir récolter le fruit de son travail.

Camarades du Conseil National, le Bureau Politique National vous félicite pour les perspectives positives que vous laissez entrevoir et pour les objectifs mobilisateurs que vous avez précisés ; il vous invite à renforcer votre confiance dans le peuple, à renforcer votre certitude dans la victoire, à développer la mystique du travail, à organiser partout la production, à prendre dès aujourd'hui l'engagement qu'à notre prochaine rencontre, chacun de nous sera plus qualifié qu'il ne l'est aujourd'hui et que d'ici la fin du plan septennal les réalités économiques et sociales de chacune de nos régions se seront améliorées à tel point que le peuple, sans discours, sans journal, sans radio, puisse de lui-même dire « vraiment j'ai quitté la case de la misère, pour entrer dans la maison de la prospérité, cette prospérité due à l'action du Parti Démocratique de Guinée ».

Ainsi un seul mot d'ordre : la production ! **La production, critère de l'engagement du militant et du cadre.**

La production, qualité de la contribution guinéenne au développement de l'Afrique, la production expression de la volonté d'indépendance internationale de la Guinée, la production critère de la dignité de l'homme nouveau qui naît en Guinée et qui est appelé à vivre éternellement dans la liberté, dans la démocratie et dans la paix.

EXPOSE DU PRESIDENT AHMED SEKOU TOURE A LA CONFERENCE DES CADRES ADMINISTRATIFS ET POLITIQUES, A CONAKRY LE 24 AVRIL 1964

La conférence de ce soir a pour but d'informer les principaux cadres de l'Etat des leçons que le Bureau Politique National a pu tirer des travaux de la session du Conseil National de la Révolution tenue du 16 au 18 Avril à Guéckédou ; il s'agit de préciser les objectifs assignés à l'action du Parti au cours de la deuxième phase du développement historique dans laquelle nous nous sommes engagés ; ce développement rappelons-le, doit réaliser l'harmonie intime de la pensée et de l'action du Parti, assurer la liaison effective entre les décisions du Parti et l'attitude concrète que chaque responsable ou militant doit observer à leur égard.

A Guéckédou, figurait à l'ordre du jour, l'établissement du 2e Plan de Développement Economique et Social de la République de Guinée. Pour pouvoir remplir avec efficacité, une telle tâche, le Bureau Politique National a présenté trois rapports de caractère complémentaire : le 1er intéressait bien entendu, l'organisation politique, la redéfinition de la ligne politique de notre Parti, la réaffirmation des principes essentiels qui doivent guider l'action de notre peuple et la fixation des objectifs de la Révolution Guinéenne ; le 2e rapport concernait les leçons que nous avons tirées de l'application des décisions de la conférence de Kankan, laquelle avait lancé notre 1er Plan de développement, le Plan Triennal qui allait du 1er Juillet 1960 au 30 Juin 1963, soit trois années d'activités, trois années d'efforts qui nous ont permis de mesurer tout à la fois le niveau des capacités de réalisation de notre peuple ainsi que les faiblesses et les lacunes que comportait son action. Notre politique devant être essentiellement réaliste, se devait, par conséquent, de s'inspirer des leçons du passé pour mieux orienter et diriger nos efforts. Le 3me rapport enfin concernait plus directement les tâches à prescrire à l'action de développement dans le cadre du Plan Septennal, étudié non pas dans ses répercussions financières mais dans ses options, dans la moralité de l'action à mener et dans les conséquences que cette action aura sur le processus de développement de la Nation. Ces trois rapports ont été présentés par le Bureau Politique National et examinés par la session du Conseil National de la Révolution. Les débats qui ont suivi la présentation de ces rapports ont apporté la preuve de la maturité de nos cadres politiques. Ils ont attesté une prise de conscience collective de nos cadres quant à la primauté à accorder désormais à la production et quant aux exigences que le Parti se doit de formuler à l'endroit du Gouvernement afin qu'il mette tout en œuvre pour assurer la réalisation, avant terme, des objectifs du Plan Septennal, et cela, en fonction non seulement de la qualité du travail que chacun devra fournir mais aussi en fonction de la dynamique qui devra guider le Gouvernement dans le choix judicieux des hommes auxquels seront confiées des responsabilités, à tous les niveaux.

Il est donc tout à fait indiqué qu'au lendemain de telles assises il soit porté à la connaissance des principaux responsables de notre Etat, non seulement les nouveaux objectifs arrêtés, mais aussi la nouvelle mystique que chacun a désormais pour devoir d'assimiler, de comprendre et de partager pour que les tâches qui seront présentées à tous et à chacun soient exécutées conformément à la volonté de notre peuple. Nous avons déjà dit que pour un régime conscient, un Parti révolutionnaire, un Etat Démocratique et Populaire, les hommes doivent être considérés comme des moyens au service d'eux-mêmes et du peuple. Chacun étant ainsi, en tant que capital ou partie du capital national devra, de par la qualification de sa conscience et l'efficience de sa contribution, tendre à l'accroissement constant de nos ressources collectives et individuelles. Nous avons également affirmé que l'indépendance réelle, celle qui ne se veut pas verbale mais s'impose par sa nature et son action, (c'est-à-dire par son pouvoir de réalisation et de transformation) est celle qui confère à un peuple organisé et conscient le développement optimum de ses capacités à satisfaire ses propres besoins. Or ce développement ne peut s'entendre que dans le domaine économique, pour autant que l'économie soit le secteur dynamique dont les répercussions, se manifestent de manière directe dans tous les aspects de la vie de chaque homme et de chaque peuple. Il faut toutefois reconnaître que la réalisation des impératifs du développement doit essentiellement sauvegarder, voire élargir, la liberté du peuple, d'où, la primauté à accorder, dans le processus du développement historique à l'option de l'indépendance politique, laquelle a caractérisé, jusqu'ici, les multiples activités de notre Parti et de notre peuple.

C'est l'honneur du P.D.G. que d'avoir aujourd'hui et de manière concrète et ferme construit les bases de cette indépendance politique, parce qu'elle constituait le préalable le plus nécessaire à notre révolution, la porte qui devait nous ouvrir un avenir meilleur, le moyen premier sans lequel rien ne peut se réaliser pleinement et durablement.

Sans l'indépendance, nous ne serions pas en mesure de développer nos capacités dynamiques pour nous rénover individuellement et collectivement, et avec nous l'ensemble des réalités qui nous cernent, c'est-à-dire tout ce qui touche aux conditions de vie de l'homme sur la terre. C'est cette indépendance fondamentale que le P.D.G. a toujours voulu réaliser et c'est ce qui demeure à la base de sa politique économique, expression fidèle des options politiques faites par notre Parti et notre régime. Autrement dit, nous avons toujours affirmé qu'en République de Guinée nous ne faisions pas la politique de notre économie mais, bien au contraire, une économie conforme à nos options politiques. Dans cette perspective, à notre corps défendant — et du fait de la domination étrangère dont les séquelles demeurent nombreuses encore dans le domaine matériel, constituant les principales entraves à notre volonté d'épanouissement — notre économie reste une économie sous-développée ou non développée.

Allions nous donc promouvoir une politique elle aussi non développée se modelant sur l'état arriéré de notre économie ? Cela ne pourrait être parce que notre personnalité doit s'affirmer dans l'intégrité de toutes ses valeurs, et notre présence doit se manifester dans la définition de tout ce qui touche, de près ou de loin, à la marche de notre peuple vers un avenir que nous voulons bâtir toujours meilleur.

C'est pourquoi notre utilité doit s'imposer sur le plan africain comme sur le plan international dans les domaines de la pensée politique, de la pensée morale et dans celui des options nécessaires à l'affirmation d'une conscience hautement développée.

La Guinée entend mettre en œuvre toutes ses facultés et toutes ses capacités ; elle est décidée plus que jamais à se libérer du sous-développement. Elle a conscience que c'est grâce au courage et à la volonté qu'elle affichera qu'elle sera mieux en mesure de maîtriser son propre destin.

Notre politique ne pouvait être qu'une politique hautement développée. Celle-là même qui a liquidé en nous et autour de nous tout complexe d'infériorité, tout sentiment de médiocrité à l'égard de notre sort, tout esprit et tout comportement avilissants.

Nous avons toujours voulu assurer le triomphe de la dignité qui n'est le privilège d'aucune race, d'aucune caste, d'aucune confession. Cette volonté de dignité caractérise la maturité politique de nos militants aussi bien que les multiples activités de notre Parti ; elle doit être appréciée à sa juste valeur pour pouvoir servir pleinement le développement de notre économie qui constitue la base du progrès matériel, social et humain des peuples.

N'était-il pas indiqué alors que la politique économique de la Guinée reflètât nécessairement les idées politiques qui dominent la vie de notre peuple ?

Aujourd'hui et plus que jamais, nos responsables se doivent de s'engager à nouveau, face au devenir de la Guinée et de l'Afrique, dans cette nouvelle phase du développement économique de notre pays avec la certitude qu'à leur conscience hautement développée et à leur courage ne résistera aucun obstacle si difficile soit-il. Si cette certitude et cette foi constituent le fondement réel de notre engagement individuel et collectif, la phase qui s'ouvre après la session de Guéckédou verra la manifestation des nouvelles capacités de notre peuple et marquera l'histoire de notre pays d'une pierre blanche parce qu'elle aura permis le décollage d'une économie moderne en République de Guinée.

Camarades, cette volonté et cette foi doivent s'emparer de vous. S'il est vrai que toute phase historique comporte ses propres impératifs, il est tout aussi vrai que la compréhension intime des impératifs du présent exige que vous puissiez d'abord distinguer la nature de la phase actuelle de celle qui l'a précédée.

La première, celle qui part du 2 Octobre 1958 peut être considérée comme la phase d'installation de l'Etat dans ses structures, dans ses institutions, dans ses principes et dans ses méthodes. A ce moment de la consolidation des bases matérielles et psychologiques de l'indépendance nationale, tout avait été mis en œuvre par le Parti afin d'assurer le succès de notre entreprise et aujourd'hui ce succès n'est contesté par personne. Même les pires adversaires de la Révolution guinéenne affirment que la lutte politique en Guinée est un incontestable triomphe comparativement à l'évolution économique qui aurait, selon eux, abouti à un échec. Mais une telle assertion est fausse, car nulle part, un homme conscient, de quelque pays qu'il soit ou de quelque régime politique qu'il se réclame, ne relève ou ne peut relever de contradictions entre des faits politiques et des faits économiques dont les uns dépendent inévitablement des autres, parce que tous sont de même nature, quels que soient les pays, quels que soient les régimes politiques et quelle que soit l'époque qu'ils caractérisent. Ce sont ceux-là justement qui s'évertuaient à nous convaincre de leur supériorité intellectuelle et de la plus grande efficience de leurs facultés d'analyse qui commettent cette grave erreur.

Mais puisque notre réponse à leur mauvaise foi ne peut être essentiellement théorique c'est à la deuxième phase qu'aborde notre développement historique que nous laisserons le soin de trancher le débat. J'attire votre attention, toute votre attention sur cette vérité, à savoir que les options politiques claires, dynamiques et justes faites par notre peuple sont celles précisément qui lui apportent non seulement de quoi se nourrir, se vêtir et se loger mais de quoi constituer un apport enrichissant à l'humanité dans son évolution et dans sa dynamique de progès.

Alors, surgiront en nous lorsque cette mystique sera partagée et comprise de tous une nouvelle réalité, une nouvelle conscience, un plus grand pouvoir de transformation.

Alors chacun se posera également la question à tout moment et en tout lieu de savoir si ce qu'il a produit équivaut à ce qu'il devrait produire, car on ne donne jamais assez à son peuple, jamais trop à son peuple, même sa vie, dans la mesure où l'individu reste toujours redevable à la société de son existence même. Lorsque seulement les consciences individuelles s'élèveront à la hauteur d'une si grande compréhension du rôle de chacun dans l'accomplissement de son devoir de participation à l'édification du bonheur de tous, les jalousies et les mesquineries, tout travers qui porte la marque d'une éducation incomplète cesseront d'exister. Car la saine perception qu'aura l'homme de la contribution efficace qu'il a faite à l'évolution de son pays constituera pour lui l'unique source de satisfaction morale.

Or, nous savons que la morale elle-même se fonde sur des bases matérielles, qu'elle n'est pas une donnée aussi théorique que l'on croit et que même la conscience par quoi nous qualifions le sens supérieur de l'humain et qui valorise tous les autres, même cette conscience a aussi une base matérielle, ne serait-ce que par les connaissances pratiques, l'expérience et les épreuves qui lui permettent de s'élever et de grandir. Ainsi la conscience professionnelle est liée aux connaissances théoriques et pratiques de l'homme, aux réalités matérielles de son mode de travail, à la puissance et à la fermeté de l'organisation du travail qui l'utilise.

En un mot, le recours simple à une morale abstraite ne saurait suffire et il est inutile d'affirmer que les nouvelles réalités que le Parti Démocratique de Guinée et son Gouvernement mettront en oeuvre devront s'imposer à tout le monde pour faire en sorte que chacun s'acquitte scrupuleusement de son devoir à moins de se démettre de ses responsabilités.

Certes, la période que nous avons vécue, bien qu'ayant abouti à une réelle transformation de notre pays par le dépassement des considérations irrationnelles de race, de religion ou de naissance, ce qui en a fait un corps uni et mobilisé dans le cadre d'une même pensée politique, un corps structuré de manière démocratique et agissant comme une seule volonté dans une même voie débouchant sur un même objectif, cette période de transformations qualitatives n'a pas porté les fruits qui constituent l'orgueil de notre révolution, sans erreurs, sans lacunes et sans insuffisances.

Sans chercher des excuses à ces carences, nous devons cependant affirmer, avec une vigueur de plus en plus grande, notre volonté de pallier ces défauts pour que notre développement connaisse moins d'entraves dans son heureux accomplissement. Les défaillances et les lacunes de cette période passée ont engendré des contradictions qui ont été ressenties à tous les échelons et pour lesquelles la fermeté a permis le redressement dans le sens de la ligne politique choisie par notre Parti, après qu'une salutaire appréciation ait été faite des conditions dans lesquelles les erreurs ou les défaillances ont été commises et par qui elles ont été commises.

Il est réconfortant de souligner que des camarades qui se sont rendus coupables de telles erreurs ont accepté de subir la prison, le licenciement, des humiliations et des brimades pour que le Parti soit ce qu'il est devenu. Dans de telles conditions, un reflexe humain intervient qui fait que souvent la sanction n'est pas appliquée.

Mais il reste essentiel pour le Parti de réaffirmer cette volonté de fermeté sans laquelle il est difficile de guider avec maîtrise les destinées d'un peuple surtout quand ce peuple est hétérogène, c'est-à-dire comprenant en son sein des hommes de toutes les classes et de toutes les idéologies, des hommes ayant des intérêts, justes ou injustes, différents.

C'est le lieu de rappeler ici nos erreurs et nos lacunes afin que chacun en prenne connaissance et sache s'en garder à l'avenir par un effort conscient et volontaire qui devra guider notre action, car la nouvelle phase que nous abordons se veut plus scientifique, non pas dans un sens mécaniste puisque la fermeté dont il nous faut faire preuve a un caractère humain. Je souligne ce caractère humain car même une condamnation à mort possède ce trait dans la mesure où elle vise à sauvegarder le devenir de tout un peuple ou les intérêts majeurs d'une nation, à la grande consternation de ceux qui voudraient lui confisquer, pour leur égoïste profit, ses valeurs matérielles et morales.

La fermeté doit être de rigueur et s'imposer d'elle-même. Et puisque chacun en sera prévenu, qu'il en connaîtra le bien-fondé, elle s'appliquera à tous ceux qui voudraient encore entraver le développement de la nation et compromettre les succès de notre révolution.

Le but, l'unique but qui a dominé tous les travaux de Guéckédou a été cette volonté de multiplier les moyens qui nous permettront de satisfaire les besoins matériels de notre peuple. Il n'est autre chose que l'affirmation de notre volonté de posséder les moyens de nous nourrir, de nous loger et de nous vêtir convenablement. Or, ces satisfactions matérielles ne peuvent s'obtenir qu'à travers la réalité du travail.

Autrement dit, penser à la nourriture, au logement et à l'habillement, c'est vouloir s'engager sans tarder dans le processus de production des biens nécessaires à la réalisation de ces fins. Nous sommes en mesure, et la conférence l'a compris, de satisfaire tous nos besoins parce que la Guinée possède des chances et des atouts qui malheureusement font défaut à beaucoup de peuples et à beaucoup de pays dans le monde.

L'on peut dire que la nature a doté la Guinée des meilleures conditions de son développement : peu d'attributs dynamiques du progrès économique et social ne sont absents des réalités naturelles de la Guinée.

Allons-nous tourner le dos au chemin que nous pouvons parcourir avec un minimum d'efforts, alors que ce même chemin est rendu difficile à d'autres peuples et exige d'eux des efforts surhumains ? Non !

Aujourd'hui le mot d'ordre et le seul mot d'ordre à répercuter est que la production, la mystique du travail, l'augmentation quantitative et qualitative de la production devront donner un sens nouveau à la vie de chacun, déterminer le niveau de son utilité au service de la révolution, conférer une valeur sociale à chaque action qu'il peut entreprendre et qu'il doit entreprendre.

Il ne nous importe plus de recevoir à l'occasion de conférences du Parti ou de congrès syndicaux des motions de confiance abusant d'une phraséologie creuse au lieu de présenter un bilan réel des réalisations effectives.

Désormais, c'est au Gouvernement qu'il appartiendra, par voie de presse ou de radiodiffusion, d'informer la nation sur les succès enregistrés par les régions dans la bataille économique pour une production accrue tant en qualité qu'en quantité. C'est-à-dire qu'à l'échelon supérieur des hiérarchies installées dans notre pays, les responsabilités devront être mieux exercées, car l'esprit de démission ne sera plus toléré.

Il est préférable d'avoir un capitaine qui ait seul la charge d'un navire en pleine mer même avec des risques d'erreurs, que de confier cette mission à dix capitaines dont les décisions seraient contradictoires les unes par rapport aux autres. La responsabilité doit s'affirmer à tous les niveaux. Elle est la seule marque de la liberté, la seule marque aussi de l'engagement de l'homme et la seule possibilité qui lui est donnée d'apprécier ce qu'il vaut réellement.

Camarades, quand on songe que nous avons réussi déjà à enfoncer beaucoup de clous dans le talon de l'impérialisme afin que l'évolution de l'Afrique aille de l'avant, l'on est en droit de penser que le succès retentissant qui couronnera les efforts que nous aurons fournis au terme de la période septennale qui s'ouvre serviront à creuser définitivement le tombeau de l'impérialisme dans notre pays, au bénéfice de tout notre continent.

On avait prétendu que la jouissance de la liberté exigeait un apprentissage, la Guinée a démontré qu'à tout moment un peuple est capable d'exercer cette liberté. On a également prétendu qu'une monnaie n'a de valeur que lorsqu'elle possède une couverture or. La Guinée a posé la question suivante :

Par quoi étaient couvertes les premières monnaies qui étaient frappées en or ? Pour en finir avec cette mystification dangereuse des impérialistes qui veulent toujours dominer économiquement nos pays, la Guinée a répondu qu'une monnaie n'a d'autre valeur que celle d'un signe conventionnel exprimant à la fois une réalité politique et une réalité économique. La monnaie n'est autre chose que le condensé de la confiance dans les capacités de production d'un peuple. Cela est devenu aujourd'hui la réalité.

L'on allégua aussi que les seules cultures dignes de ce nom étaient celles des puissances coloniales, des puissances européennes. Mais la Guinée a modifié fondamentalement le contenu de son enseignement en adoptant courageusement un programme de réformes conforme à sa volonté de développement démocratique, à ses options dynamiques et révolutionnaires. Les résultats qui en seront tirés apporteront bientôt la démonstration de cette vérité. Face aux hésitations et aux atermoiements de certains régimes politiques en Afrique, la Guinée montre une fois encore qu'elle s'est engagée dans la seule voie juste.

Ainsi, à toutes les offensives réactionnaires à la faveur desquelles le néo-colonialisme voudrait s'implanter en Afrique, la Guinée peut répondre par des solutions justes et une attitude digne. C'est pourquoi nous devons nous convaincre que les grands progrès que nous réaliserons dans le domaine économique porteront alors le coup de grâce aux mystifications colonialistes et démasqueront ces prophètes du défaitisme en Afrique qui disent à leur peuple qu'il est encore souhaitable de laisser des étrangers diriger et contrôler les assurances, la monnaie, les banques, le commerce.

Une telle pratique dénote simplement le manque de confiance que l'on a dans les capacités du peuple que l'on trahit en compromettant son développement historique. Nous devons apporter la preuve qu'avec aide ou sans aide un peuple courageux et conscient est à même de construire son bonheur. Et ce bonheur, pour la Guinée, ne sera le fait d'aucune nation si liée fut-elle à notre pays. Le bonheur de la Guinée sera la résultante des efforts du peuple guinéen, c'est-à-dire que la responsabilité suprême de la marche de notre peuple vers ses objectifs supérieurs, sera le fait de nous-mêmes.

Or notre peuple, il faut lui rendre cet hommage, a donné la preuve de son engagement, la preuve de sa volonté de progrès, la preuve de sa disponibilité totale à l'égard de sa Révolution. Chaque fois que l'on parlera d'échec ou de trahison rendons-en responsables, les cadres de l'Etat ou du Parti, mais jamais le peuple guinéen en tant que tel, car si des hommes peuvent tromper et se tromper, le peuple lui ne trompe pas et ne se trompe pas.

Armés de cette conviction, nous devons être exigeants à notre propre endroit. La confiance que nous manifeste notre peuple n'a pas de prix : aucune richesse, nulle fortune aussi fabuleuse soit-elle ne sauraient se substituer à la confiance des hommes qui est l'expresssion la plus élevée du don de soi. La confiance que l'on vous accorde ne peut être payée que par celle que vous créez vous-même autour de vous.

Parce que le peuple de Guinée fait confiance à son Parti et à son Gouvernement, les cadres du Parti ainsi que ceux du Gouvernement ont le devoir de se faire mutuellement confiance et de faire confiance au peuple.

Certes, lorsque l'on est dominé par une ambition personnelle ou lorsque l'on est guidé par l'arrière-pensée de se servir des autres, il est impossible de garder confiance en soi et, à fortiori, il est impensable d'espérer conserver intacte la confiance que l'on a placée en vous.

Il faut faire un continuel effort pour avoir confiance en soi, comme il faut faire également un effort constant pour s'aimer à travers autrui. Il ne faut pas croire que l'égoïste s'aime, l'égoïste est dominé par la hantise de profits sordidement matériels, il en est prisonnier ; il en est esclave au point de ne pas saisir qu'il est le jouet de sa propre mystification qui lui fait perdre de vue qu'autrui ne pourra jamais lui prouver ce que lui même ne peut lui donner.

Voilà bien pourquoi nos cadres doivent se faire confiance. En se faisant confiance ils ne se permettront plus des critiques stériles et mesquines et la bassesse sera ainsi bannie de leur attitude.

Dans les salons, dans les rues, dans les bureaux, face à d'autres camarades, ils ne se livreront plus à des calomnies, parce que ces pratiques ne sont pas de mise lorsqu'on se fait confiance. La confiance suppose le respect de soi et le respect d'autrui. Il faut donc que de nouvelles lignes de force se dessinent et canalisent les rapports politiques, humains et professionnels tels qu'ils surgissent de la nouvelle compréhension que nous donnent les travaux de Guéckédou.

La révolution guinéenne est d'un prix inestimable. Ceux qui la vivent ne savent pas toujours en mesurer la valeur. Mais ceux qui la considèrent de l'extérieur comme la perspective dans laquelle ils voudraient voir leur Parti et leur Gouvernement s'engager savent que notre révolution se confond véritablement avec la réalité libératrice.

Quand on sort de Guinée, on se rend mieux compte qu'elle constitue le privilège de ce petit pays, qu'elle fait la renommée de son parti, qu'elle représente la contribution la plus positive de l'action de la Guinée sur la scène africaine et internationale.

Camarades, tout ce capital ne peut être préservé et davantage valorisé que si les principaux cadres du pays en prennent conscience. A Guéckédou, nous avons compris que nous ne devons plus nous révolter contre les petits agents, contre les paysans, contre les travailleurs de la Fonction Publique, contre les ouvriers ou contre les manœuvres. Nous avons compris que les seuls responsables de nos carences sont ceux-là qui se trouvent à la tête de nos entreprises et de nos services. En effet, quel est le responsable qui donne la preuve à ses collaborateurs, matin et soir, de l'effort qu'il s'impose dans l'accomplissement de sa tâche de production ou de gestion. Quel est le responsable qui consacre (je ne dis pas huit heure) mais quinze, dix-huit ou vingt heures de travail à construire le bonheur du pays et qui n'obtient pas de ses subordonnés respect confiance et estime ? Je n'en connais pas.

Nous avons dit que nous devons nous aimer, fils et filles de Guinée, mais nous ajoutons : cherchons à être partout les meilleurs, c'est-à-dire des éléments révolutionnaires décidés à barrer le chemin aux contre-révolutionnaires. Lorsque sincèrement, efficacement et honorablement vous vous acquittez des tâches qui vous sont confiées, même ceux qui ne vous aiment pas et qui seraient prêts à vous supprimer s'ils en avaient l'occasion sauront vous respecter : ils ne vous en aimeront pas davantage mais ils vous respecteront parce que vous-même vous vous serez respectés.

Et comment se faire respecter sinon par la somme d'efforts que l'on s'impose dans l'accomplissement de son devoir dans la nation, dans le Parti et dans l'Etat? Quel que soit le niveau d'instruction, le degré de capacité professionnelle, la bonne volonté, la volonté de bien faire peut amener l'homme à ce respect de soi et d'autrui. Ainsi donc, il est temps que l'on comprenne que les défectuosités dans le fonctionnement des services et des entreprises, la moralité douteuse des opérations qui s'y effectuent, le laissez-aller qui s'y observe ne sont que le fait de l'opportunisme, de la malhonnêteté, de la complicité.

Maintenant un seul critère doit caractériser la qualité fonctionnelle d'un secteur d'activité et refléter les qualités morales et politiques de son responsable. Nous savons qu'ils sont nombreux les responsables tant politiques qu'administratifs qui ne peuvent justifier leur place que par le numéro d'un décret ou d'une décision ou par le vote émis par un congrès ou une assemblée. Ils croient que plus ils seront complaisants à l'égard de leurs subordonnés, plus ils s'en feront aimer ; mais ils se trompent ; ils se trompent et nous nous permettons de le leur dire, car il n'y a pas d'homme si borné soit-il, dans le sens de l'appréciation juste des phénomènes, qui ne puisse aimer celui qui lui applique des mesures fermes, dans la mesure où il est convaincu que cette fermeté vise à le redresser, par conséquent à le guider dans le droit chemin. L'opportunisme ravale son auteur ;

c'est pourquoi, nous demandions avec insistance que nos responsables prêchent et donnent l'exemple, ce qui vaut mieux que la meilleure circulaire. Etre à l'heure, ne jamais quitter son travail avant l'heure, remplir consciencieusement sa tâche, donner la preuve du constant souci que l'on a de la bonne marche de son secteur d'activités, être impartial, ne prendre aucune décision qui puisse être attaquée dans sa moralité par des subordonnés, voilà ce qui fera de tout agent un homme respecté ; cette conduite doit être maintenant la règle pour tous les cadres dans leurs rapports avec leurs subordonnés, leurs camarades d'entreprise et de service. En un mot à l'argument de la force devra se substituer l'exemple à donner et qui confère autorité et respect.

Je trouve tout à fait inutile, au lendemain de la conférence de Guéckédou, de procéder à une fastidieuse dénonciation de ces comportements inqualifiables relevés çà et là dans le fonctionnement de nos services : chacun les a vécus, ces mauvais exemples du passé, chacun les connaît ; point n'est besoin de noircir le tableau ; le mot d'ordre doit être à l'optimisme, à cet optimisme qui est la marque et l'apanage des peuples forts et des hommes conscients augmenté de la certitude que l'on acquiert de se dépasser soi-même et de vaincre les forces extérieures.

C'est dire que nous voulons faire confiance, confiance totale à tous les cadres de la nation, de sorte que cette nouvelle action permette à chacun de se réhabiliter face à sa consience, face au jugement des hommes ; cette confiance se méritera par la recherche continue d'un plus grand taux d'efficience dans tous nos secteurs d'activités, afin que la mystique du travail qui est devenue la nouvelle flamme éclairant le chemin de l'histoire guinéenne ne s'éteigne plus.

Camarades, le travail doit être réorganisé ; et comme nous l'avons dit à la clôture des travaux de Guéckédou, nous modifierons toutes les règlementations qui paralysent notre essor économique. Il n'y a pas d'autre moyen pour conduire la Guinée à son industrialisation si l'on ne développe pas d'abord les secteurs existants. Le développement de l'élevage, de l'artisanat, de la pêche, grâce aux profits qu'il nous apporteront aidera justement à l'industrialisation méthodique du pays.

En matière de développement économique, il n'y a pas de miracle, mais plutôt une mobilisation incessante des efforts en vue d'un accroissement quantitatif de la production qui aboutit à des transformations qualitatives. C'est là une loi universelle que personne ne peut transgresser sans compromettre ses chances de progrès.

Industrialiser la Guinée suppose donc qu'il faille développer, de manière continue, son agriculture, son élevage, sa pêche, son artisanat. Et lorsqu'on constate que pour certaines de nos productions le volume a baissé, l'on comprend aisément les difficultés qui entravent encore l'industrialisation du pays. Non seulement chaque année il nous faut produire plus que l'année précédente, mais il nous faut aussi réaliser une reconversion de l'utilisation des moyens pour parvenir à une revalorisation de la production, tant quantitativement que qualitativement.

Camarades, les secteurs du travail doivent être améliorés. Lorsque le manœuvre non spécialisé, le manœuvre ordinaire, touche un salaire deux fois supérieur au revenu annuel du paysan, ce dernier qui, dans son activité peut être assimilé à un spécialiste, sera nécessairement tenté d'aller grossir les rangs des chercheurs d'emploi dans les villes. Lorsque l'on songe que tout paysan qui déserte son village et, de ce fait, ne produit plus de riz, de manioc, de banane ou de café, et dont la participation à l'accroissement de la production nationale devient ainsi nulle, se transforme en charge pour l'Etat parce qu'il va grossir l'armée des travailleurs parasitaires et bénéficie néanmoins des avantages sociaux consentis aux salariés, indemnités familiales, indemnité de chômage, gratuité des soins, etc.

La démission de ce travailleur agricole se double d'une trahison puisque non content de ne pas servir les intérêts de son pays il s'ingénie à les contrecarrer.

Voilà les réalités qui nous obligent à ne plus dissocier nos secteurs d'activités mais à nous attacher au contraire à une conception globale, unitaire et harmonieuse qui les lie dans le cadre de notre évolution au seul bénéfice du progrès économique de la Guinée.

Lorsque également un travailleur accuse un retard d'une heure ou de deux, ou qu'il abandonne son travail avant l'heure, ou encore, même en étant à l'heure, s'il reste assis sans jamais toucher à l'enclume, au marteau, à la scie, au volant ou au porteplume en considérant que sa simple présence justifie le gain d'une solde, le progrès économique de notre pays s'en trouvera compromis.

C'est pourquoi, en tenant également compte de ces données, nous modifierons les conventions collectives et le statut de la Fonction Publique afin que tout retard puisse être immédiatement sanctionné par le supérieur hiérarchique de celui qui s'en sera rendu coupable.

Mais il me faut ajouter que si les mauvais travailleurs doivent être sanctionnés par contre les meilleurs travailleurs seront récompensés. Ainsi tout homme dont le rendement sera apprécié ou dont le dévouement sera constant, dont l'exemple sera cité, pourra mériter un ou plusieurs avancements dans l'année.

Nous allons donc établir des normes dynamiques qui permettront de rétribuer chacun selon son rendement, selon la somme des efforts qu'il consacrera à apporter une contribution effective à l'évolution de son pays.

Comme nous le disons à Guéckédou, pourquoi tel instituteur qui chaque année présente un bilan négatif, dont les élèves échouent aux examens parce qu'il n'a pas accompli correctement son métier bénéficierait-il de l'avancement automatique alors que tel autre fonctionnaire plus méritant piétine ? Là également, des normes seront fixées de telle sorte que d'anciens instituteurs pourront rester dix ans sans changer d'échelon pendant que des débutants, en raison de leur capacité et de leur dévouement, pourront avancer chaque année.

Vous vous souvenez certainement d'une réponse que nous avions donnée à Kankan, au cours de la Conférence Pédagogique, à propos de la valeur des diplômes ; nous disions que si le Chef de l'Etat avait les moyens de le faire, il supprimerait sur-le-champ tous les diplômes puisque les diplômes sont considérés comme la justification du traitement au détriment du travail fourni.

Mais sans aller jusque là, nous saurons, par des critères plus démocratiques, plus justes et plus humains, payer a chacun la valeur de son travail. C'est ce but que devra atteindre chaque département ministériel. Nous avons des propositions concrètes à faire aux départements, profession par profession, car le caractère profondément démocratique de notre régime exige que tout soit étudié de la base au sommet.

La réunion d'aujourd'hui a donc pour but de vous inviter à cette étude collective, secteur par secteur. Vous allez constituer une commission qui dans quinze jours, le dix ou le quinze Mai au plus tard, déposera à la Permanence Nationale du Parti ses conclusions sur les grandes lignes des réformes qui s'imposent pour assurer la régularité du fonctionnement de chaque secteur, en veillant à l'accomplissement effectif du temps de travail.

Cette commission étudiera également les bases rationnelles pour une juste rémunération du travail et préconisera les méthodes d'une discipline rigoureuse qui oblige chacun à servir le peuple et la nation. Nous sollicitons votre contribution dans ce domaine, et la décentralisation que nous préparons amènera le Gouvernement à attribuer à tous les échelons des pouvoirs de décisions permettant de punir ou de récompenser sans retard les agents concernés.

On n'attendra plus un an pour appliquer les sanctions qui s'imposent, de même que le bon exemple devra recevoir récompense sans délai. La rapidité de décision devient ainsi un moyen efficace dans le redressement du comportement professionnel des travailleurs.

Des comités de vigilance et de perfectionnement seront installés ; la C.N.T.G. avait élaboré des projets de décret qui sont à l'étude au Gouvernement et ces décrets seront promulgués dans les meilleurs délais. Ils créeront en outre, au niveau de chaque unité de travail, un comité de perfectionnement et un comité de gestion, ce qui donnera la possibilité aux meilleurs travailleurs de mettre à la disposition de la direction de leur secteur la somme de leur expérience en vue d'un meilleur fonctionnement.

Vous n'êtes pas sans savoir qu'au Ministère des Finances, à la Trésorerie générale, à la Caisse Nationale de Sécurité sociale, aux services des Douanes, des Pensions et aux Contributions diverses de nombreux retards sont à déplorer. Nous savons, certes, qu'un redressement est en cours, mais la réalité est encore loin de nos possibilités. Il importe donc que la plus grande rigueur s'instaure dans ces secteurs. Nous nous disons la vérité au cours de réunions périodiques afin que chacun de nous s'améliore et aide à créer les conditions d'une meilleure gestion collective de nos entreprises.

Camarades, la situation est exaltante, parce que d'abord nous disposons d'importants atouts, d'importants moyens, de facteurs décisifs indispensables à un régime démocratique, à un peuple uni, organisé et conscient, à un Parti fort et structuré, parfaitement adapté aux exigences de la Révolution.

Nous disposons de conditions naturelles excellentes permettant un épanouissement rapide de l'agriculture, de l'élévage, de la pêche, de l'artisanat et des industries, car les forces énergétiques, les matières premières ne nous font pas défaut. Ces chances, sachons les utiliser pleinement, efficacement et positivement.

Nous disposons d'autres atouts parce que nous connaissons nos défauts, que nous avons le courage d'avouer en les présentant dans leur nudité. La vérité envers soi et envers son peuple constitue le facteur déterminant du succès dans toute entreprise collective.

Maintenant que nous sommes conscients de l'importance de la phase qui s'ouvre, maintenant que nous mesurons mieux l'importance de la contribution que la Guinée peut encore apporter à l'Afrique dans ses efforts combien complexes d'édification économique, maintenant que nous comprenons la nécessité de mettre fin aux hésitations, à l'indifférence et à l'opportunisme nous devons, dans un esprit de groupe, affirmer notre volonté de nous réhabiliter, de nous rendre encore plus aptes à gérer et à diriger nos propres affaires.

La mystique du travail n'aura d'égale que la mystique de l'honnêteté. La mystique du travail, c'est la primauté accordée à la justice, la mystique du travail, c'est en somme, le don de soi à soi et à son peuple, tout ce qui doit servir concrètement à la consolidation des bases politiques, morales et matérielles de notre indépendance. Cette mystique du travail doit faire l'objet de vos préoccupations, de vos recherches afin que votre contribution à l'amélioration des résultats du travail soit importante.

Elle suppose l'adaptation des principes, des règles du travail aux nouvelles exigences qui veulent qu'une place soit occupée par celui qui en est véritablement digne.

Alors, camarades, nous vous demandons d'avoir confiance en vous, confiance dans le régime, confiance dans les capacités de notre peuple.

Tout ce qui est possible doit être envisagé, et si vous vous rendez compte qu'un camarade peut tenir la place de deux, mettez tout de suite à notre disposition celui qui est de trop et augmentez le salaire de celui que vous conservez. Ne vous enfermez plus en vous-même, mais appréhendez les réalités dynamiques que nous voulons créer et développer au profit de l'émancipation de notre pays.

Camarades, ayons confiance dans le Parti, confiance dans la nation, confiance dans l'Afrique, confiance dans la nécessité de réhabilitation de nos peuples et de notre Continent.

Votre détermination se mesurera à la volonté dont vous ferez preuve pour accomplir les tâches prescrites par la conférence de Guéckédou.

Une phase commence, nous voulons la terminer avant terme afin que la 3me phase nous trouve dans les meilleures conditions de lutte pour conduire avec maîtrise et efficacité les destinées de la Guinée vers un soleil de grande liberté, de plus grand bonheur dans la dignité, la prospérité et la paix.

MESSAGE
DU PRESIDENT AHMED SEKOU TOURE A L'OCCASION DU 1er MAI 1964

Aux Camarades Travailleurs,

Les importantes résolutions prises à l'issue de la session 1964 du Conseil National de la Révolution marquent, à travers les impératifs qu'elles assignent à notre monde du travail, une nouvelle étape de l'action révolutionnaire du peuple guinéen.

Elles constituent désormais le motif de la mobilisation militante des paysans, des ouvriers, des fonctionnaires, des employés et des artisans, tous résolument unis et fermement décidés à triompher du sous-développement économique et de ses conséquences néfastes.

Réaffirmant que la victoire politique du Parti Démocratique de Guinée est indissociable de notre libération économique en tant que facteur déterminant de l'épanouissement social de nos populations, le Bureau Politique National du P.D.G. invite tous les responsables et militants de notre Parti à faire des mots d'ordre de la dernière session du Conseil National de la Révolution, le centre d'intérêt de l'action de notre peuple volontairement engagé dans la bataille pour la production.

Produire pour se libérer des insuffisances matérielles et sociales.

Produire pour se libérer économiquement et financièrement.

Produire pour assurer à la nation et à ses populations une vie décente.

Produire pour, enfin, imposer le respect des peuples d'Afrique à tous ceux qui continuent de croire et d'espérer que l'homme Africain est frappé d'indigence intellectuelle et d'incapacité technique.

La bataille politique du peuple de Guinée est une bataille matérielle dont chaque victoire assurera à la doctrine du P.D.G. une force de rayonnement accrue et un pouvoir d'exemple, qui seront autant de défaites portées aux forces malfaisantes de l'impérialisme, du colonialisme et du néo-colonialisme.

C'est en cela que l'action politique du P.D.G. s'inscrit dans le cadre de la lutte des forces internationales de progrès. C'est en cela aussi que notre révolution se confond réellement avec tous les combats populaires qui, en Afrique, en Asie, en Amérique et en Europe, participent concrètement à la révolution mondiale qui veut apporter à la société universelle plus de justice et de liberté, une sécurité accrue et les moyens d'un progrès sans fin.

Notre combat, c'est le combat du pauvre décidé à faire de sa pauvreté l'instrument de sa prospérité.

Nous avons conscience que la sauvegarde et le renforcement constant de l'indépendance africaine exigent que la personnalité politique de l'Afrique acquiert une nouvelle dimension, une dimension internationale qui impose au monde du profit et de l'exploitation, la personnalité économique et financière de nos Etats. C'est dans cette perspective que s'inscrit la phase actuelle de la révolution guinéenne.

En renonçant aux fausses prospérités réalisées sur la misère du peuple, en renonçant aux subsides et aux charités, le peuple guinéen a dit non à l'aliénation et aux facilités trompeuses qui se négocient en termes de sujétion et de dépendance vis-à-vis des puissances étrangères.

La voie choisie par le peuple guinéen, c'est la voie du courage et de l'effort, c'est celle de la Révolution qui, d'étape en étape, restituera à nos peuples l'intégralité de leurs droits humains en les dotant des moyens de leur épanouissement et de leur bonheur.

Mais si la révolution, dans les phases successives de son développement, apparaît dans la diversité d'une action multiforme, elle n'en demeure pas moins axée vers des objectifs invariables et dirigée en fonction des principes dont elle est tout à la fois la justification et l'objet. La bataille économique engagée avec le Plan Septennal de développement est de nature politique et ils se trompent ceux qui pensent qu'à la faveur de cette nouvelle étape de la révolution guinéenne, il sera possible de détourner l'action vigilante de notre peuple des objectifs politiques et économiques qu'il s'est assigné d'atteindre. Il n'y a pas, en République de Guinée, de politique économique autre que celle qui tend à un développement matériel conforme à notre ligne politique d'indépendance totale, d'unité nationale au sein d'un régime populaire qui demeurent les lignes de force de notre action.

C'est pourquoi, paysans, salariés, artisans, coopérateurs, femmes et jeunes de Guinée, auront à cœur d'activer la réalisation de notre Plan, afin de démontrer non seulement la qualité de leur engagement révolutionnaire, mais aussi le haut niveau de conscience politique qui les anime.

En décidant de procéder au lancement de notre plan septennal le jour du premier Mai, fête du Travail et des Travailleurs, le Conseil National de la Révolution a tenu, par là, à donner une même signification à la lutte de nos travailleurs des campagnes et des villes et à la lutte de notre Parti, à la lutte du prolétariat et à la lutte pour l'indépendance économique, à la lutte de nos syndicats et aux responsabilités du développement dynamique de la nation qui leur revient.

Pour les responsables et les militants syndicaux comme pour les paysans, le travail est devenu l'arme par laquelle nous imposerons notre liberté économique et le développement indépendant de notre nation.

Figurant en tête de la devise de la République de Guinée, le TRAVAIL sera le fondement à partir duquel nous développerons notre régime démocratique et populaire, en assurant à chacun le juste fruit de son labeur, la rétribution équitable de ses efforts créateurs.

D'importantes mesures législatives vont incessamment sanctionner les décisions arrêtées par le Conseil National de la Révolution et favoriser une application dynamique et rigoureuse de ses résolutions, permettre que soient dévolues aux meilleurs travailleurs les plus hautes responsabilités économiques, liquider définitivement les activités mercantiles auxquelles se livrent les faux chômeurs et les évadés ruraux, promouvoir la qualification ouvrière, accélérer la formation professionnelle.

L'attitude militante doit de plus en plus devenir une attitude responsable débarrassée des tendances négatives du sentimentalisme mais armée de fermeté et de rigueur. La loi du travail, c'est essentiellement celle qui assure la promotion de l'homme et du peuple, lui confère respect et dignité, confiance et sérénité, force et liberté.

Il faut que notre détermination à vaincre le sous-développement soit à la mesure de nos énormes besoins si nous voulons, par nous-mêmes et pour nous-mêmes, accéder rapidement à des conditions de vie qui confèreront pleinement à tous et à chacun sécurité, bien-être et bonheur.

Face à des pays hautement industrialisés, les peuples d'Afrique, d'Asie et d'Amérique Latine subissent de plus en plus les conséquences désastreuses des rapports capitalistes qui règlent les relations commerciales et économiques dans le monde, et la paupérisation continue qui en résulte les soumet pratiquement à l'exploitation des marchés internationaux.

Or il est évident que la justice dans les rapports commerciaux et économiques est directement subordonnée à nos capacités à imposer et à faire respecter dans nos relations internationales notre personnalité économique et financière propre. La réalité à laquelle nos peuples sont confrontés se traduit en termes de pauvreté, de faiblesse et de dépendance économique. Pour briser la tendance mercantile qui, de plus en plus, marque la nature actuelle des rapports internationaux, il faut complèter la liberté politique de nos Etats par leur liberté économique afin de les rendre maîtres de leur production et de leurs propres marchés. Il serait puéril de penser résoudre les contradictions qui menacent la paix du monde sans résoudre les inégalités énormes qui les ont engendrées.

La liberté, la paix, le progrès qui conditionnent l'évolution historique des sociétés ne sauraient s'établir dans l'inégalité, l'injustice et la discrimination.

C'est cette idée fondamentale qui confère à la libération économique de nos peuples son caractère historique et sa nature révolutionnaire.

Il ne s'agit donc pas d'un nouveau combat ; notre lutte non seulement se poursuit, mais se précise en s'inscrivant consciemment sur le front des luttes engagées par les forces progressistes du monde, en vue de conduire l'humanité sur la voie de son évolution dynamique et de son propre dépassement.

Les conditions que nous avons créées nous permettent de nous engager en toute certitude dans la phase active du développement économique accéléré de la Nation et de la rapide promotion sociale du peuple.

Notre confiance est fondée sur des réalités, entretenue et renforcée par notre ambition d'égaler les meilleurs, en faisant la démonstration de nos capacités à surmonter toutes les graves insuffisances héritées de la colonisation.

Nous sommes convaincus à l'avance que les décision du **Conseil National de la Révolution** de Guéckédou trouveront une profonde résonance parmi nos populations laborieuses mobilisées dans la bataille pour la production et la productivité.

Dans toutes les unités de production, les travailleurs doivent participer à la gestion des biens de l'entreprise et œuvrer au perfectionnement constant du travail et des travailleurs.

Dans toutes les unités de production, les travailleurs devront désormais être appréciés en fonction de leur rendement effectif et bénéficier d'une situation en rapport avec leurs efforts physiques et intellectuels. Dans toutes les unités de production, la discipline, l'ordre et l'émulation doivent être instaurés afin que les mauvais travailleurs soient sanctionnés et les agents consciencieux récompensés de manière équitable.

L'esprit de responsabilité et la pratique de la justice sociale, l'éducation politique et professionnelle des travailleurs sont les moyens décisifs de la promotion économique et sociale du peuple.

Ces conditions doivent être réunies et renforcées dans tous les chantiers, ateliers, usines, bureaux, écoles et hôpitaux, etc.

Honneur au travail bien fait,

Bonheur au travailleur consciencieux,

Prospérité à la Nation,

Tels sont les mots d'ordre de ce 1er Mai 1964, qui ouvre de façon solennelle le départ de notre plan septennal de développement harmonieux et équitable de l'économie guinéenne.

Désormais la **Médaille du Travail** sera l'une des plus hautes distinctions honorifiques du militant de la Révolution Guinéenne. Elle ne sera accordée qu'à l'élite du monde du travail.

Les autorités administratives : Ministres, Gouverneurs, Chefs de service, Directeurs de sociétés ou d'entreprises, Commandants d'arrondissement ou employés, seront appréciés en fonction de leur rendement, de l'apport qu'ils feront au progrès de la Nation par le développement continu des secteurs confiés à eux.

Les Fédérations, Sections et Comités du Parti seront également appréciés non par la qualité des discours ou le nombre des motions de confiance dans la **Révolution Nationale,** mais exclusivement par les conditions réelles créées dans leur ressort au profit de l'évolution heureuse de nos populations.

Le travail rehabilité en tant qu'instrument du bonheur populaire est notre premier mot d'ordre.

Le travail qui libère l'homme de la médiocrité et le qualifie humainement devient le moteur de la Révolution Guinéenne, l'instrument de l'émancipation de notre peuple, le moyen de notre promotion historique et l'arme essentielle qui nous permettra de bouter hors d'Afrique toutes les ingérences néo-colonialistes.

Nos paysans, nos artisans, nos salariés, hier étroitement unis dans la lutte pour l'indépendance nationale, doivent consolider inlassablement leur unité d'action pour briser toutes les tentatives réactionnaires qui ne manqueront pas de se manifester à mesure que notre action attaquera et supprimera les privilèges immérités, les avantages injustifiés, les penchants bourgeois et toutes les manifestations de l'égoïsme individuel dans les rapports sociaux.

Dans cette unité et cette volonté créatrice constamment enrichies de nos victoires et de nos espérances, une place de choix revient à l'élite de nos travailleurs que la Révolution désigne pour être les artisans de l'industrialisation de la Guinée et les principaux responsables de son essor économique. C'est pourquoi nous convions nos syndicalistes à prendre la tête de la bataille pour la production, afin que chaque usine, chaque chantier, chaque service soient sainement gérés et que le profit de leurs activités soit utilisé au mieux-être de notre peuple.

Le Bureau Politique National, déterminé à faire aboutir rapidement le programme de Guéckédou, tient à réaffirmer la totale confiance qu'il place dans les capacités créatrices du peuple laborieux de Guinée et dans sa victoire économique et à marquer le 1er Mai 1964 du mot d'ordre de la Révolution :

PRODUCTION !

Production, critère de la Révolution,

Production, critère de l'engagement militant du peuple guinéen,

Production, expression de notre volonté d'indépendance et symbole concret de la dignité de l'homme nouveau qui surgit à travers la lutte que mène notre grand Parti d'émancipation humaine, le Parti Démocratique de Guinée.

Vive la REVOLUTION !

ALLOCUTION
DU PRESIDENT AHMED SEKOU TOURE
AU MEETING POPULAIRE DU 1er MAI 1965
A CONAKRY

Si je prends la parole, c'est tout simplement pour adresser à la Fédération de Conakry-II et ensuite à celle de Conakry-I, nos chaleureuses félicitations.

Nous nous adressons aussi à nos artistes, à nos militaires, à tous ceux qui, ici, ont apporté leur contribution au succès éclatant de la fête du Travail, aux côtés des forces vives de ce pays.

Nous voulons adresser à tous nos sincères encouragements et nos vives félicitations.

Nous sommes heureux de voir interprètées, dans la joie, les vertus qui animent notre peuple dans la construction de son devenir et qui rapportent avec fidélité la confiance que nous plaçons dans les nouvelles perspectives arrêtées à Guéckédou, à savoir que la production et la productivité vont s'élever et que la Guinée, par ses propres efforts, saura construire son propre bonheur. Ce sera là son apport de qualité au bonheur universel, au bonheur de l'homme.

Nous faisons confiance à tous les travailleurs, aussi bien à ceux qui ont su pleinement utiliser leur temps depuis l'indépendance jusqu'à ce jour qu'à ceux dont l'action a comporté quelques erreurs, quelques insuffisances.

Nous savons que les séances d'auto-critique qui ont été tenues ont servi à redonner confiance et courage à chacun, et qu'à partir de ce 1er Mai 1965, l'engagement de chacun et de tous sera encore plus complet, pour que nos espérances se réalisent et cela, avant la fin prévue pour le plan septennal.

Nous portons tous dans nos cœurs la même confiance. La même foi dirige les activités de chacun, et le même but est assigné à l'œuvre de chacun et de tous.

C'est dire que désormais la Guinée est devenue une entité, une Nation, que désormais la Guinée est présente partout et qu'elle ne mourra jamais plus parce que sa confiance dans la vie s'accroît chaque jour.

Désormais la Guinée est irréversiblement engagée dans la voie de la réhabilitation de l'Afrique tout entière et de tous les hommes épris de paix, de justice dans le monde.

La Guinée est représentée par un homme unique: ce travailleur qui est tout à la fois paysan, ouvrier, Chef de service, Ministre, responsable de Comité, de Fédération ou de Parti, cet homme qui détient entre ses mains les armes de sa propre destinée et qui est conscient de son retard, cet homme qui, à partir de ce 1er Mai 1965, va se débarrasser définitivement de toutes les tares que constituent la paresse, l'oisiveté, l'insouciance, la corruption qui habite le commerçant voleur et cupide, la fourberie, la mauvaise gestion, pour ne garder par devers lui que les armes du courage, l'arme de la production, celle de la confiance dans la vie. Car cet homme unique, qui unifiera la nature de ses activités, symbolise notre confiance dans l'avenir.

Il n'est que de voir ces jeunes défiler avec les mots d'ordre les plus encourageants, les plus révolutionnaires et, mieux que tout cela, avec un sourire qu'aucune force ne saurait imposer ; ils ne peuvent être que l'expression de l'état d'âme qui indique que la Guinée avance sur le chemin de son devenir.

Frères et sœurs de Guinée, renforçons donc en cet homme la confiance en lui-même, la confiance dans son peuple, la confiance dans l'Afrique et dans l'humanité.

Ce 1er Mai 1965 nous fait penser à d'autres 1er Mai que nous avons vécus.

Ceux qui sont plus âgés que cette J.R.D.A. qui vient de défiler, savent qu'il y a à peine quinze ans, le premier Mai de Conakry avait été ensanglanté.

Il y a à peine quinze ans, le 1er Mai de 1949 a vu passer devant les tribunaux, et puis envoyer purement et simplement en prison, les cadres de l'Union des Syndicats de Guinée, pour avoir tout simplement manifesté la foi que les travailleurs et le peuple avaient dans l'indépendance du pays, dans sa souveraineté et dans les possibilités exaltantes qui peuvent être les leurs une fois libérées du joug colonial.

Aujourd'hui, nous sommes en train de fêter cette liberté et cette souveraineté dont nous renforçons en même temps les bases afin que toutes nos espérances se réalisent pleinement et positivement.

Ce 1er Mai 1965 est aussi le départ d'une période : une période de mobilisation plus poussée, une période d'unité d'action encore plus renforcée, une période de reprise en mains par le peuple des outils de son bonheur.

Le plan qui a été établi à Guéckédou et dont nous n'avons pas besoin d'énumérer ici les tâches est suffisamment éloquent.

Ce plan sera réalisé ; nous sommes convaincus qu'il sera réalisé parce que non seulement les masses le veulent, mais aussi parce qu'elles s'y sont engagées. Le plan sera réalisé aussi parce que le Parti et le Gouvernement ont franchement tiré les leçons des insuffisances qui ont entaché leurs activités au cours de la réalisation du premier plan.

Aujourd'hui, ils ont décidé de profiter des expériences du passé afin d'accroître, dans l'harmonie, l'efficacité de leur action dirigeante, tant dans le domaine étatique que dans le domaine de la construction économique et sociale.

Ce plan comporte beaucoup d'opérations, toutes décisives pour le développement économique de la Nation. Les structures politiques, morales et sociales de notre secteur administratif ayant été mises en place par le 1er plan, le second a pour ambition de nous donner de quoi nous vêtir avec notre propre coton, de quoi manger en augmentant la production de toutes les denrées nécessaires à une alimentation suffisante de notre peuple, de nous fournir, grâce à de petites industries, la possibilité de transformer les matières premières, les produits du pays en marchandises consommables, enfin, d'engager le processus d'une véritable industrie de l'aluminium.

Ce plan, qui correspond aux principaux besoins du pays dans la phase actuelle de son développement sera non seulement compris, mais soutenu par tous avec ardeur et abnégation.

Nous gardons donc confiance dans cet avenir et nous affirmons à ceux qui nous font également confiance, que nous serons fidèles aux rendez-vous de tous les 1er mai, pour présenter un bilan positif de la marche en avant, du saut en avant que nous aurons réalisé d'année en année. Les travailleurs de Guinée savent que le régime populaire et démocratique installé ici est le leur. Ils ne sont pas ici étrangers aux réalités économiques de leur pays. Ils sont les propriétaires de leur pays et, par conséquent, les seuls artisans de son bonheur ou de son malheur. Les travailleurs sauront donc augmenter la production et élever la productivité. L'installation prochaine des conseils de gestion collective et de perfectionnement apportera une contribution dynamique au développement du monde du travail dans le perfectionnement de la technique et de ses méthodes et dans la qualification professionnelle et morale des travailleurs. Nous demandons aux travailleurs de se saisir dès maintenant de tous les problèmes dont les solutions sont susceptibles, par leur application correcte, d'apporter à la Guinée les moyens d'accroître son potentiel économique. Que les travailleurs eux-mêmes étudient chantier par chantier, usine par usine, bureau par bureau, office par office, tout ce qui doit être mis en œuvre pour que le travail soit équitablement rétribué, que la paresse ou le népotisme ne l'emportent plus sur l'engagement des travailleurs qui font des efforts physiques, intellectuels pour que la Guinée avance résolument dans la voie du progrès et que nos vaillantes masses laborieuses reçoivent le fruit de leurs efforts, de leurs sacrifices et que ceux qui comptent sur d'autres considérations n'aient plus jamais les possibilités d'avoir un mode de vie supérieur à celui de ceux qui peinent, de ceux qui souffrent.

Le B.P.N. et le Gouvernement auront beau clamer nos ambitions de réaliser la justice sociale dans le monde du travail, ils ne pourront jamais les satisfaire si les travailleurs eux-mêmes, qui connaissent justement les faiblesses organiques, les faiblesses fonctionnelles de leurs entreprises, n'apportent pas, par une critique constructive, leur contribution par des suggestions positives.

C'est pourquoi en ce 1er Mai 1965, nous demandons que les travailleurs eux-mêmes se saisissent du mot d'ordre qui a été lancé à Gueckédou : celui de la réorganisation fonctionnelle de toutes les unités de production afin de consolider les bases dynamiques de celles-ci et aussi, de nous permettre de réaliser, comme nous le voulons, avant terme, notre plan de développement économique et social.

Un mot d'ordre tout à l'heure nous a frappés, celui de la C.N.T.G., à savoir que le principe de l'autogestion sera une base dynamique de la production et de la productivité. Nous affirmons que le Parti Démocratique de Guinée, le Gouvernement de la République sont absolument d'accord avec ce mot d'ordre et nous laissons les travailleurs juger de l'opportunité de saisir le Gouvernement de toutes revendications dans ce sens. C'est dire que notre confiance est totale.

Nous savons que l'homme ne peut évoluer sans le travail ; que le travail en lui-même est le symbole de l'esprit de responsabilité, de la pratique de la liberté et le symbole de la souveraineté et de la liberté de l'homme et du peuple.

C'est pourquoi, aujourd'hui, comme hier nous insisterons sur le mot d'ordre du travail. Que chacun travaille. Que chacun fasse ce qu'il peut faire.

Que chacun améliore ce qu'il sait déjà faire.

Que chacun apprenne ce qu'il ignore aujourd'hui. Et alors au 1er mai 1965, nous présenterons une autre physionomie sur les plans matériel et moral.

Les usines textiles ou autres, que nous allons installer seront valorisées par les créations de cette immense usine que nous représentons nous-mêmes.

Le P.D.G. est la plus grande des usines : l'usine du cœur, l'usine du cerveau, l'usine de la conscience.

Nous voulons également que notre école, l'école de la révolution, devienne cette grande usine de l'esprit, cette main qui façonne et perfectionne les hommes qui montent, afin de les rendre chaque jour plus aptes à mesurer les responsabilités de leur destin.

Il faut que la C.N.T.G. et tous les syndicats soient également cette grande usine de la formation de la conscience professionnelle, de la formation de l'esprit social, de l'esprit de justice qui veut que l'homme ne se contente pas de son sort, qu'il cherche plutôt à s'élever pour égaler les meilleurs, qu'il fasse partie d'un tout au développement duquel il doit apporter sa contribution.

Nous voulons la justice pour celui qui ne travaille pas. Nous voulons que cette armée qui vient de clôturer ces manifestations du 1er Mai, signifie aux travailleurs qu'elle n'est pas là comme en 1949, pour les conduire en prison, mais pour les protéger, pour protéger leurs biens et leur liberté. Elle signifie à ces femmes, à ces artisans, à ces jeunes, qu'elle n'est pas là comme force de répression, mais qu'elle est là pour la sécurité de la liberté, la sécurité de la souveraineté, la sécurité du bonheur individuel et collectif.

Cette armée a fait elle aussi, au cours de ce défilé la démonstration de sa volonté de participer activement à la construction nationale.

Et alors, il faut que nous rivalisions partout d'ardeur dans le cadre de l'émulation nationale !

Que le dernier travailleur de l'Etat dise « je veux être meilleur que le Chef de l'Etat. » Que le dernier travailleur d'une usine dise « je veux dépasser le chef de l'usine par ma conscience patriotique, par ma volonté de production, par les qualifications que je saurai acquérir, au service de l'Afrique en me perfectionnant moi-même ». Et alors, dans cette émulation, nous pourrons tout faire, et c'est cette confiance qui sera encore le dernier mot de cette journée du 1er Mai 1965.

Nous sommes sûrs et certains qu'au 1er Mai 1966 beaucoup d'opérations du plan septennal seront inaugurées et qu'aux 1er Mai 1967, 1968, 1969 et certainement 1970, soit un an avant la fin du plan septennal, les opérations qui figurent dans notre Plan seront entièrement achevées.

Nous avons confiance dans l'engagement que nous prenons face à nous-mêmes, face à l'Afrique, face au monde.

EXTRAITS DE L'EXPOSE FAIT PAR LE PRESIDENT AHMED SEKOU TOURE A LA CONFERENCE ECONOMIQUE DE MACENTA LES 15 ET 16 MAI 1964

Camarades,

Tout processus d'évolution est un phénomène continu, c'est-à-dire que les phases passées ont nécessairement des répercussions et des incidences sur la phase présente, laquelle préfigure et annonce à son tour dans ses aspects tant objectifs que subjectifs, les réalités à venir. Il n'y a donc pas de rupture dans une évolution, mais des changements qui se comprennent et s'expliquent toutes les fois que les éléments qui impulsent cette évolution deviennent intelligibles aux hommes. Pour la Guinée, nous avons déjà affirmé que la phase que nous vivons depuis la proclamation de l'Indépendance doit être considérée maintenant comme achevée, parce qu'elle avait été essentiellement consacrée à l'implantation des institutions, des structures de notre Etat, de notre Parti et de nos collectivités. Elle doit être considérée comme achevée parce qu'elle nous a permis, dans tous les domaines et de manière démocratique, d'élaborer les principes et méthodes qui conviennent à nos réalités et que nous considérons susceptibles de conférer plus de dynamisme à notre action commune. Hier, comme avant-hier, nous avons dit que cette phase a été positivement abordée et parcourue, parce qu'en effet, elle a permis une transformation qualitative des conditions de vie de notre peuple ;

elle a créé et amélioré de nombreux liens de compréhension, de coopération avec l'extérieur, en tout premier lieu avec les pays frères d'Afrique auprès desquels la Guinée a su se tailler une place de choix reposant sur la confiance. Cette phase cependant risquerait de nuire au prestige et à l'admiration que notre pays a suscités autour de lui et ailleurs si celle qui lui succède et qui se fixe pour but le développement économique de la Guinée ne devait pas connaître un heureux aboutissement. Vous comprendrez mieux ainsi toute l'importance qu'il faut accorder aux décisions arrêtées à Gueckédou, lesquelles ont puisé dans l'expérience du passé les éléments qui les justifient et les légitiment dans le cadre de l'action du P.D.G. et de son Gouvernement. Elles définissent des objectifs précis, correspondant effectivement à l'ensemble des capacités et des ressources de notre peuple. Après Guéckédou, c'est la Conférence de Macenta qui se tient, avec à son ordre du jour des problèmes bien définis qui doivent être analysés correctement en vue de permettre au peuple de dégager, dans le domaine de l'évolution heureuse des moyens qui en assurent le développement efficace et heureux. Nous avons eu l'occasion de souligner à plusieurs reprises que le régime guinéen est différent des autres régimes. Il en est certes qui s'en approchent ou s'y apparentent en raison de la similitude de quelques principes fondamentaux ou de quelques méthodes d'action. Mais ce qui le singularise et lui confère son originalité doit être connue de tous les Guinéens. C'est d'abord la caractéristique d'une volonté consciemment et judicieusement tendue vers l'installation, sur des bases parfaitement saines, d'une véritable entité nationale.

Beaucoup de peuples africains, beaucoup de régions d'Afrique, beaucoup d'Etats africains sont autant décidés que nous, sinon plus, à rechercher et à bâtir le progrès. D'autres sont tout autant sinon plus dévoués à apporter le bien-être à leur peuple, mais les uns et les autres ont malheureusement négligé d'accorder le même souci aux bases objectives et subjectives qui fondent la Nation. Car après tout, c'est cette entité dont la viabilité et le renforcement ultérieurs conditionnent le progrès continu voulu pour le peuple qui mériterait d'être l'objet constant des préoccupations de tout citoyen. Nous avons quant à nous abordé de front la solution des problèmes qu'avaient créés les distinctions arbitraires qui divisaient notre peuple. Nous avons perçu avec clarté la nécessité de créer le type du Guinéen nouveau qui comprend que la langue n'est qu'une création de l'histoire et la réligion une manifestation de l'esprit qui s'impose ou ne s'impose pas à la conscience mais qui ne saurait différencier l'homme de son semblable. Voilà les domaines dans lesquels la philosophie du P.D.G. a aidé le peuple à surmonter les dissensions et les réticences qui existaient en son sein dans les rapports sociaux. Certes pour rester toujours honnête, reconnaissons que le régionalisme et le racisme n'ont pas complètement disparu. Ils subsistent chez beaucoup d'entre nous, mais moins chez nos militants qu'ailleurs. Notre grande victoire cependant, c'est que le peuple, de manière officielle, ne peut plus croire au régionalisme et au racisme, qu'il est engagé dans la réalisation d'un programme concret, lequel a été déterminé en fonction de l'Unité Nationale et en raison de la participation démocratique de chacun et de tous aux bienfaits qui en résulteraient. Les progrès de cette nature qui ont été réalisés ne sauraient être évalués. On ne les mesure pas, on ne les pèse pas, on les apprécie uniquement par le niveau et la qualité de la conscience qu'en ont les hommes dans la mesure où ils les soustraient à toute autre influence qu'à celle des idées acceptées par le Peuple au sein duquel ils vivent.

Dans la nouvelle phase que nous abordons, celle de la construction économique, ayons garde d'oublier que les tâches qui nous attendent sont infiniment plus grandes. Il est plus facile à l'homme de connaître ce dont il souffre que le remède pour apaiser cette souffrance. L'homme voit, sent et entend ; il ressent le poids de la misère qui l'écrase, la souffrance physique ou morale ; mais pour qu'il arrive à trouver les remèdes nécessaires à l'élimination de cette souffrance, il lui est demandé des efforts supplémentaires, car la connaissance de ces remèdes n'est pas « sui généris », elle exige des efforts de découverte, d'invention et d'acquisition ; l'on peut dire que la véritable liberté de l'homme se mesure à ses capacités réelles à pouvoir résoudre les problèmes que posent son existence, la nature de celle-ci (dignité) et les progrès qu'il accomplit. C'est ce que la Guinée est en train de réaliser, sachant, pertinemment qu'il lui faut nécessairement se doter d'une solide structure économique qui permette à son peuple de se nourrir convenablement, de se loger correctement et de se vêtir décemment. Pour ce faire, la Guinée sait que les moyens à mettre en œuvre ne peuvent être qu'à la mesure de ses propres efforts. Elle ne devra compter sur aucun concours providentiel. Ce sont ces efforts qui lui ont été demandés à la Conférence de Guéckédou d'abord, à celle de Macenta maintenant. Ces efforts, nous devons les accepter. Mais qui dit effort dit aussi discipline et qui dit discipline dit confiance et volonté ; l'on peut se mettre d'accord sur un objectif et ne pas pouvoir cependant le réaliser ; l'on peut bien convenir d'un remède et ne pas pouvoir s'imposer la discipline de se l'administer pour guérir le mal dont on souffre. Sans discipline rien n'est possible. Elle doit donc s'imposer, elle doit être une des décisions essentielles que cette Conférence doit prendre.

Nous avons déjà dit que l'économie conditionne tout, une fois réalisées la mise en place des structures politiques et l'installation des rapports politiques équitables, elle constitue la dynamique de l'évolution qui obéit à ses lois. Il est inutile de revenir sur les grandes possibilités qui sont les nôtres dans ce domaine. Vous les connaissez. Mais il se trouve que depuis 3 ans certaines méthodes se sont instaurées dans nos Régions qui, si elles ne sont pas combattues, nous ferons reculer. Des camarades ne se rendent pas compte que la Nation existe et oublient que les progrès de Macenta, de N'Zérékoré, de Faranah ou de Labé restent impensables et irréalisables en dehors du progrès général de la République de Guinée. Ils essaient d'ignorer ce fait et ne sont préoccupés que de leurs difficultés régionales, sous-estimant celles de la Nation et du peuple guinéens dans leur ensemble. Ils tiennent le raisonnement suivant : « nous produisons du café, des palmistes et n'admettrons pas que nous fasse défaut telle ou telle chose. Nous sommes des producteurs et nous utilisons notre production pour satisfaire nos besoins à nous. » C'est là une attitude repréhensible qui a conduit aux exportations frauduleuses de café et de palmistes dans certaines Régions. Nous avons stigmatisé cela à Guéckédou : il n'est pas un seul douanier, un seul Gouverneur, un seul Commandant d'Arrondissement en Guinée forestière ou un seul Responsable de Bureau Fédéral ou de Comité Directeur, un seul Directeur de Production qui ne se soit fait complice de ce trafic illégal qui a atteint de telles proportions qu'en Sierra-Léone, au Libéria, en Côte-d'Ivoire et dans d'autres pays on en parle comme un fait caractéristique de la regression de l'Economie guinéenne.

Camarades, on a bien fait de vous demander de vous référer aux chiffres qui parlent mieux. Mais nous aussi, nous avons nos chiffres qui parlent encore mieux. Nous savons qu'à moins de renverser les bases de la mathématique par la modification de la signification des nombres, nous saurons vous apporter la preuve que la commercialisation a atteint des chiffres moyens qui baissent d'année en année. Certes, il y a des facteurs qui ne dépendent pas de votre volonté comme la maladie ou la réticence de certains paysans à utiliser au maximum les plants des pépinières, ou encore à suivre toutes les recommandations techniques que vous leur donnez. Toutefois dans le domaine du commerce, les paysans n'ont fait que suivre votre mauvais exemple. Ils ne peuvent pas comprendre que vous les abreuviez de bons principes d'éducation politique, sociale ou économique, que vous leur recommandiez de se plier à la discipline du Parti alors qu'ils vous voient couvrir de honteuses opérations de trafic en dehors de nos frontières. Comment, après avoir observé chez vous de tels comportements négatifs, voudriez-vous qu'ils accordent quelque crédit à vos circulaires ?

Nous avions dit en 1959 dans notre rapport au Ve Congrès que la large décentralisation que nous envisagions pour les Régions comportait des inconvénients mais que nous devions cependant y engager le progrès du pays. Il faut que nous évitions que des chaînons se détachent de notre chaîne commune afin que les courroies de transmission qui font la force des régimes démocratiques et populaires dans la liaison entre la base et le sommet jouent de façon permanente entre les différents organismes de l'Etat, à l'échelon de l'Administration centrale et des Régions. La fonction crée l'organe dit-on, et un organe conséquent exige de remplir la fonction pour lequel il a été créé. La décentralisation profonde que nous voulions opérer devait favoriser une plus grande prise de conscience de certaines nécessités, dans la mesure où les hommes qui devaient servir ces nouvelles institutions ne perdraient pas de vue l'Unité Nationale en s'enfermant dans le corset de la Région ou de l'arrondissement, pour ne pas aller à contre-courant du progrès souhaité par le peuple de Guinée. Cela est contenu dans le rapport au Ve Congrès. Par ailleurs, ce même rapport vous mettait en garde, en fonction des décisions qui allaient être prises, contre une évolution économique exclusivement régionale. Il disait en substance : « supposons que Conakry revendique la propriété du port de la Capitale et exige que toutes les recettes portuaires reviennent au Budget régional, ou supposons que Fria où est implantée la plus grande usine de la République de Guinée considère celle-ci comme sa propriété et veuille accaparer à son seul profit le bénéfice de la production de l'alumine » ! Et le Ve Congrès, dans ce rapport, vous posait la question : « Est-ce que la

Guinée pourrait ainsi continuer de vivre ? » Vous aviez répondu « NON » en votant à l'unanimité les conclusions qui rejetaient cette éventualité. Nous constatons hélas ! que tout cela a peut-être été compris pendant le Congrès mais n'a en rien inspiré la conduite et le comportement de nos principaux responsables. La baisse de notre production que nous avons stigmatisée est imputable en réalité aux carences dont souffre l'économie guinéenne et qui sont caractérisées par de trop nombreux achats à l'extérieur, aggravées par une fuite de nos produits hors de nos frontières. Tel est l'esprit du régionalisme, et aussi l'incompréhension du mécanisme mathématique de l'économie. Nous avions abordé ce problème à plusieurs reprises depuis Kissidougou en 1958 et lors de nombreuses assises du Parti dont la dernière à Guéckédou.

C'est contre toutes ces pratiques qu'il nous faut partir en guerre si nous ne voulons pas étrangler notre économie, si nous voulons vivre notre conception de la dignité sur les bases effectives de notre liberté, en assurant le rayonnement continu de nos idées et de notre pays dans le concert des Nations libres. Voilà, une fois de plus, avant de lever la séance, l'appel que vous lance le Parti afin que votre contribution aux débats qui s'instaureront cet après-midi ne se limite pas à de grandes phrases mais cerne des réalités très concrètes. Que cette conférence témoigne du haut degré de conscience de nos cadres, face à leurs responsabilités, pour que chaque guinéenne et chaque guinéen se convainquent qu'une nouvelle phase est née après Guéckédou qui se poursuivra sans défaillance pour l'honneur et le progrès de la République de Guinée.

EXTRAITS DU DISCOURS PRONONCE PAR LE PRESIDENT AHMED SEKOU TOURE A L'OUVERTURE DE LA CONFERENCE ECONOMIQUE DE FOULAYE, LES 29 ET 30-5-64

Camarades,

Cette conférence se tient après la session du Conseil National de la Révolution qui a eu la tâche de définir les grandes lignes de la philosophie économique de notre Pays et d'établir les bases et les normes du développement pour la période allant de 1964 à 1971. Elle se tient également après la Conférence inter-régionale de Macenta qui a étudié de manière générale les problèmes de la production rurale en République de Guinée et plus particulièrement ceux de la culture intensive du caféier et du palmier nain en Guinée. En même temps, cette Conférence s'est occupée de l'étude de la commercialisation de nos produits ainsi que de l'organisation des rapports inter-Etats en matière économique.

Les décisions auxquelles les travaux de Guéckédou et de Macenta ont abouti ont été portées à votre connaissance. Nous pensons que l'esprit qui les animait en même temps que les objectifs essentiels qu'elles visent, vous permettront, ici, de tirer le meilleur profit des travaux que nous allons effectuer dans le même souci d'objectivité, en tenant compte de l'intérêt que nous devons accorder aux problèmes du développement économique. Nous avons maintes fois signalé l'importance qui s'attache aux différents facteurs dynamiques de l'évolution des sociétés humaines et indiqué que celui qui reste primordial entre tous est la liberté des peuples à disposer d'eux-mêmes et la liberté de l'individu dans l'indépendance de la Nation. C'est là la condition essentielle pour un peuple de pouvoir satisfaire par son travail, ses besoins vitaux.

Le Parti Démocratique de Guinée a su organiser et mener à bonne fin sa lutte pour l'instauration d'une ère de liberté nationale en Guinée. Nous avons également eu l'occasion d'affirmer que la liberté ne s'octroie pas, elle ne s'offre pas, elle ne s'achète pas davantage, elle ne s'impose pas, elle obéit aux mêmes processus que ceux qui conditionnent l'existence de l'homme lui-même, elle se gagne et se conquiert grâce à une prise de conscience qui anime à la fois l'individu et le peuple ; elle naît donc et se développe, elle est en perpétuelle création et en constante renaissance. La liberté politique possède ainsi des fondements multiformes : elle est garantie par la liberté économique, la liberté sociale et la liberté individuelle. C'est pour avoir compris ces exigences que le P.D.G. et son Gouvernement ont implanté dans tous les domaines de la vie nationale des structures de contenu progressiste et de qualité démocratique afin d'assurer à chacun et à tous non seulement la participation effective à la construction de la Nation, mais aussi la garantie du bénéfice de ces activités qui échappent bien entendu à toute forme d'assujettissement, d'exploitation ou d'oppression.

Ce travail de réorganisation nationale a été aussi mené à bonne fin bien que les structures elles-mêmes ne puissent être considérées comme des choses statiques. Elles sont soumises aux mêmes lois dynamiques de l'évolution que la vie sociale. Nous pouvons aujourd'hui nous réjouir de ce que le Parti soit arrivé à les perfectionner, à les harmoniser, enfin à les rendre aptes à l'accomplissement heureux des tâches qui leur reviennent dans l'édification du pays. Maintenant que l'installation de structures conformes aux exigences de notre révolution est achevée, c'est le moment de nous attaquer aux problèmes concrets de notre développement qui a été défini comme devant obéïr à la ligne des options politiques du Parti Démocratique de Guinée. Nous répétons que le Parti Démocratique de Guinée n'infléchit pas une politique de l'économie guinéenne qui serait pensée abstractivement, mais crée plutôt une économie qui réponde à nos choix politiques. Bien sûr, elle comporte de nombreuses insuffisances, elle n'est pas encore en harmonie avec les besoins essentiels de notre peuple. Mais dans la mesure où le P.D.G. a su se tailler une place de choix, en Afrique et dans le monde, en raison du caractère essentiellement progressiste, objectif et utilitaire de ses options politiques, considérées toutes comme justes et légitimes, il saura gagner son pari et, grâce à l'action de notre Gouvernement Guinéen, aboutir au relèvement continu du taux de développement économique de notre pays. L'évolution économique suppose des données politiques qui en déterminent le contenu même et sa signification dans la perspective historique qui reste celle du peuple concerné ; elle suppose également des données techniques, scientifiques et sociales dont la connaissance intime exige des efforts constants au niveau de l'individu comme au niveau de la société. La complexité des problèmes et leurs interférences requièrent par conséquent une étude approfondie et réaliste des éléments qui la déterminent. Ici, à Kindia, bien que les problèmes de la banane, de l'ananas et des autres fruits soient inscrits à l'ordre du jour, nous rappellerons que la conférence manquerait son but et réduirait la portée de ses travaux si elle devait s'enfermer dans des conceptions particularistes. Nous sommes sûrs que l'aspect sous lequel sera examiné le problème de la banane tiendra compte du développement général de l'économie guinéenne, c'est-à-dire qu'il devra envisager des solutions ne concernant pas seulement le cas spécifique de la banane mais toutes celles qui pourraient conditionner la rénovation de notre économie. Il s'agira donc de ne pas perdre de vue les objectifs généraux que nous avons arrêtés lors de conférences antérieures et, dans le cadre de ceux-ci, définir de manière efficace les tâches concrètes que nous devons assumer dans un minimum de temps, que la culture bananière connaisse un essor qui soit en rapport avec les grandes possibilités qu'offre la Guinée dans ce domaine particulier. C'est pour cette raison que nous avons invité à cette conférence-ci, en plus des responsables politiques de l'Etat, les responsables techniques dans les arrondissements et dans les régions qui connaissent et vivent les réalités de nos planteurs et cultivateurs ; nous avons également invité à y participer les producteurs eux-mêmes, à travers ceux qu'ils ont désignés ou élus à la tête de leur coopérative ; ont été également conviés les élèves de l'Ecole Nationale d'Agriculture puisqu'il leur reviendra plus tard de veiller à l'application correcte des décisions qui seront prises aujourd'hui et demain.

Cela étant, l'objectif à rechercher par tous est le sens des responsabilités et l'honnêteté qui devront caractériser toutes les interventions. C'est lorsque nous collerons aux réalités les conditions spécifiques de la culture de la banane que nous pourrons, à travers les décisions adéquates qui seront prises, nous acheminer avec plus de rapidité et plus d'efficacité vers les buts que nous aurons assignés à notre action, au lendemain de la présente Conférence.

Cette Conférence réunit à Foulaya :

11 représentants du Gouvernement,

12 techniciens du Ministère de l'Economie Rurale et de l'Artisanat,

12 hauts-fonctionnaires et Chefs de services économiques,

les délégués des Régions Administratives de : Forécariah, Kindia, Boké, Boffa, Conakry, Gaoual, Mali, Télimélé, Koundoura, Pita, Labé, Dalaba, Mamou, et Dubréka,

les délégations représentant les 4 grandes coopératives fruitières, Soplex, Cobag, Copunion, Yoko, six délégations représentant six Conseils Centraux des Coopératives de Kindia, Forécariah, Coyah, Dubréka, Benna et Boffa.

Sont également présents ainsi que nous l'avons signalé 95 étudiants de l'Ecole Nationale d'Agriculture. Nous souhaitons que les présentes assises répondent à l'espoir légitime qu'elles ont déjà soulevé et qu'elles restent conformes aux options faites par le Parti à savoir :

— assurer de manière dynamique l'évolution des bases matérielles qui conditionnent l'émancipation de notre peuple,

— élargir et consolider l'économie guinéenne et, pour ce faire, accorder au problème de la production l'importance décisive qu'elle a dans le processus de transformation d'un pays.

Il s'agit donc pour vous, camarades, de remplir le temps et de le bien remplir.

Vous n'ignorez pas qu'il ne peut exister mille solutions pour assurer le développement économique d'un pays. L'économie est soumise à un ensemble de lois dont seuls la connaissance et le respect conduiront l'homme-producteur et la société à la satisfaction des besoins qui vont sans cesse s'amplifiant ; le caractère moderne de cette évolution en souligne assez la complexité, surtout dans une économie à vocation populaire. Plus une économie est diversifiée et développée plus les relations et rapports qui la caractérisent se multiplient et se complètent.

Vouloir donc le développement économique, c'est prendre à bras-le-corps les problèmes concrets qu'il suppose. Dans le domaine économique, toute solution de paresse, toute attitude de démission, tout problème posé sous un angle particulariste, ou abordé par hasard ne font qu'en retarder la solution juste quand ils ne compromettent pas le bien-être et l'avenir du peuple qu'ils concernent.

Le développement économique exige l'utilisation rationnelle et dynamique des moyens qui concourent à cette fin. Ces moyens sont de nature diverse et de qualité différente. Le premier d'entre eux, nous l'avons toujours dit, est d'abord l'homme, l'homme qui est tout à la fois objet et moyen pour lui-même, objet et sujet ; objet, parce que ses préoccupations ont pour centre d'intérêt son bonheur, sa dignité, sa liberté, la satisfaction de ses besoins. En cela, l'homme est l'objet de sa propre pensée et de sa propre option. Il est aussi sujet parce que les perspectives qu'il se crée en imagination, les aspirations qu'il nourrit ou les buts qu'il se fixe ne peuvent devenir des réalités concrètes qu'à travers ses propres activités, une activité de tous les jours. Il se donne des objectifs qu'il réalise par son action et son travail de production. L'homme, en tant que moyen premier, se trouve heureusement placé dans des conditions qui le valorisent aujourd'hui : condition de liberté collective et individuelle, condition de dignité, degré de conscience politique, économique culturelle, sociale et morale, existence de bases et de structures organiques permettant une rationalisation poussée de son action et un perfectionnement dans l'organisation de la société. Il reste à voir les autres moyens dont l'utilisation doit permettre de réaliser les conditions que je viens d'énumérer et qui résultent de l'action politique dynamique menée par le P.D.G. au profit de l'homme guinéen. Citons d'abord les moyens qui influent considérablement sur le résultat du travail de l'homme. Nous savons tous que le paysan qui se sert de la daba ne peut égaler le rendement de cet autre utilisant la charrue, lequel serait lui-même en position d'infériorité par rapport à ce troisième qui emploierait le tracteur, tous travaillant sur une terre présentant des conditions naturelles comparables.

C'est dire qu'à ressources physiques et intellectuelles égales et suivant une même qualité du sol les rendements seront différents et en rapport avec la qualité technique des instruments agricoles. Nous entendons que l'appoint technique que reçoivent les producteurs soit utilisé au mieux, judicieusement et rationnellement dans l'accroissement de leurs récoltes. La meilleure utilisation des moyens existants implique pareillement leur rigoureuse adaptation aux exigences de la production qui fera de plus en plus appel à de nouveaux instruments plus perfectionnés. Ainsi, à côté du facteur humain situé dans un contexte politique et moral donné, nous placerons les facteurs naturels et techniques liés à l'appréciation des conditions favorables à la production. Il y a aussi l'organisation du travail, ses cadences, la qualité qu'il doit avoir, sa régularité, toutes caractéristiques qui font que les moyens doivent être utilisés au maximum en vue d'un rendement optimum. N'oublions pas enfin les charges sociales. Toute activité créatrice en entraîne ; elles sont liées à la nature de l'homme et de la société qui dépendent l'un de l'autre. Certaines formes de communauté admettent que l'homme se donne tout entier à sa société et qu'en retour celle-ci entretienne en son sein des rapports équitables, en fonction des moyens et des capacités à sa disposition. En somme, le producteur de banane, de fruits ou d'agrumes apporte, à travers certaines charges, sa contribution à la société guinéenne dont il reste pratiquement et indissolublement solidaire. On peut envisager d'un point de vue collectif cette contribution et apprécier si elle répond bien au but recherché, si elle conserve le caractère dynamique qui la justifie et en fait un élément régulateur du progrès social de nos masses paysannes. On peut aussi juger de ses répercussions sur les autres secteurs de notre économie car l'une des caractéristiques essentielles du P.D.G. est de vouloir, pour un peuple uni par les concepts d'égalité, de démocratie et de justice, promouvoir une économie harmonieuse et parfaitement équilibrée afin que les mutations économiques, financières ou sociales qui s'opèrent ne portent préjudice à aucun facteur de progrès, mais soient au contraire un élément d'accélération, de perfectionnement continu qui conduise le peuple vers son progrès et la pleine satisfaction de ses besoins. C'est dire que le domaine à inventorier est assez large et qu'il n'est pas de limitation par conséquent à nos initiatives. Tout élément considéré comme favorable à la réalisation des objectifs fixés par le Plan Septennal est pour le peuple un facteur de son progrès. La vérité économique, dans la dignité et la simplicité de nos débats, doit être connue dans toutes ses données afin qu'elle serve au renforcement de notre état de mobilisation.

L'économie guinéenne s'est améliorée dans ses perspectives et ses aspects par rapport à ce qu'elle était en 1958. Cela doit être bien perçu et compris. Une conception incomplète et particulariste de l'économie tend à la faire apprécier par l'importance des échanges extérieurs. Une telle philosophie n'est ni réaliste, ni juste, car les fins auxquelles vise le développement économique postulent précisément que chaque Nation lui consacre d'abord les moyens dont il dispose en propre. Il peut ainsi exister des conceptions fermées ou ouvertes de l'économie. Le critère de développement économique complet nous paraît être plutôt celui qui permet à l'homme de produire tout ce dont il a besoin par lui-même. Les liens de dépendance mutuelle entre Etats et Nations ne sauraient donc à eux seuls expliquer les rapports économiques qui peuvent exister entre eux. Lorsque nous affirmons que l'économie guinéenne s'est améliorée dans le sens d'une indépendance véritable, nous voulons dire que tout ce que le pays produit, consomme et échange obéit à la tendance du développement général que poursuit le pays. Processus progressif ou regressif suivant que son caractère est positif ou négatif. Ainsi donc, la Guinée d'aujourd'hui satisfait des besoins qu'elle ne pouvait satisfaire en 1958. En tenant compte, par ailleurs, de la donnée universelle et permanente de l'homme en perpétuel devenir, on reconnaîtra que la société est, elle aussi, en constante transformation et qu'à chaque progrès correspondront nécessairement des besoins nouveaux. C'est ce qui fait que l'homme et la société sont éternellement tendus vers de nouvelles créations. Cette évolution fait en sorte qu'au risque d'être dépassés par les autres sociétés nous ne devons pas cependant nous contenter de satisfaire nos besoins actuels mais nous devons nous orienter aussi vers nos besoins potentiels. Nous sommes de ce fait condamnés à organiser notre évolution de manière constamment dynamique, de manière révolutionnaire, c'est-à-dire de manière consciente, sans cesse projetée en avant.

La Guinée possède des conditions qui sont extrêmement favorables à son développement économique. Le régime politique de stabilité certaine, la sécurité de l'individu et la garantie des bénéfices de son travail renforcent encore ces conditions naturelles heureuses. Elles autorisent un développement diversifié et intensifié de l'économie tout en nous créant parallèlement des obligations : notamment celles de tirer le meilleur profit de nos ressources physiques, intellectuelles et morales et des potentialités matérielles environnantes. En parlant aujourd'hui du développement économique de la Guinée, nous entendons faire de notre peuple l'artisan et le créateur de son bonheur. L'économie guinéenne comparée à ce qu'elle était à l'époque coloniale accuse certes un certain développement mais reste cependant très en retard sur les capacités actuelles de notre peuple. Cela signifie que ces capacités ne sont pas totalement utilisées parce que le producteur guinéen travaille en général 120 jours de l'année seulement.

L'économie guinéenne est en retard non seulement dans le domaine de la production sur ce qu'elle pourrait être, mais sa qualité même appelle de singulières réserves car sa diversité ne correspond pas à la gamme de possibilités dont dispose le pays. Il y a une sous-estimation dangereuse de certaines activités productives qu'il faut dénoncer pour que le producteur puisse comprendre que rien de ce qu'il fait n'est inutile. L'économie comporte beaucoup de facteurs : facteurs de production, facteurs de transformation, de transport, facteurs de consommation à travers le commerce. Dans ces divers aspects, notre économie accuse des défauts. Il nous faut trouver remède à cela, le plus tôt possible.

Nous devons pouvoir, en premier lieu, consommer notre production, car il est une part importante qui échappe à notre circuit commercial intérieur ou qui se perd, bref qui n'entre pas dans l'appréciation du revenu national, pour des raisons soit d'exportations frauduleuses, soit de gaspillage. Nous devons organiser la consommation en rapport direct avec la production. Il faut comprendre que l'aide que nous apportons aux producteurs pour encourager le développement de l'économie intéresse aussi bien le transporteur, le commerçant, le consommateur dont les activités sont stimulées, que les producteurs mêmes. Sans production, tous ces secteurs d'activité disparaîtraient. L'intérêt du producteur est ainsi le même que celui du consommateur, l'intérêt de la Nation toute entière. Les efforts intensifiés qu'il fera se répercuteront nécessairement dans l'amélioration quantitative et qualitative de ses récoltes et se traduiront non moins obligatoirement par une commercialisation et une consommation accrues. Par conséquent, une rentabilité plus élevée pour les transporteurs et les commerçants est constatée lorsque le volume de la production est plus élevé ; la productivité le devient dans la même proportion et le prix de revient baisse, ce qui permet au consommateur de satisfaire ses besoins avec un minimum de frais. Toutes ces considérations requerront donc une conception globale de leur étude. Nous devons avoir conscience de nos lacunes, de nos imperfections et surtout avoir l'honnêteté et le courage de nous amender et de nous améliorer en vue d'apporter le bien-être à notre peuple.

Il n'est pas pensable, encore moins admissible que le peuple guinéen soit obligé d'importer du riz, des fruits et des légumes pour satisfaire sa consommation ainsi que nous le faisons aujourd'hui : riz d'importation, légumes en conserves, fruits en boîtes sous forme de jus ou de tranches. Une bonne partie de nos disponibilités en devises est utilisée à cela dans une perspective qui n'apporte rien au développement de l'économie guinéenne. Les moyens utilisés pour l'importation de ces produits, s'ils l'étaient en équipement technique ou en de nouveaux moyens de production deviendraient au contraire des facteurs dynamiques qui permettraient de mieux satisfaire nos besoins. Toutes ces choses ont été déjà dénoncées à la dernière session du Conseil National de la Révolution comme à la Conférence interrégionale de Macenta ; nous ne les perdons pas de vue, ici, simplement afin que les possibilités à mettre en œuvre ne se limitent pas à celles qui existent mais s'élargissent à celles plus grandes que nous pourrons obtenir par la reconversion même des données économiques actuelles du pays. Puisqu'il s'agit ici du domaine agricole, nous affirmons que si la Guinée veut parvenir au sommet de son développement, elle est obligée de réanimer et de revitaliser l'agriculture et l'artisanat, l'élevage et la pêche. Ces secteurs contribueront à la marche ascendante qui permettra en même temps l'industrialisation complète de l'économie guinéenne. Jamais le pays ne pourra s'industrialiser si le peuple, dans les domaines de l'agriculture, de l'élevage, de la pêche ou de l'artisanat n'intensifie pas ses efforts de production. On n'arrête pas la vie, or nos besoins demeurent. Il nous faut continuer à les satisfaire et à les satisfaire mieux chaque jour ; pour cela il faut des possibilités nouvelles dont l'utilisation par l'importation des machines ou de l'équipement technique accélerera la transformation de notre économie. Il faut en conséquence produire davantage chaque année. Il faut que l'on revienne à la seule conception susceptible de revaloriser nos conditions de vie, de nous hisser au rang des pays modernes, de consolider les bases de notre dignité dans la qualité et la grandeur de l'apport que nous ferons à l'économie africaine moderne et à l'économie mondiale.

Aujourd'hui que nous sommes conscients de toutes ces responsabilités à assurer, nous devrons traduire cette volonté pour une meilleure qualification dans chacun des domaines de la vie de notre pays. Celui qui nous préoccupe en ce moment doit faire l'objet d'une étude sérieuse. Lorsque nous affirmons qu'il ne s'agit pas de trop simplifier le problème de la production, c'est parce que les données en sont à la fois politiques, économiques, financières, sociales et morales. Il suffit par exemple de décrèter qu'il n'est question que d'augmenter le prix des produits pour qu'aussitôt l'on perde de vue l'interdépendance des autres facteurs constitutifs d'une économie dynamique. Les prix certes, jouent un rôle important, mais non exclusif il en est d'eux comme du manoeuvre, de l'ouvrier, du commis, du douanier, de l'instituteur ou du professeur dont on croit qu'il produirait mieux et plus en décidant uniquement d'améliorer son traitement. Cela est exact dans une certaine mesure seulement. La production est liée à une infinité de conditions et il faut que chacune d'elles soit remplie pour que l'ensemble se traduise par un résultat quantitativement et qualitativement suffisant. Nous évoquons ces choses afin que vous vous pénétriez de nos responsabilités et d'une conception unitaire dans la recherche des meilleures solutions à apporter aux problèmes qui nous préoccupent. En tout état de cause, dans la production fruitière de la République de Guinée, la présente conférence de Kindia doit être considérée comme une étape décisive. Il est donc inutile de préciser aux délégués des sections, des fédérations ou des services administratifs comme aux représentants des planteurs et des coopératives, même s'ils sont de nationalité étrangère, qu'il s'agit d'une conférence de caractère national et de portée nationale. Que le responsable politique, en plus de son pantalon politique, endosse la veste économique et le chapeau administratif, tout comme devra le faire le producteur, jusqu'ici exclusivement préoccupé de ses problèmes particuliers.

EXTRAITS DU DISCOURS DE CLOTURE PRONONCE PAR LE PRESIDENT AHMED SEKOU TOURE A LA CONFERENCE DE FOULAYA LE 30 MAI 1964

J'ai fait ressortir les facteurs décisifs de l'émancipation du pays, mis l'accent sur l'indépendance et la qualité par laquelle elle confère au peuple l'exercice effectif de la souveraineté et à l'individu la garantie des libertés démocratiques et la participation à la vie nationale. J'ai aussi indiqué qu'après la phase politique, l'organisation des structures de l'économie et les pratiques économiques jouent un rôle considérable. C'est ainsi que depuis l'indépendance, le Parti et le Gouvernement se sont efforcés de suivre de près l'ensemble des problèmes économiques en essayant de leur donner des bases concrètes de même nature que notre régime même, à savoir : un caractère démocratique et populaire. On peut parcourir toute l'Afrique, on trouvera de nombreux Etats plus prospères que la Guinée, des villes d'aspect plus moderne que les villes guinéennes ; mais nous pouvons affirmer sans nous tromper que la qualité de l'indépendance guinéenne n'existe nulle part ailleurs en Afrique. Cette qualité ne s'est pas imposée d'elle-même, elle est le résultat d'une action courageuse, consciente et permanente qui a été menée par le Parti et qui a permis la transformation de l'ancienne Guinée en une Guinée nouvelle. Cette qualité se traduit actuellement par le prestige qui s'attache à notre pays sur le plan africain comme sur le plan international.

Nous pouvons dire que nous disposons donc d'un capital de confiance et exerçons une influence politique que nous ne devons pas sous-estimer mais que nous aurons toujours à coeur d'accroître et d'étandre, afin que l'entreprise historique de la Guinée stimule et engage les autres Etats africains dans la même voie que nous, dans la mesure où ils voudront jouir d'une indépendance pleine et entière au sein de toutes les nations du monde. Faisons en sorte que tous soient amenés à suivre le processus de l'évolution guinéenne. Aujourd'hui, sur le plan économique, nous connaissons une situation que nous pouvons améliorer et que nous devons améliorer pour pouvoir progresser. Il nous faut être honnête, honnête à l'égard de nous-mêmes, honnête à l'égard d'autrui. L'honnêteté n'est autre chose que l'expression du courage et de la conscience. Sans conscience et sans courage, aucun individu ne peut être honnête, l'honnêteté supposant chaque jour le choix du vrai contre le faux, de la justice contre l'injustice, du progrès contre la régression ou même contre la stagnation.

Cette honnêteté que nous devons observer implique un comportement digne à tous les niveaux, chez tous les Guinéens. Un tel comportement n'est possible qu'à la condition que les hommes sachent ce qu'ils veulent et ce qu'ils valent, qu'ils se convainquent que la nation dont chacun est une partie agissante, une partie déterminante est faite de la somme des qualités et des défauts de tous à inscrire nécessairement au bilan de l'évolution du pays concerné. Nous avons eu le courage jusqu'ici d'aborder nos problèmes de manière publique en ne cachant et n'omettant ni nos défauts, ni nos lacunes, encore moins nos insuffisances ; nous avons toujours eu le courage de ne rien travestir au peuple, pour l'instruire de tout ce qui concerne son avenir et l'engager chaque jour davantage dans la voie de son progrès, tout en précisant et en soulignant l'importance du rôle qu'il peut jouer et qu'il doit jouer dans la décolonisation et la réhabilitation de l'Afrique.

Nous ne devons pas perdre de vue les enseignements des périodes déjà vécues parce que nous avons en effet compris que le choix d'une ligne révolutionnaire entraîne nécessairement divers courants contradictoires, diverses réactions et que les couches sociales, les individus qui considèrent leur avenir compromis par l'instauration d'une ère de justice sociale et de démocratie cherchent et chercheront l'occasion leur permettant de porter atteinte au progrès de la Révolution. Ce phénomène universel nous a permis d'affirmer que la Révolution crée elle-même la contre-révolution. Aussi, d'autres enseignements nous indiquent-ils que la confiance n'est jamais acquise une fois pour toute, qu'elle est soumise à des fluctuations tout comme l'homme et la société. L'homme est appelé chaque jour à justifier son existence, chaque jour la confiance placée en lui par autrui doit être également justifiée car, quelles que soient les qualités dont il peut avoir fait état dans le passé, il lui est indispensable d'adapter son comportement aux exigences nouvelles créées par l'évolution historique. Dans cet ordre d'idées, nous pouvons dire que la Guinée a une chance immense, c'est d'avoir, au moment où il le fallait, choisi le chemin qu'il fallait ; aussi, a-t-elle été en mesure de résoudre un grand nombre de difficultés.

Nous devons donc comprendre qu'autour de nous il existe des complexes, des jalousies qui se traduisent en mesquineries et autres comportements en faits hostiles, même quand ils ne paraissent pas évidents. Tous ceux qui, de l'extérieur de l'Afrique, voudraient retarder son évolution normale ou celle des Africains considèrent en réalité la Guinée comme force de progrès africain qui doit être combattue et paralysée dans son développement et dans sa valeur d'exemple. Ne nous leurrons pas et convainquons-nous que l'impérialisme n'épargnera aucune manœuvre, aucun moyen, aucune possibilité de subversion pour freiner la Révolution Guinéenne. A l'intérieur de la nation, tout le monde n'est pas acquis à la démocratie, à la justice, à la liberté. Parmi les intellectuels, nombreux sont ceux qui ne sont pas reconvertis sincèrement bien qu'ils s'éfforcent de le faire croire.

Bien sûr, le langage révolutionnaire court comme de l'eau sur leurs lèvres.

L'approbation tapageuse de résolutions, toutes choses qui relèvent de la facilité se manifeste constamment dans leur attitude. Mais l'homme n'est pas que paroles ; la parole est sa création, il lui est donc supérieur.

L'homme se reconnaît plutôt dans ce qu'il fait et ce qu'il pense intérieurement. C'est pourquoi nous affirmons qu'il y a beaucoup d'intellectuels qui ne se considèrent vraiment pas comme des instruments de l'évolution du pays ; ils méritent d'être surveillés constamment ; sans cette surveillance, le travail pour lequel ils sont payés ne sera jamais bien fait. Il est des fonctionnaires qui trichent avec l'Etat et compromettent le progrès des populations, alors que notre évolution est liée à l'émancipation et au progrès économique de nos masses paysannes qui recèlent les seules forces morales qui ne peuvent aliéner l'avenir de la Guinée. Le peuple fait ce qu'il est de son devoir de faire, accorde une confiance entière à son Parti, à l'Etat et respecte la discipline nationale. Les défaillances que nous déplorons se situent toujours en dehors de la volonté populaire, vous le savez vous-mêmes. Elles sont plutôt imputables au fonctionnement de l'Etat. Je m'explique : c'est l'Etat qui est le plus souvent en cause à travers la mauvaise qualification et les insuffisances de ses représentants et agents.

Ainsi les C.M.R. ont été un échec, un échec de l'Etat alors que la même expérience a connu des succès dans beaucoup de pays. Le matériel technique et les moyens mis en œuvre eussent mieux servi s'ils avaient été mis entre les mains des cultivateurs. Les Compagnies Régionales de Transport ont également été un échec retentissant et les camions des parcs constitués alors seraient encore en circulation s'ils avaient été entre les mains de personnes qui s'en seraient considérées comme propriétaires. Les Comptoirs Régionaux, excellente initiative et parfaite création susceptible d'assurer un ravitaillement correct des populations, ont aussi été un échec qui fait la honte de l'Etat Guinéen. Je n'énumérerai pas tous nos déboires, ils sont nombreux. Mais nous n'avons pas le droit de nous cacher la vérité, car ces échecs, notre peuple ne les méritait pas et ne les mérite pas. Ils ont eu pour conséquence de diminuer le capital-confiance même lorsque les gens ne se l'avouent pas. Les agents de l'Etat n'ont pas été choisis pour saboter le patrimoine national mais bien plutôt pour le sauvegarder et le garantir. C'est pourquoi, l'Administration doit comprendre, au risque de trahir sa cause et de compromettre sa vocation et sa mission la nécessité de se transformer qualitativement. Et pour ce faire, il faut que les cadres administratifs à tous les échelons et niveaux se dotent des trois qualités suivantes :

1° — se sentir réellement engagés dans l'histoire qu'ils font, en tant que citoyens, pour faire déboucher celle-ci sur les profondes aspirations au bonheur qui animent notre peuple. Cet engagement est d'ordre politique puisqu'il est fondé sur l'adhésion intime de l'individu — responsable administratif, fonctionnaire ou agent — à la cause permanente du peuple.

2° — il faut aussi que sur le plan de la régularité, l'Administration respecte ses propres lois, sa propre règlementation, de sorte que tous les fonctionnaires, petits ou grands, cessent de les violer. Agir ou penser autrement revient en somme à nier l'existence de l'Etat et, en même temps, sa raison d'être.

3° — Le dernier comportement à observer est d'être sincère dans l'exécution des tâches confiées à chacun, en remplissant son temps de travail de manière utile sur la base de l'émulation professionnelle, sur le plan de la qualité et de l'importance de sa contribution au développement de la nation. Si ces trois conditions sont réunies, le problème que nous avons posé, celui de la rénovation de l'économie guinéenne trouvera sa solution heureuse. Une fois de plus, cette solution ne sera pas théorique, elle reste pratique et concrète. Les Guinéens doivent se rendre compte qu'aux chances de progrès peuvent se substituer les données de l'échec. Il existe un rapport proportionnel entre la chance et la malchance : si l'une mesure ou pèse plus que l'autre, l'équilibre se trouvera rompu de l'un ou l'autre côté. Plus un pays s'élève, mieux il aura rempli les conditions de son progrès ; s'il regresse et que son programme de développement échoue, plus vite il connaîtra la décadence, car la haute confiance que lui apportait le peuple sera perdue. Or une confiance perdue se regagne et se redonne difficilement. C'est dire que nous devons comprendre l'importance des échecs et éviter leur répétition. Ces échecs deviendraient une force mobilisatrice et positive si évidemment les leçons qui en sont tirées après une analyse honnête peuvent servir à amender, améliorer et bonifier les actions à venir. En conséquence, nous ne devrons plus nous contenter d'improvisations, mais nous prendrons très au sérieux les tâches, si minimes soient-elles, qui nous sont prescrites.

La Guinée a la chance d'entretenir des rapports de qualité avec toutes les nations du monde. Elle n'est alignée sur les positions d'aucune nation, c'est seulement sa conscience et la nécessité de sauvegarder ses intérêts qui lui dictent ses attitudes. Aussi, si nous voulons, comme nous le disons et proclamons, que tous les Etats Africains adoptent la même attitude de dignité et d'indépendance que nous, nous devrons savoir que nous n'avons pas le droit d'offrir le spectacle de l'inconséquence à ceux-là que nous voulons entraîner dans notre propre sillage. Nous ne nous comporterons pas à leur exemple si nous entendons demeurer à l'avant-garde. C'est pourquoi nous devons apprécier les répercussions et la portée de nos actes seulement sur le comportement des paysans africains.

Nous devons comprendre aussi que dans le domaine politique et social, nous avons créé les réalités dynamiques dont toutes les conséquences heureuses et engageantes sont malheureusement assez peu perçues par la plupart de nos responsables et cadres. Un exemple : la sécurité sociale qui a été instituée en Guinée ne pourra être maintenue et améliorée que si notre force de travail atteint le double du rendement qu'elle avait avant l'institution de la sécurité sociale. Dans le cas contraire, elle sera supprimée ; et nous en viendrons à cette suppression dans l'intérêt même du peuple que nous n'avons pas le droit de conduire à l'échec. Il faut aussi penser aux effets de la démocratisation de l'enseignement. Il était loisible à l'Etat Guinéen de maintenir l'ancienne structure de l'enseignement ainsi que sa cadence de formation de l'élite intellectuelle.

Mais dans ce cas, la fonctionnarisation aurait été l'élément découlant de la politique de scolarisation. L'on n'aurait formé que ceux dont l'Administration a besoin et tourné le dos à l'enseignement en tant qu'institution, aux bienfaits de laquelle aspire chaque homme de chaque peuple. Nous n'avons pas voulu en faire un instrument au seul service de l'Etat, chose que nous avons condamnée dès le début lorsque nous avons décidé d'élargir l'"infrastructure scolaire à tel point qu'aujourd'hui la Guinée compte deux cent mille élèves contre quarante mille il y a quelques années. Retenez bien que dans l'Etat guinéen, les agents des cadres administratifs sont d'un effectif total de douze mille personnes. Retenez également que dans la seule année 1964, il a été procédé au recrutement d'une promotion de soixante dix mille jeunes. Même en tenant compte des sélections s'opérant en cours de la scolarité et en tenant compte aussi du niveau des recrutements, l'on peut envisager grâce à ce taux de progression, qu'en mille neuf cent soixante neuf, nous aurons des milliers de jeunes qui passeront chaque année le baccalauréat.

Or les pleines capacités d'emploi de l'Etat à l'heure actuelle sont presque atteintes. Compte tenu des possibilités financières basées sur la fiscalité, l'on se trouverait en face d'un personnel pléthorique dans la plupart de nos services. Il y a donc nécessité d'élargir les capacités d'emploi de nos unités de production, fontionnaires compris, de manière à leur faire atteindre les meilleurs rendements, toutes choses qui supposent l'existence de moyens financiers accrus. Or vous n'ignorez pas que les Finances ne s'améliorent qu'avec les efforts fournis par la production.

C'est pourquoi le fait de placer le problème de la production au centre de nos préoccupations revient à faire la démonstration de notre engagement inconditionnel à servir la cause permanente de notre peuple. Il nous faut donc organiser le travail dans tous les secteurs et ne plus accepter l'anarchie, la paralysie, la paresse ; il nous faut appliquer correctement nos mots d'ordre de fermeté révolutionnaire, et plus nous aurons une situation élevée, plus la sanction qui constatera nos défaillances doit être forte. Si l'exemple est donné par les premiers responsables, il est certain que les agents d'exécution comprendront vraiment la qualité qui doit caractériser l'ère nouvelle.

Il faut donc organiser, rationaliser le travail pour combattre la routine, la facilité en créant les éléments constitutifs de la nation grâce à l'amélioration, l'élévation du niveau de la production et de la productivité. Un exemple à méditer est celui des chemins de Fer qui ont réussi, à travers la sollicitude de l'Etat. à réaliser d'importants investissements, mais dont le rendement, continuellement, ne fait que baisser. Les faibles taux de rendement ne sont pas nécessairement et exclusivement liés à la vétusté du matériel ainsi que le prétendent les cheminots, ils sont imputables aussi à l'inconscience professionnelle et même au sabotage.

Dans beaucoup de services, ces mêmes phénomènes négatifs existent. Il importe donc que l'on se ressaisisse ; que l'on comprenne que c'est le rendement effectif de l'homme, à la place qu'il occupe qui doit justifier la confiance placée en lui et son degré d'utilité à la cause de la révolution. Ce rendement s'appréciera par la somme de biens matériels que nous saurons apporter à notre peuple, pour son bonheur. Il nous faut évoluer rapidement. Il nous faut produire, produire davantage et sans cesse. Notre administration constitue déjà un lourd fardeau. Les générations nouvelles attendent tout de l'Etat. Tout ceux qui auront accès à un certain niveau culturel auront du mal à s'adapter au mode de vie actuel du village. Il faut donc que les progrès qu'on leur fait ambitionner par l'élévation de leurs pensées et l'élargissement de leurs capacités créatrices correspondent à de nouvelles réalités dans l'utilisation de leurs forces de travail. Dans cette perspective, le succès est possible, mais cette garantie à donner à notre jeunesse ne sera possible que lorsque les conditions économiques de la nation se seront améliorées.

Vous rendez-vous compte que proportionnellement, l'administration guinéenne utilise une main-d'œuvre plus nombreuse et plus de fonctionnaires que la République Fédérale d'Allemagne qui est l'un des pays les plus industrialisés du monde et dont une seule entreprise peut présenter un budget supérieur à celui de la Guinée ? Allons-nous continuer dans cette voie ingrate de la fonctionnarisation du peuple en tant que solution d'avenir ? Si on devait y répondre par l'affirmative, il faudrait créer des moyens financiers nouveaux qui ne sauraient être trouvés dans la fiscalité, car la fiscalité peut être une source de progrès comme une source d'asphyxie quand elle n'est pas en rapport avec les capacités contributives du citoyen. L'on ne peut dominer une telle situation qu'en recourant au seul moyen de la production rendue dynamique dans tous les secteurs d'activité. Les choses seraient tellement simples si chaque guinéen se disait : «cette année, il faut que la quantité d'aliments que je consomme puisse être compensée par la création d'une quantité d'aliments au moins équivalente et qui pourrait être commercialisée ».

La Guinée deviendrait instantanément heureuse et serait un pays prospère. Malheureusement, nombreux sont ceux qui pensent qu'en restant dans les bureaux ou en faisant du commerce l'on se rend également utile à la nation, sinon plus que le paysan qui produit lui les éléments économiques indispensables à la survie du pays. Nous disposons en ce moment d'une population scolaire de deux cent mille élèves qui vont être suivis chaque année par 70.000

ou. 90.000 nouveaux individus ; tous ces jeunes ne devraient pas ambitionner de devenir des ingénieurs ou des docteurs mais s'intégrer plutôt aux secteurs d'activité véritablement productifs. Sinon les sacrifices faits par la Guinée en leur faveur seraient vains. Les générations nouvelles doivent comprendre que les connaissances théoriques ne nourrissent pas un homme ou un pays.

C'est pourquoi la mystique du travail doit être une réalité à tous les niveaux, à l'école comme ailleurs, une mystique du travail pratique et productif. Le jeune qui grandit dans l'ambiance du travail et de l'effort sera certainement, à l'âge adulte, plus apte à assurer son existence que cet autre qui aura été coupé de la vie réelle du pays et n'aura vécu que dans l'imagination et le rêve ce que sera la situation qu'il envisage. Il y a lieu de dire la vérité aux populations et de les engager à produire plus et mieux.

Evidemment, aux échelons intermédiaires, notamment en matière de gestion des biens du pays, l'on devra respecter aussi les résultats des efforts fournis à la production pour en éviter le gaspillage. Aujourd'hui, toutes les exportations de la Guinée se chiffrent à 16 milliards de frcs par an pour 4 millions de personnes, soit 4.000 francs par personne. Qui croît pouvoir vivre avec 4.000 francs dans l'année et mener une vie décente ? Chaque Guinéen doit se persuader de la nécessité d'accroître la valeur et le volume des devises dont dispose la Guinée à l'Extérieur. Comprenons l'obligation de mettre fin aux gaspillages de devises, car s'il est bon d'importer des voitures, des frigidaires, des climatiseurs, toutes choses qui sont utiles mais non nécessaires, il est préférable encore de doter le pays en biens d'équipement.

Un pays en voie de développement ne peut se payer le luxe de posséder, comme c'est le cas présentement, plus de voitures de tourisme que de camions de transport pour nos produits.

Sur 16 à 18 engins roulant importés ou introduits depuis l'indépendance, moins du quart à peine est constitué en tracteurs ou en charrues, enfin en divers instruments de travail sur roues. Or, la voiture de tourisme qui est achetée aujourd'hui à 600.000 ou 1.000.000 de francs exige en trois années d'entretien des sorties de devises équivalent à son prix d'achat (pièces de rechange, essence, huile etc.) C'est dire que l'utilisation de nos disponibilités financières extérieures doit être aujourd'hui réadaptée, revue et envisagée comme un secteur essentiellement productif, dans la mesure où ces ressources doivent être mises au service des nécessités évolutives de la nation.

Pour réussir, il faut que tous s'astreignent à une stricte discipline économique.

La paresse consistait à acheter en dehors de la Guinée parce que cela coûtait moins cher. En se comportant de la sorte, on oubliait seulement de comprendre la valeur et la signification des éléments constitutifs du prix de revient et du prix de vente ; on cherchait ainsi à grandir les avantages commerciaux des pays voisins au détriment des échanges à l'intérieur du pays et à son profit. Cette incompréhension a conduit beaucoup de nos citoyens à se livrer à des pratiques préjudiciables à l'économie de la nation.

Il faut que ces déplorables habitudes cessent, que la discipline s'impose à tous, qu'elle devienne une force qui donnera la vitalité, à tout le moins l'assurance de réaliser ses ambitions. Nous avons élaboré un plan de développement économique aux grandes perpectives.

Il est courageux aussi parce qu'il entend s'attaquer à des problèmes ardus pour les résoudre de manière convenable. Nous avons vu, en effet, qu'il ne suffit pas de produire sur place des denrées agricoles, il faut savoir également les transformer en vue de les rendre propres à la consommation. Nous devrons parvenir à combler tous nos besoins par notre propre effort de production. Cela signifie qu'il faut non seulement maintenir le niveau de vie actuel du peuple, mais le faire progresser, en lui apportant tous les biens de consommation ainsi qu'en réalisant une plus-value sur salaires susceptible d'investissement et qui aiderait ainsi à la solution heureuse de la transformation sur place de nos matières premières et de nos produits. C'est dire que nous entendons, en progressant rapidement, fournir deux ou trois fois plus de travail qu'auparavant.

C'est dire qu'il importe que chacun ait à cœur de réaliser les objectifs définis lors de la session du C.N.R. à Guéckédou qui sont les seuls aptes à faire progresser la Guinée. Les normes qui y ont été prescrites, je vous demande de ne pas les considérer comme de vagues chiffres énoncés dans une résolution et dont les données seraient aussitôt oubliées du jour au lendemain. Il faut que chaque Gouverneur, que chaque Bureau Fédéral apprécie honnêtement les capacités actuelles de sa région comparativement aux normes qui ont été fixées afin de créer les conditions objectives et subjectives nécessaires à l'accomplissement des tâches prescrites aux uns et aux autres. Les Gouverneurs, les Bureaux fédéraux, chaque mois ou chaque trimestre se poseront la question de savoir si leur région avance dans la voie du progrès et du succès ou si elle piétine. Nul doute que ce contrôle périodique du tableau de marche économique permettra le redressement des erreurs et des lacunes qui existeraient. Nous vous prions donc de rechercher les meilleures méthodes d'un contrôle de vos activités afin que nous puissions faire la démonstration des transformations qualitatives intervenues dans notre comportement collectif et individuel. Nous vous engageons à considérer maintenant que la phase de l'indépendance s'apprécie et se consolide par la création d'une économie moderne, d'une économie prospère. Notre monnaie qui existe doit ainsi se renforcer. Elle l'aurait été si les trafiquants ne lui avaient pas porté un préjudice certain ; elle serait devenue l'élément décisif, la force d'entraînement qui aurait conduit la plupart des autres Etats africains à se doter d'une monnaie nationale indépendante.

Chacun doit pouvoir comprendre ce qu'est la monnaie et expliquer dans chaque secteur de production les données qui s'y rapportent ; par exemple, en posant la question à n'importe quel élève, à n'importe quel paysan, que l'on puisse connaître à tout moment les perspectives économiques des régions et de tout le pays. Chaque mois doit être considéré maintenant comme une étape à franchir et il faut que l'éducation politique et professionnelle permette à chaque citoyen de se rendre compte de ce qu'est la conjoncture économique.

Si cette forme d'éducation et son contenu sont pratiqués, nous élèverons en conséquence le niveau de compréhension économique de nos paysans eux-mêmes, de tous nos producteurs et les mobiliserons davantage parce qu'ils seront mieux conscients de ce que la Nation attend d'eux. Nous préconisons qu'une saine émulation s'instaure dans ce domaine. L'éducation économique, en tout cas, est d'un intérêt certain, car nombreuses sont les entreprises agricoles mises sur pied au cours de périodes où elles n'ont aucune chance de réussir qui de ce fait sont vite abandonnées. La pratique économique sera enseignée et étudiée dans chacun des secteurs, dans le comportement du producteur, dans celui du transporteur comme dans celui du consommateur, car le problème de la consommation ne devra pas être négligé. Il y a beaucoup de choses que nous consommons que nous ne devrions pas consommer et beaucoup de choses que nous devrions consommer que nous ne consommons pas.

Il est possible de modifier les habitudes et les attitudes dans le domaine de la consommation. Si également, l'aspect économique et politique des réalités actuelles était suffisamment expliqué en vue de cette reconversion qui s'adapterait donc au processus de transformation que nous avons choisi, nous aurions la certitude que chacun utilisera toutes les initiatives créatrices et aidera le Parti et l'Etat à assurer le succès du Plan septennal de développement. Les charges sont en avance sur nos possibilités, je ne dois pas vous le cacher. Si jamais la production n'atteint pas un rythme d'accélération souhaitable, eh bien ! le progrès deviendra une charge impossible à supporter.

Nous avons dit maintes fois que le succès ne s'obtient pas sans efforts et sans sacrifices. Savez-vous qu'aujourd'hui, dans la plupart des maternités, des hôpitaux, des dispensaires il n'y pas suffisamment de médicaments alors que pourtant nous en importons dans des proportions sans commune mesure avec le passé ? Aujourd'hui de même, on mettrait cent fois plus de chaussures à la disposition des consommateurs qu'elles ne suffiraient pas. Nos besoins se sont considérablement amplifiés. Celui qui. avec peu de chose, pouvait vivre hier fait état aujourd'hui de nouveaux besoins qu'il lui faut satisfaire, sous peine de compromettre son bien-être. Tout cela doit être expliqué aux populations : en 1957, avant l'indépendance, avec 4 milliards et demi ou 6 milliards en importation de marchandises, toutes les boutiques étaient pleines à craquer : aujourd'hui en important pour 20 milliards, ces mêmes marchandises font défaut. Les besoins se sont amplifiés de telle sorte que si les efforts de production ne sont pas soutenus à une cadence plus accélérée que celle de nos besoins la prospérité à laquelle nous aspirons restera utopique. Une fois de plus, nous n'insisterons jamais assez sur ce mot d'ordre de discipline économique nationale qui doit être observée à tous les niveaux. Nous avons déjà dit qu'il ne suffit pas, par des résolutions et des motions, de caractériser la révolution Guinéenne pour se dire et se croire engagé.

Tout cela est inutile. Des motions de confiance, nous aurons désormais à nous en méfier. Une seule réalité doit être présente en nous : notre comportement concret. Nous sommes aujourd'hui plus qu'avant comptables de nos actes. Nous voulons qu'ils s'améliorent et nous pouvons les améliorer. Telle est la vérité. Garder confiance en nos capacités, les utiliser rationnellement, entretenir et nourrir l'amour de la Patrie et s'en considérer comme un instrument, être conscient de l'importance de l'entreprise guinéenne sur le Plan africain et avoir à cœur de devenir un facteur d'accélération de l'histoire africaine, être engagé dans le sens de la réhabilitation de l'Afrique et se convaincre de la possibilité d'égaler les pays les plus enviés, les plus techniquement et scientifiquement développés, se mettre au travail, voilà les seules conditions pour réussir. En dehors de cela, l'indignité s'installera, la liberté disparaîtra. Cette liberté qui, à l'échelon où nous nous trouvons, s'identifie au pouvoir de satisfaire nos propres besoins. La liberté se mesure en capacité de réalisations. Si nous accroîssons nos moyens, nos capacités s'accroîtront de même. Celui qui ne possède que 10 francs ne peut en gérer plus. Mais cet autre qui dispose de milliards gèrera ses milliards. Ses capacités de gestion sont certainement plus grandes, ses responsabilités plus lourdes parce que le patrimoine qu'il gère est plus important.

Une fois de plus, le Bureau Politique National vous demande de ne pas laisser les résolutions et l'engagement pris à Guéckédou, à Macenta et à Kindia s'évanouir en fumée. Aujourd'hui, d'aucuns considèrent que la situation ne changera pas. Le Parti affirme lui qu'elle changera. Il faut que vous aidiez le Parti à la faire changer. C'est pourquoi, d'emblée, il vous faut accepter que l'individu échoue, que tous ceux qui se comporteraient comme des étrangers face à nos préoccupations dominantes actuelles soient combattus. Et puisque le Parti lui ne peut et ne doit pas échouer, il vous faut accepter que la fermeté révolutionnaire qui a été réclamée lors de nombreuses assises du Parti soit appliquée, car, sans elle, l'anarchie subsistera dans plusieurs secteurs. Nous demandons aux fédérations lorsqu'elles feront le compte-rendu public des travaux de Kindia de ne pas du tout négliger l'invitation que le Parti lance à chaque producteur pour l'engager à fournir le maximum d'efforts. A Guéckédou, nous avons décidé d'apprécier désormais, en vue de leur classement, les Fédérations et les Sections en fonction de leurs contributions au développement économique de la Nation, seul critère de l'engagement et de la fidélité de l'homme à l'égard de son peuple pour lequel il nourrit l'ambition unique de réaliser son bonheur. Notre souhait est que les conséquences de la Conférence de Kindia soient heureuses pour la Nation, heureuses pour l'Afrique, et nous gardons aussi l'espoir, plus que l'espoir, la certitude, qu'en sortant d'ici, vous deviendrez des militants nouveaux, des responsables nouveaux, conscients désormais de la somme d'erreurs commises et engagés non seulement à les réparer, mais à les reconvertir au bilan des nouvelles victoires du Parti, victoires qui permettront encore une mobilisation plus accrue des ressources physiques, matérielles, morales et spirituelles de notre peuple qui a l'ambition d'accroître chaque jour son degré d'utilité et d'efficacité pour lui-même, pour l'Afrique et pour le monde.

EXTRAITS DU DISCOURS PRONONCE PAR LE PRESIDENT AHMED SEKOU TOURE A L'OUVERTURE DE LA CONFERENCE ECONOMIQUE DE LABE LES 4 ET 5 JUIN 1964

Nous avons pensé que le problème de la bonne commercialisation du cheptel guinéen en vue d'assurer de manière correcte l'alimentation des populations revêt une importance qui ne doit échapper à aucun de nos responsables. L'on peut situer cette importance dans ses trois aspects :

1° — Le cheptel guinéen est une richesse qui doit servir au développement de l'économie guinéenne, et, par conséquent, à la consolidation de la monnaie nationale. Nous avons au cours d'une précédente réunion indiqué la différence entre un produit et une marchandise. En général, le produit est le résultat de l'activité sociale directement conçu dans le cadre d'une auto-consommation. Si vous voulez, le premier résultat de l'action économique productive apparaît lorsque le travail aboutit à la création de ce qui est nécessaire : soit des habits, soit des aliments, soit des logements et à la satisfaction des besoins immédiats en général.

Lorsqu'un produit subit une transformation par incorporation d'une valeur autre que celle de la main-d'œuvre, lorsqu'un produit passe en usine (l'usine ayant déjà une valeur marchande), en plus de la main-d'œuvre, un capital intervient dans la transformation opérée et, ce produit, sans même être usiné encore, acquiert à un premier stade une valeur marchande convertible en somme d'argent. C'est cette somme d'argent qui constitue sa valeur. Dès lors, le produit devient une richesse puisqu'il s'interprète désormais en termes d'argent. Le cheptel en Guinée a une importance considérable du point de vue de la valeur qu'il pourrait acquérir si on le traduit en termes d'argent. Mais aussi longtemps que la pratique courante ne voit en lui qu'un trésor inerte, une épargne qui n'entre pas dans le circuit commercial ou qui n'intervient que de temps en temps dans l'auto-consommation, le cheptel ne s'aurait être incorporé au revenu national puisqu'il ne subit aucune mutation. Il reste statique ; donc, si nous voulons transformer toutes nos richesses potentielles en richesses actives, il faut assurer la commercialisation de tous nos produits dont les produits animaux. Par conséquent, le cheptel doit être commercialisé de sorte que sa conversion en numéraire puisse accroître les activités économiques du peuple guinéen. Un cheptel non commercialisé peut être comparé à une mine d'or, de diamant ou un gisement de bauxite ou de fer non commercialisé, c'est-à-dire qui reste sans valeur pratique puisqu'il n'intervient pas dans la vie sociale. Sa seule valeur est potentielle. En Guinée, lorsqu'on dit que près d'un million et demi de bovins existent, il faut être certain que cette estimation est en-dessous de la réalité. Et en considérant le prix moyen des bovins, l'on peut en chiffrer la valeur à des dizaines de milliards qui malheureusement ne s'insèrent pas encore dans les activités économiques de la Nation puisqu'ils n'interviennent pas dans le circuit commercial dont l'intérêt précisement est de les valoriser. L'organisation du commerce du bétail est donc une nécessité qui ne doit plus échapper à la compréhension des cadres de notre Parti.

Le deuxième aspect de l'importance à accorder à la présente conférence intéresse l'amélioration même des conditions de vie de nos populations, notamment de celles qui pratiquent l'élévage, puisque le cheptel est sans valeur active pour la plupart de nos familles pastorales. Nous constatons, au sein de celles-ci, un état matériel très arriéré dans la plupart de nos régions pratiquant l'élévage. Comparativement, le producteur de banane, de palmistes qui, chaque année, valorise le résultat de ses activités arrive, à travers ses activités commerciales, par l'échange de ses produits devenus marchandises contre argent à améliorer chaque année de manière sensible ses conditions de vie et d'existence, à l'inverse de son concitoyen qui dispose d'un parc de bétail important, mais lequel pratiquement ne change rien à ses conditions de vie. Il en est ainsi au Fouta, en Haute-Guinée et dans la Forêt ces trois régions qui pratiquent généralement l'élévage, et c'est une erreur de considérer le Fouta comme la seule région de l'élévage. Nous avons même des taux de populations bovines plus élévés dans certaines régions de la Forêt que dans le Fouta. Ces trois régions, il faut le dire, n'arrivent pas à tirer le meilleur profit du cheptel dont elles disposent. Il y a lieu donc de reconvertir les vieilles mentalités qui consistent à maintenir cette forme d'épargne archaïque et économiquement dangereuse qui apparut nécessaire à un moment donné de l'évolution historique du pays (absence de banques et d'autres moyens de conservation des fortunes), mais qui, aujourd'hui, ne trouve aucune justification dans le cadre des intérêts actuels de nos populations et encore moins dans le cadre de la politique que nous pratiquons. Le développement rapide de l'économie guinéenne dont le problème de la commercialisation du bétail doit être pris au sérieux. Sans doute, direz-vous que la solution de ce dernier problème est des plus difficiles, pour des raisons diverses : difficulté de transport, de ravitaillement, etc. Malgré ces difficultés toutefois, l'on peut se rendre facilement compte du progrès qui a pu être réalisé et organisé dans les Régions où le taux de commercialisation du bétail s'est élevé, l'argent obtenu ayant été utilisé soit à l'habillement, soit à l'amélioration des conditions de vie des familles, soit même à la construction de nouvelles habitations. En supposant que cette expérience n'ait pas été du tout tentée, nous pourrions aujourd'hui nous rendre compte que ce progrès que nous trouvons certes minime reste cependant encourageant par rapport au passé. C'est là une situation qui évolue, une situation qui s'améliore. Nous apprécierons mieux l'importance de cette mutation grâce à ses heureuses incidences sur nos conditions de vie et, par conséquent, sur notre propre comportement, eu égard à notre avenir et à notre passé. Le cheptel devient marchandise lorsqu'il est commercialisé. Tout produit devient marchandise à son premier échange, et c'est la marchandise qui acquiert de la valeur alors que le produit n'en possède pas.

Quand le café est commercialisé, il est davantage valorisé par une transformation qualitative qui améliore sa valeur marchande. Il nous faut donc poser de manière politique ce problème, éduquer les populations dans ce sens. J'insisterai davantage sur l'éducation populaire, car l'éleveur est par excellence un homme qui répugne aux changements. Le paysan s'accroche à la tradition parce que, relevant de la catégorie sociale la plus soumise aux forces de la nature et aux calamités naturelles. Le peu d'expérience qu'il a pu accumuler pour s'assurer la maîtrise et la rentabilité de son activité représente pour lui la force ou la loi de la vie qu'il se refusera à abandonner aussi longtemps que la ou les nouvelles expériences qui lui sont proposées ne sont pas concluantes. Or l'éleveur est encore plus esclave de ses traditions que le simple paysan, parce qu'il est confronté non seulement aux mêmes forces de la nature, mais en plus, il est assujetti aux exigences de son troupeau. L'instinct animal, l'éleveur le subit, et si la nature dans son harmonie, dans ses manifestations périodiques peut se révéler dans ses lois assez immuables au point qu'on peut déceler les causes de ces manifestations et réussir même à en modifier le cycle, à les corriger, voire à les annuler, il est par contre plus difficile de contrôler les manifestations de l'instinct. L'instinct n'obéit à aucune loi, sinon à celle du moment, celle des circonstances.

Si celles-ci varient, le comportement de l'animal varie. Alors que l'homme subit à la fois la nature et l'instinct animal, on conviendra qu'il lui est extrêmement difficile de raisonner entièrement en fonction de sa seule existence. Il ne s'agit pas d'un trait guinéen lorsque l'on dit que l'éleveur est obtus, traditionnaliste, mais d'une constatation historique. et sociologique. Dans la vie des peuples, l'éleveur a toujours et partout le même comportement originel. Ce n'est donc pas là un fait guinéen mais une donnée universelle, puisque dans d'autres parties du monde, des régimes sociaux ont pu finalement modifier les mentalités des éleveurs pour les rendre plus dynamiques, plus accessibles et plus ouvertes aux lois du progrès, de l'effort en sorte que leur compréhension des néccessités vitales de l'homme, de la famille et de la nation s'est élargie. Il est ainsi possible qu'en Guinée, en commençant par un effort d'éducation populaire, il nous soit permis d'atteindre aux mêmes résultats. C'est ce que notre Parti doit se fixer comme but par la transformation des conditions de vie de l'éleveur, en lui inculquant une conscience qui refuse la médiocrité, qui l'incite en somme à améliorer concrètement ses conditions d'existence. L'éleveur, ce faisant, réagira aux besoins nouveaux si tant est qu'une loi universelle comme celle du travail obéit à une nécessité vitale, en tant qu'expression d'un manque à gagner ou d'une contradiction à surmonter par l'homme entre ce qu'il est dans le présent et ce qu'il aspire à devenir. Le travail donc, pour devenir loi, se fonde nécessairement sur la satisfaction des besoins. Lorsque l'éleveur en général nourrira les mêmes ambitions que les autres catégories sociales, au lieu de se considérer comme l'esclave de son bétail, sa vie sera transformée aux exigences de la vie contemporaine. Il ne se contentera plus d'admirer le nombre de ses boeufs ou de ses moutons, mais appréciera surtout la valeur active de sa fortune en vue de son utilisation à la satisfaction de ses propres besoins. Lorsque l'éleveur se trouvera dans de telles conditions il deviendra une force dynamique du pays. Une nouvelle nécessité s'imposera à lui : celle de l'amélioration constante de ses conditions de vie. Et alors le bétail, au lieu d'être une fin et l'éleveur le moyen de la préservation de celle-ci, deviendra le moyen qui concourt au mieux-être de l'homme, ce dernier considéré comme la fin véritable. De la sorte, les rapports anciens seront inversés. C'est cela que nous devons nous fixer pour objectif. Ce résultat ne peut être atteint par la grâce de règlementations administratives, mais par une éducation continue visant à l'élévation de la pensée et du niveau de compréhension. C'est seulement par l'éducation qui lui confèrera la conscience de son bonheur que l'éleveur se donnera à lui-même la faculté et la capacité de se déterminer face à son troupeau comme premier capital à faire valoriser par le second capital, animal celui-là.

Nous vous demandons que sous des formes très simples, c'est-à-dire adaptées au niveau actuel de compréhension des éleveurs, cette éducation soit entreprise. Une seule conférence n'y suffit pas. L'homme ne subit pas qu'une fois la loi de l'évolution, il est en perpétuel devenir. Ce qui est dit aujourd'hui peut ne pas être compris, de même que ce qui sera dit demain pourra n'être compris qu'à demi. Mais s'il est repris après-demain, il pourrait devenir entièrement intelligible et être assimilé, dès lors que la conviction est faite. Nous insistons donc sur le fait que l'éducation de nos éleveurs doit être organisée rationnellement et méthodiquement menée. Il ne s'agit pas de heurter la conscience ou l'esprit des éleveurs en leur disant que le Parti ayant décrété, il ne leur reste plus qu'à obéir. Ce serait là une mauvaise manière d'éduquer. On n'éduque pas en ayant recours à la contrainte ou à la force. La force n'éduque pas.

Si vraiment l'ensemble de nos cadres étudiaient de manière sérieuse ce problème au niveau de chaque région et arrivait à choisir des exemples concrets de la vie de tel ou de tel éleveur qui, ayant suivi nos conseils, a pu s'intégrer à notre Révolution, cette transformation des autres éleveurs serait facilitée par la vertu de l'exemple.

L'éducation ainsi entendue possède un contenu politique et social dynamique aussi bien qu'un contenu professionnel, car l'homme conscient qui apprend une chose cherchera toujours à en tirer meilleur profit. Lorsque la connaissance reste théorique et abstraite par contre, pour que l'homme puisse en tirer parti, il lui faudra nécessairement posséder en plus le savoir-faire qui objective cette connaissance, ce qui implique une formation professionnelle, pour lui, dans le cadre choisi, c'est-à-dire dans le cadre d'activités économiques. Et pour que l'éleveur ait un savoir-faire, ce savoir faire doit s'entendre sous trois aspects :

1° — assurer sa propre survie,

2° — s'intégrer et se lier intimement à la société dont il se considérera comme un élément constitutif.

3° — garantir la survie et la pérennité de l'avenir de cette société, cela suppose qu'il sache mieux entretenir son bétail en le nourrissant dans de meilleures conditions que celles du passé, en s'astreignant à une discipline sociale liée à celle de toute la Nation. Ainsi pourrons-nous assurer la promotion de nouveaux éleveurs pratiquant un élevage moderne. Il faut donc que tous ceux qui de près ou de loin sont liés au problème de la production : responsables politiques, administratifs, tous ceux qui veulent s'intéresser à ce problème se réunissent et l'étudient sous ses différents aspects et apportent aux éleveurs, par une forme d'éducation permanente, tous les enseignements nécessaires à une meilleure compréhension de leur vie, de la vie de leurs animaux et de celle de la Nation. Une erreur consiste à assimiler de manière absolue le cheptel aux autres produits : le petit veau qui vient de naître est un produit qui sera marchandise à travers l'échange, le manioc qui vient d'être récolté est un produit qui devient également marchandise après échange. Mais tous ces produits ne présentent pas cependant des conditions identiques et n'exigent pas de l'homme une même somme d'efforts ou d'énergie à dépenser. La différence qui existe entre le cheptel et les produits miniers ou les produits agricoles et industriels devra être connue. Le cheptel, pour le moment, exige un travail individuel et de moindre importance ; son développement requiert certes un temps long, mais ne nécessite en contre-partie qu'une dépense énergétique moyenne, alors que le produit agricole exige un temps réduit, mais des efforts plus intenses. Autrement dit, une plus grande force de travail est incorporée dans le produit agricole que dans le produit animal. Si l'homme ne cultive pas, jamais le manioc ne poussera de lui-même, pas plus que le riz, le fonio ou le caféier. Il faut donc qu'entre les deux extrêmes du processus de création et de transformation jusqu'à la consommation, le travail humain soit assuré, de manière continue, ce qui n'est pas le cas pour le développement du cheptel. L'erreur a consisté à dire : « pourquoi le Gouvernement soutiendrait par des moyens financiers importants chaque année la culture bananière, caféière, d'ananas ou de céréales et refuserait d'apporter au développement du cheptel la même aide, sinon une aide aussi importante ? » « Et ceux qui ont considéré le Fouta comme le bastion très difficile à entraîner par le Parti révolutionnaire ou, sur un plan raciste, voudraient se servir du Fouta comme la réserve pour leurs activités subversives réactionnaires, ceux-là continueraient toujours à dire : « on ne fait rien pour le Fouta, alors qu'on donne des millions à la Basse-Côte pour soutenir la banane et d'autres millions sont donnés aux Forestiers ; on veut même nous obliger à nourrir les autres ». Je crois que ce n'est pas en escamotant les problèmes que nous arriverons à combattre les courants subjectifs qui freinent notre action ; au contraire, il faut dénoncer publiquement les ennemis du Parti ainsi que leurs faux arguments. Notre mission est de servir les populations et leurs intérêts historiques. C'est là un problème politique qui implique la prise en considération du mot d'ordre de l'éducation continue du peuple, car, à un moment donné, les mêmes arguments fallacieux furent développés en Forêt.

On disait aux habitants de cette Région : « toutes les exportations de la Guinée reposent sur vous et vous êtes les moins pourvus ». Si l'on fait état aujourd'hui de transformations heureuses dans la vie des populations de la Forêt, c'est bien grâce au Parti qui a éliminé dans beaucoup de villages la pratique de l'alcoolisme, car de tout temps, on y a gagné beaucoup d'argent que l'on n'a jamais su utiliser rationnellement cependant. Aujourd'hui, les nouvelles pratiques instaurées par le Parti, grâce à son régime, ont permis une utilisation positive des sommes d'argent récoltées par les populations après leurs activités champêtres et converties en habitation plus modernes, en habillement décent, en nourriture plus suffisante, toutes choses qui font qu'aujourd'hui en Forêt, on apprécie la différence qui existe entre la vie présente et celle que connaissait le même village avant les progrès de la Révolution. Au Fouta, nous devons nous fixer le même but. Et même lorsqu'on affirme que le navetanat y est conforme à la tradition, cela est à la fois vrai et faux.

C'est vrai qu'il y a longtemps que le navetanat existe, mais il n'est pas un fait en soi, c'est plutôt la conséquence d'une situation économique défavorable. Mais lorsque les conditions de base sont modifiées, les faits se modifient d'eux même. Nous le savons, car l'histoire nous l'enseigne. C'est comme si les mêmes détracteurs ajoutaient : « vous pourrez réussir en dotant la Forêt, mais l'instabilité restera permanente en Basse-Côte ! » Ces ennemis de la Révolution ne sont jamais à court de propos séditieux. On disait beaucoup de choses qui étaient vraies à l'époque et qui ne le sont plus aujourd'hui. Pourquoi ? Parce que tout le monde a compris la ligne du Parti et tout le monde suit cette même ligne. C'est pourquoi nous devons être assurés du succès d'une éducation que nous devons entreprendre avec beaucoup de sérieux. Si l'on prétend que le Fouta est la Région la plus pauvre de la Guinée, cela est faux, cela signifie simplement que le Fouta n'a pas encore trouvé la dynamique économique qui doit lui apporter une stabilité permanente et lui assurer un développement continu. Le Fouta n'est pas une Région pauvre, vous le savez vous-mêmes, elle est certainement l'une des régions les plus favorisées de la Guinée, l'une des plus riches.

Hier même, des camarades discutaient de la nécessité d'y étendre la culture du maïs au détriment de celle du fonio, le maïs étant infiniment plus riche, de qualité plus rentable et de rapport plus certain. Beaucoup de pratiques pourraient y être diffusées dans le sens du développement agricole : les pommes de terre, les légumes, les céréales y viennent dans les meilleures conditions. L'on sait très bien que l'avenir industriel de la Guinée dépendra beaucoup de la mise en valeur du Fouta dont les caractéristiques sont aussi favorables que celles que présentent d'autres régions de la Guinée.

Il faut donc connaître ces perspectives, avoir foi en l'avenir de notre Nation considérée comme éternellement indivisible, dont l'unité et la cohésion iront chaque jour se renforçant et sur laquelle jamais plus ne prévaudront les considérations tribales ou régionalistes. Si chacun de nous acquiert cette conviction, alors nous mettrons en œuvre facilement tous les moyens de développement nécessaires à la promotion économique et sociale de la Guinée. Ce qui se fait intéresse au même dégré les citoyens de N'Zérékoré ou de Koundara tout comme ceux de Pita, de Faranah ou de Labé. Il nous faut savoir que si cette conviction fait défaut, le courage physique, politique ou moral devient inutile, d'autant plus que la conscience est la seule force qui transcende le temps et réalise la continuité des activités à travers les générations pour soutenir une cause juste. Ainsi donc, le problème du Fouta reste un problème politique. Il faut que tous nos cadres intègrent la Nation et fassent intégrer chaque portion de la Nation à la cause que nous défendons. Il faut qu'ils ne sous-estiment, par conséquent, aucun des problèmes qui se posent à la vie de notre Nation.

Le problème est politique parce que sa solution exige une transformation des vieilles coutumes, des vieilles pratiques ; le problème est encore politique parce que l'intérêt qui est à la base de nos activités doit être conçu à l'échelle nationale, de manière solidaire. Alors nous trouverons que les meilleures conditions se trouvent remplies pour apporter une solution au développement de chacune des régions de la Guinée. Prétendre donc que de ne pas valoriser le prix du bétail revient à souhaiter que le Fouta végète, est une manifestation de l'esprit démagogique et réactionnaire qu'il nous faut dénoncer avec vigueur. En voici une preuve : quand vous m'avez envoyé pour la première fois, le 2 Août 1953, au sein de l'Assemblée Territoriale, l'impôt, ici, ou plutôt la taxe était de l'ordre de 780 francs ; dans la Forêt elle était de 1.180 francs. A cette époque, quel était le prix du poulet à Labé ? En 1953 il ne dépassait pas 15 francs. et le prix d'un boeuf était de 4 à 5.000 francs.

Comparez les prix pratiqués à l'heure actuelle à ceux d'il y a dix ans et vous trouverez qu'ils ont été plus que décuplés. Le poulet vaut à Labé, aujourd'hui même, environ 400 francs alors que l'impôt, la taxe que l'on réclame n'a pas été multiplié par 10. La Révolution a posé, de manière dynamique, dans tous les secteurs de la vie de notre peuple, des objectifs à atteindre que nous sommes en train de réaliser. Au Fouta seul, actuellement, nous totalisons près de 90.000 jeunes dont l'avenir doit nous préoccuper. Et lorsque nous considérons l'enseignement secondaire dont l'effectif arrondi est de 20.000 élèves, cherchons la part qui revient au Fouta dans ce chiffre. Vous constaterez que la prise en considération de l'avenir de tous ces jeunes exige de nouveaux moyens à mettre en oeuvre dans des conditions nouvelles, elles aussi. Il nous faut modifier les réalités économiques anciennes si nous voulons garantir la stabilité dans nos familles, la cohésion de leurs membres et promouvoir une politique de croissance et de développement de la Nation. Il faut rendre dynamique l'évolution économique et considérer comme les premiers ennemis de l'Afrique et les plus grands ennemis du Fouta tous ceux qui se permettraient de dire que le cheptel est sans valeur ou le café sans avenir. Tout cela n'est pas vrai.

Alors pourquoi l'on continuerait de dire que tant qu'on augmentera pas le prix du bétail, les villes ne pourraient pas être convenablement ravitaillées ? C'est l'analyse des conditions objectives d'existence qui nous permettra de savoir pourquoi nous n'avons pas obtenu un grand succès dans la commercialisation du bétail. Tout à l'heure, nous évoquions l'aspect historique de ce problème, à savoir que l'éleveur est comme tous les paysans du monde très peu enclin aux changements, subissant plutôt l'influence de la nature et obéissant à l'instinct animal. Ce premier facteur négatif freinerait ainsi le développement du cheptel qui nous préoccupe.

Une autre réalité est que l'on ne travaille en Guinée qu'en vue de la satisfaction de besoins très réduits. Cela ne se constate pas au Fouta seulement, mais dans chacun de nos villages de Guinée. Lorsque l'on manquait d'argent autrefois, puisque personne n'en avait, on était fort obligé de vendre : moutons, chèvres, vaches pour payer les taxes et autres impôts et pour s'habiller. Mais lorsqu'on peut se procurer facilement cet argent, on ne se préoccupe plus de vendre ni moutons, ni vaches ; les termes de l'équation se sont inversés et les besoins sont devenus minimes par rapport aux possibilités qu'ont déjà les populations. Et comme nécessité est mère d'effort, si elle n'y oblige, l'effort ne saurait s'ensuivre. Pourtant, en 1954, à Labé, on connaissait des difficultés plus grandes qu'en 1964. Les populations, aujourd'hui après avoir vendu quelques kgs de fonio ou de pommes de terre ou de graines de néré ou quelques poulets à des prix d'or, en tirent suffisamment d'argent pour vivre tranquillement toute l'année, puisque leur ambition n'est pas de se construire une maison en dur, encore moins de se doter d'électricité et d'eau courante, d'acheter un lit pour chaque membre de son foyer ou de vêtir correctement les enfants. Les besoins étant fonction de l'époque on vend moins de produits qu'il n'en faut pour obtenir les moyens de satisfaire ces besoins. Voilà la vérité qu'il faut connaître et qu'il ne faut pas nous cacher ; il nous faut la dire pour que le paysan la connaisse. Ayons garde d'oublier que si par exemple l'on n'exportait pas du café, des palmistes, de la banane, l'importation des marchandises en Guinée, serait rendue impossible du fait que nous ne pourrions importer que la contre-valeur de ce que nous aurions déjà exporté. Le café, la banane, les palmistes qu'on exporte, même si on les payait deux fois plus cher aux producteurs, ne profitent pas à eux seuls, parce que les devises qu'ils rapportent ne servent pas à l'équipement, mais sont surtout converties en biens de consommation.

On ne peut pas dire ainsi que toutes les exportations ne profitent, au point de vue de leur contrepartie en devises, qu'à ceux qui ont créé ces biens exportables. C'est pour permettre d'accroître la production que l'Etat a été amené à surpayer la banane, alors que le café ne l'est pas. Lorsque la banane n'était pas surpayée, l'on prétendait que son prix, au coût mondial, permettait de rémunérer largement les planteurs. Malheureusement, à l'heure actuelle, le coût mondial a baissé. En exportant la banane surpayée au producteur, on ne fait pas plaisir à ce dernier, mais on cherche à augmenter la masse de devises que rapporte la banane et qui permet de doter de mieux en mieux le pays en marchandises.

Ce qui est extrêmement honteux pour nous, c'est de savoir qu'à Conakry, aujourd'hui, la viande coûte plus cher qu'à Dakar, Bamako, Abidjan, que dans toutes les autres capitales africaines ou qu'en Europe, au point qu'en 1962, il était permis d'importer de la viande des pays étrangers. Parler alors de surpayer ce qui l'est déjà, c'est vraiment se soucier peu de l'avenir de la Guinée ! C'est pourquoi, le problème n'est pas un problème de prix, il faut avoir le courage de le dire, c'est un problème d'éducation et de discipline ; d'éducation pour créer des besoins nouveaux et élargis, accroître les ambitions légitimes des éleveurs et de leurs familles. Comparez Labé aujourd'hui à ce qu'elle était en 1954 : pendant ces six années d'Indépendance, il s'y est construit beaucoup plus de maisons qu'il n'en a jamais existé auparavant. C'est la preuve que notre régime a su créer des ambitions légitimes à nos populations ; il faut donc poursuivre dans cette voie, pousser les gens à se fixer des nouveaux objectifs de bien-être et à les atteindre. Plus leur conscience se fera exigeante, plus ils aspireront à un mieux-être et plus leurs capacités de travail, leur volonté de travail seront accrues. Il nous faut donc pousser l'action dans ce sens. D'autres facteurs, certes, ont gêné, la bonne commercialisation du cheptel guinéen.

Dans les Arrondissements, les centres producteurs, il manquait des marchandises de compensation. Et l'éleveur qui est une personne très réaliste ne voulait pas garder l'argent pour le simple plaisir d'en avoir. Mais lorsqu'il sait qu'il peut s'acheter une voiture, une moto ou un lit ou des bassines pour sa famille ou encore des tôles, il est tenté immédiatement, de vendre son bétail pour obtenir ces choses qui lui manquent. Il faut également tenir compte des difficultés de transport. Je crois qu'à ce propos, l'éleveur n'est pas responsable, mais plutôt l'Etat lui-même, qui doit prendre en charge ce problème et lui apporter une solution. Il faut aussi reconnaître que les éleveurs ont un sens réaliste qui évidemment cherche à tirer parti de la conjoncture du marché. Pour eux, il est de bonnes périodes pour vendre et d'autres qui ne le sont pas. Les petits producteurs eux-mêmes savent apprécier l'opportunité du temps pour vendre plus cher, en hivernage par exemple.

Cela étant, il faut que l'Etat s'organise pour posséder les moyens d'achat et de conservation de la viande, de sorte qu'il n'y ait pas de rupture dans la consommation hivernale. Nous demanderons aux délégués, après que le Ministre de l'Economie Rurale aura lu son rapport introductif et au moment du débat, d'apporter toute la clarté nécessaire à la meilleure compréhension de ce problème. Que cette conférence s'inscrive donc comme celle de Macenta et comme celle de Foulaya dans les perspectives dynamiques de notre évolution, et que les décisions qui seront arrêtées comme méthodes d'éducation puissent offrir des possibilités nouvelles et certaines à notre peuple, et que leur utilisation confère à la Révolution Guinéenne une efficacité plus élevée et plus grande.

DISCOURS D'OUVERTURE PRONONCE PAR LE PRESIDENT AHMED SEKOU TOURE AU C.N.R. DE CONAKRY LE 14 SEPTEMBRE 1964

Camarades,

Le Conseil National de la Révolution réuni à Guéckédou du 16 au 20 avril, après avoir confirmé la justesse de la ligne politique suivie par notre Parti et réaffirmé les principes fondamentaux qui guident notre action, tirait les leçons de notre premier Plan de Développement Economique et Social avant d'indiquer les lignes directrices ayant présidé à l'élaboration du Plan Septennal.

Bien que cette importante Session du Conseil National de la Révolution ait abordé l'ensemble des problèmes politiques économiques, sociaux et culturels de la Nation, les préocupations essentielles de cette Assemblée portèrent sur le programme du développement économique, et, par conséquent, sur celui de la production qui, en termes concrets, est l'instrument de tout développement.

En effet, s'il fallait résumer dans une formule lapidaire les rapports existants entre la production et les différents aspects du développement, l'on pourrait dire qu'à la base de tout développement économique, financier, social ou culturel il y a, avant tout, l'obligation d'accroître la production.

Dans un régime qui exclut tout rapport d'exploitation d'un groupe par un autre et qui tend à la liquidation définitive des injustices sociales héritées de l'histoire, l'épanouissement de la personnalité humaine du peuple est étroitement fonction du développement social de la nation et ne peut s'obtenir que par un développement économique, luimême conditionné par l'importance du développement de la production ou, si l'on préfère, par le taux d'accroissement de l'ensemble des biens produits (biens de consommation, biens d'équipement) . . . .

C'est qu'en effet une production accrue se traduit par le développement économique, que le développement économique se traduit par le développement social, que le développement social se traduit par le développement culturel et, qu'enfin, le développement culturel aboutit à l'épanouissement de la personne humaine.

Ce processus qui vise exclusivement au bonheur de l'homme et du peuple à travers leurs intérêts les plus permanents pose, en priorité, le problème de la production en tant que moyen concret et instrument utilisé à réaliser les objectifs vers lesquels tendent les efforts de notre Parti, ceux de notre Gouvernement et du Peuple de Guinée. . . .

Dans l'état actuel de nos moyens, l'augmentation de la production exige une véritable mobilisation populaire qui doit être assurée et assumée, maintenue et développée grâce à une prise de conscience toujours plus aiguë des différents problèmes qui conditionnent notre développement économique.

Aussi, la Session du Conseil National de la Révolution tenue à Guéckédou au mois d'avril mettait-elle l'accent sur la nécessité de fonder l'appréciation du militant du P.D.G. sur son apport positif et concret au développement économique, inaugurant ainsi une nouvelle qualification du Peuple Guinéen : celle de ses capacités de réalisation concrètes et positives.

Soucieux de faire entrer sans tarder, dans les faits, les importantes résolutions des assises de Guéckédou, le Bureau Politique National réunissait :

— à Macenta les 15 et 16 mai, une Conférence Economique consacrée aux problèmes du café et des palmistes ;

— à Foulaya les 29 et 30 mai, une Conférence Economique concernant les problèmes de la banane et de l'ananas ;

— à Labé les 4 et 5 juin, une Conférence Economique qui s'est préoccupée des problèmes de l'élevage ;

— et à Kankan les 15 et 16 août, une Conférence qui a eu à connaître des problèmes de l'agriculture et de l'exploitation du diamant.

Aux participants des réunions de Macenta, Foulaya, Labé ou Kankan, une même constatation s'est imposée : la mobilisation économique, à l'idée de laquelle est acquise la grande majorité des militants du P.D.G., doit s'accompagner d'une vigilance accrue et, au besoin, de moyens répressifs renforcés pour qu'il soit définitivement mis un terme aux trafics frauduleux, à la contrebande et à la malhonnêteté.

En effet, chacune des Conférences précitées a fait ressortir un accroissement des exportations clandestines et conséquemment une réduction très importante de la masse légalement commercialisée de nos produits. Il importe donc que chaque responsable, chaque militant, devienne non seulement l'artisant résolu du développement économique, mais aussi, simultanément, le défenseur acharné de notre production.

La fraude, la spéculation, les pratiques malhonnêtes qui constituent des dangers graves pour l'économie et pour la monnaie de la Nation sont engendrées par l'insuffisance de la production des denrées. La répression à elle seule est donc inapte à prévenir définitivement et à combattre les dangereuses défaillances morales qu'accuse encore la réalité guinéenne ; elle doit s'accompagner d'un effort organisé et constant vers la prospérité.

Lorsque nous avons affirmé que l'ère des slogans était close et que s'ouvrait maintenant celle des réalisations matérielles, la Direction du P.D.G. n'a pas manqué d'attirer l'attention de tous les responsables et militants sur la nature des nombreuses difficulés nouvelles et la qualité des efforts qu'il leur faudrait engager et des sacrifices auxquels il leur faudrait consentir.

Or, force nous est de constater qu'une psychose de facilité et d'inconscience s'est peu à peu installée dans nos villes et dans nos campagnes. Au lieu d'être utilisées au profit de l'accroissement de la production, les nombreuses possibilités et facilités qui ont été consenties par le Parti et le Gouvernement aux différents secteurs productifs n'ont servi, dans la plupart des cas, qu'à favoriser le développement d'activités parasitaires et à porter le niveau de la consommation bien au-dessus de nos capacités de production et, à fortiori, de notre production réelle. Le paradoxe est, qu'en effet, les mots d'ordre de mobilisation économique se sont traduits dans les faits, non seulement par une stagnation et, dans les cas extrêmes, par une régression de la production, mais aussi par une augmentation constante de la consommation.

Aussi légitimes que soient nos besoins, aussi justes que soient nos aspirations à une vie matérielle meilleure, nous ne pourrons satisfaire librement ni les uns ni les autres si nous n'avons, au prélable, remédié aux causes de notre pauvreté matérielle et au retard technique de notre pays.

Ainsi, vouloir manger deux fois plus requiert, au préalable, la volonté de produire deux fois plus. Vouloir être mieux logé c'est, avant tout, être disposé à faire l'effort nécessaire pour édifier une cimenterie, une briqueterie, une usine de meubles, etc. Vouloir être mieux soigné signifie d'abord : créer les conditions matérielles permettant de multiplier le nombre des centres hospitaliers, celui des médécins, des sages-femmes, des laborantins, des infirmiers, des garçons de salle et également de doubler, voire de tripler l'importation de médicaments, d'appareils chirurgicaux, etc. Vouloir être mieux instruit c'est, avant tout, avoir la volonté d'édifier des lycées et des collèges, des instituts et des facultés, celle aussi de former des enseignants afin de scolariser les jeunes et d'alphabétiser les adultes.

Soucieux de combattre l'arriération sociale dans laquelle la domination coloniale avait maintenu notre peuple, le Parti Démocratique de Guinée et le Gouvernement ont, dès l'indépendance, exploité au maximum les moyens et les possibilités de la Nation afin de relever les conditions sociales du peuple : le taux de la scolarisation est passé, en 5 années, de 11 à 55% ; dans le domaine de la Santé, nos capacités hospitalières ont été décuplées ; les Arts et la Culture connaissent un essor qui fait de la Guinée l'un des plus authentiques interprètes du génie africain ; un régime révolutionnaire d'assurances et de sécurité est établi ; l'Administration, la Justice, l'Armée ont été restructurées et reconverties et sont devenues des instruments sociaux au service du Peuple, etc.

Ce bilan social est parfaitement connu, mais ce que l'on semble généralement ignorer, c'est que, dans le même temps, d'importantes insuffisances et de dangereuses carences affectaient le secteur productif. Nous demandons à chacun de méditer les quelques chiffres suivants, sans perdre de vue bien sûr la qualité des réalisations sociales qui s'accomplissaient pendant la même période, mais aussi sans oublier l'importance de l'aide apportée par les Pouvoirs Publics au Secteur Agricole. La production de café est tombée de 11.500 tonnes en 1958 à 7.000 tonnes en 1963, celle des bananes de 81.500 tonnes en 1958 à 50.000 tonnes en 1963. Les mêmes constatations valent pour l'essence d'orange, le miel, la cire, etc. Voilà la réalité telle qu'elle se présente à nos yeux. Ainsi, à une révolution sociale audacieuse et utile correspond malheureusement une dangereuse régression de la production. Tout en consommant davantage, la Guinée produit moins. Il est vrai que le trafic frauduleux y prospère puisque des pays voisins atteignent des ventes record de café et de palmistes que ne leur permet pas leur propre production. C'est en tenant compte de ces différents facteurs que doit s'opérer la mobilisation économique : efforts de production effectifs et non plus seulement intentionnels, défense vigoureuse de la production.

Les différentes Conférences de Macenta, de Foulaya, de Labé, de Kankan, consacrées aux problèmes économiques ont établi des normes à honorer pour chaque produit et pour chaque Région; c'est d'après ces normes que la Direction du Parti appréciera désormais les résultats concrets obtenus dans les Fédérations. Il est donc maintenant inutile d'envoyer au Bureau Politique National des motions de confiance et de fidélité. Ce que la Direction du Parti attend désormais des Fédérations et des Régions, ce sont des bulletins de victoire dans la bataille de la production, le chiffre des tonnages commercialisés, le taux des accroissements constatés d'une année à l'autre. Jusqu'à présent, la plupart des responsables nous présentaient des rapports d'activité prometteurs. Ce genre de rapport n'est plus de mise, car la valeur militante sera jugée maintenant selon les capacités créatrices, non pas potentielles, mais effectivement prouvées. A l'avenir, il faut que chaque Fédération, chaque Région, chaque Arrondissement ait, affichés au mur de ses bureaux, les graphiques de production, lesquels prendront l'année 1963 comme base de départ et s'étendront sur la durée du Plan Septennal, avec le rappel des normes établies au cours des Conférences économiques spéciales qui ont suivi les assises du Conseil National de la Révolution à Guéckédou. Ce sont ces graphiques que les délégations d'Inspection du Bureau Politique National étudieront à l'avenir avant toute autre chose. Ce sont eux qui devront également être à l'honneur dans les Permanences, dans les salles de Conférence, dans les Congrès.

Désormais, toute manifestation de l'esprit militant sera d'abord un acte concret de mobilisation économique. Il reviendra aux Fédérations et Sections de décider, en fonction de leurs réalités particulières, des tâches pratiques qui donneront l'impulsion à la mobilisation économique des populations.

Au cours des Conférences économiques spéciales qui ont suivi la réunion du Conseil National de la Révolution à Guéckédou, nous avons eu également à stigmatiser l'attitude négative de certains producteurs ou pseudo-producteurs qui ont utilisé les prêts destinés à la production qui leur avaient été consentis à des fins étrangères à la production : construction de villas, achat de véhicules, ouverture d'un fonds de commerce quand il ne s'agissait pas plus simplement de prendre une seconde, une troisième, voire une quatrième épouse. C'est pourquoi, dorénavant, le Parti et le Gouvernement sanctionneront avec la plus grande sévérité tous ceux qui consciemment ou non sapent de la sorte les fondements et bradent la production nationale.

Qu'il s'agisse de l'emploi frauduleux de fonds prêtés, des exportations clandestines, des complicités malhonnêtes qui favorisent le détournement des produits des circuits commerciaux normaux ou qu'il s'agisse de tout autre acte de malversation, leurs auteurs seront passibles de peines sévères pour crimes économiques dirigés contre les intérêts du peuple laborieux. Ce sont, pour l'essentiel, ces pratiques indignes, des actes répréhensibles et réprouvés qui ont répandu le goût de la facilité et l'incivisme et qui ont découragé les paysans, les travailleurs et les commerçants honnêtes et consciencieux.

En s'en tenant à la seule analyse des faits, on est amené à conclure que les mesures de libération décidées dans le domaine commercial se traduisent par un échec qui, par suite de l'expansion scandaleuse des trafics frauduleux, pèse lourdement sur le marché des biens de consommation courante destinés aux populations.

Il suffit de jeter un regard sur les différentes opérations inscrites au Plan Septennal pour se rendre compte que la République de Guinée est appelée à devenir un immense chantier. Etablissement d'un réseau routier moderne, implantation d'usines, réfection de la voie ferrée, édification de barrages hydro-électriques, ouverture de carrières, aménagements portuaires, etc., toutes activités qui préludent à l'essor dynamique de l'économie guinéenne, laquelle utilisera une main-d'œuvre salariée de plus en plus nombreuse et de plus en plus spécialisée. Une importante reconversion des forces de travail va donc se produire ; il est à craindre qu'elle entraîne un déséquilibre dans notre agriculture. Pour remédier aux conséquences négatives de cette mutation dans l'emploi, il est indispensable d'organiser les structures internes des Services publics afin de les rendre plus efficaces et d'en accroître le rendement sans augmentation de personnel.

Les lignes directrices de l'organisation du paysannat ont déjà été tracées, exposées et souvent répétées : elles concernent essentiellement l'implantation des coopératives. Dans ce domaine, l'on s'est généralement heurté aux habitudes acquises de facilité, mais aussi à la soumission passive à la misère considérée comme une fatalité. Malgré des exemples exaltants, nos vieux paysans hésitent à rompre avec les vieilles méthodes dont ils sont les premières et malheureuses victimes. Il faut donc que non seulement le Parti intensifie son action d'éducation et d'assistance mais aussi que les autorités régionales entreprennent et réalisent la constitution de coopératives pilotes, de fermes modèles et d'entreprises agricoles communes. N'est-il pas vrai qu'un planteur sur quatre est un dilettante, qu'un éleveur sur quatre est un amateur ? Le paysannat ne pourra être revalorisé que par les paysans eux-mêmes en utilisant l'aide des Pouvoirs publics à la reconversion qualitative de leur profession. L'ambition de nos paysans doit viser à faire de leurs activités productrices un secteur hautement développé de l'économie nationale. C'est à cette seule condition que le sort du paysan n'aura rien à envier au sort de l'ouvrier qualifié ou de l'employé. La reconversion de nos paysans, de nos artisans, de nos pêcheurs, dans le sens de l'efficacité productrice, c'est la mise en valeur de nos riches possibilités agricoles et naturelles, la base de notre essor économique. Il faut que chacun se rende compte que dans ce domaine il n'est pas de voie de développement autre que celle d'une concentration des moyens.

C'est ici le lieu de se demander à quel destin seront condamnées nos masses paysannes si elles demeurent prisonnières de leurs pratiques archaïques alors que l'industrialisation du pays aura pour résultat de promouvoir une élite ouvrière et technique. Nous l'avons toujours affirmé, nous refusons d'assurer le développement du pays en sacrifiant l'une ou l'autre couche de la population. Mais faut-il que ceux qui sont concernés prennent conscience des nécessités actuelles et favorisent, par leur adhésion enthousiaste et leur participation active à l'oeuvre commune, leur propre promotion sociale. Ce sont surtout les jeunes ruraux qui doivent se porter à l'avant-garde du mouvement coopératif familial et villageois et démontrer ainsi concrètement que la misère paysanne résulte principalement de l'inorganisation du paysannat. Faut-il citer ici un exemple ? Bien que ruinée par la guerre, la France est devenue une des principales puissances économiques d'Europe. Elle a, certes, reconstruit ses usines, développé sa technique, mais ce que l'on ignore généralement, c'est que grâce à une reconversion profonde de son agriculture, elle est devenue le premier exportateur de céréales d'Europe. Les accords de vente qu'elle a conclus avec la Chine Populaire atteignent, à eux seuls, un volume plus important que celui de sa propre consommation. En réalité, cet exemple montre que le secteur agricole de la France constitue un soutien efficace à son expansion industrielle. Il en est de même aux Etats-Unis, aux

Pays-Bas avec l'élevage, en Suède et en Norvège avec l'exploitation des forêts.

Conscients de l'importance du secteur agricole dont le développement conditionne la réalisation de notre objectif majeur, l'industrialisation de notre pays, et mettant à profit les leçons tirées de la réalisation du Plan triennal, le P.D.G. et le Gouvernement se sont employés depuis le C.N.R. de Guéckédou à la création de toutes les conditions indispensables à l'exécution rapide des objectifs du Plan Septennal de développement économique et social.

Au cours des conférences économiques de Macenta, de Foulaya, de Labé et de Kankan, il a été fixé, pour chacune de nos régions administratives, les normes de production suivantes :

1⁰ **Cultures d'exportation :**

100.000 tonnes de banane
52.000 tonnes de palmiste
43.000 tonnes de café
20.000 tonnes d'ananas
35.000 tonnes d'arachide

2⁰ **Cultures vivrières :**

a) Accroissement supplémentaire de 46.500 tonnes dans la production de riz, tonnage correspondant approximativement à nos importations actuelles.

b) **Production de :**

2.200 tonnes de maïs
1.125 tonnes de mil
500 tonnes de pomme-de terre
450 tonnes d'igname.

3° **Cultures industrielles :**

13.250 tonnes de coton graine
3.400 tonnes de légumes et fruits
650 tonnes de tabac.

4° **Produits de cueillette :**

Caoutchouc	1.500 tonnes
Grain de néré	650 tonnes
Miel	525 tonnes
Cire	52 tonnes
Indigo	225 tonnes
Kani	80 tonnes
Sésame	25 tonnes
Beurre de karité	230 tonnes

5° enfin, commercialisation de 60.329 têtes de bétail destinées principalement au ravitaillement de la ville de Conakry.

La réalisation de ces objectifs de production ou de commercialisation exigera des organismes du Parti d'importants efforts de popularisation, de persuasion, d'éducation et, de la part des militants, la volonté de progrès et la volonté d'accroître la production dans le cadre de la mystique du travail.

Sur le plan national, plusieurs décisions des conférences économiques récemment tenues sont déjà entrées en application.

La circulaire n° 68/PRG en date du 29 août 1964 adressée aux Régions comporte une note technique sur la culture du café et du palmier à huile et indique le programme de création de 2 germoirs de palmier à huile à Kissidougou et à Macenta, en même temps que la modernisation de celui existant déjà à Yogoya, dans la région de Boffa.

Dans le cadre de la répartition des tâches, elle a désigné les responsables régionaux du programme du café et laissé aux autorités régionales le soin de désigner des responsables au niveau des arrondissements.

Un personnel supplémentaire est déjà affecté pour parer à l'insuffisance des cadres agricoles dans certaines régions, de manière à obtenir 1 conducteur ou 1 moniteur par arrondissement producteur de café (Kissidougou : 6, Guéckédou : 1, N'Zérékoré : 2, Yomou : 1, Kérouané : 2, Faranah : 1).

Un responsable national du programme sera prochainement désigné et résidera à Sérédou après avoir participé aux opérations de préparation des semences et à leur livraison aux régions intéressées à partir de N'Zérékoré.

Au titre du matériel de traitement de la production du café et des palmistes, le Ministère du Commerce a passé commande de 60 concasseurs de palmistes d'une capacité de traitement de 400 à 500 k/heure, de 20 concasseurs d'une capacité de 200 à 250 k/heure et de 15 motoconcasseurs d'une capacité de 800 k/heure.

En ce qui concerne la culture du tabac et du coton, le Ministère de l'Economie Rurale et de l'Artisanat a déjà entrepris des essais dans les conditions ci-après :

Tabac : Variétés Jazine, Bulgaria, et Kabkounk venant du Liban :

— 3.000 gr. à Kankan

— 1.000 gr. à Kouroussa.

Coton : A Kindia, Tolo et Siguiri : 6 kg des variétés : IL 58 et IL 62, UK 55 et UK 58 en provenance du Tanganyka.

A Beyla : 100 kg de la variété Allen 333 provenant de Bouaké.

A Siguiri : 9,50 kg des variétés Allen 333, HG 9, P 14, T 129, Stoneville 2 B et Reba 50 à raison de 2 kg pour chacune des 3 premières variétés et de 1,500 kg. pour la 4e. Ces variétés proviennent du Tchad.

A Koundara : 10 kg d'Allen en provenance du Sénégal.

Enfin 10 T en provenance du Mali ont été réparties entre Kouroussa, Siguiri, Kérouané, Macenta, Kissidougou et Kankan.

Du comportement de ces variétés et des rendements qui seront enregistrés dépendra le choix des variétés qui seront largement diffusées l'année prochaine.

C'est pourquoi il est recommandé aux responsables des régions de suivre de très près ces essais.

Pour la réalisation du programme de développement de la culture sèche du coton, 2 stagiaires guinéens se rendront prochainement à Bouaké (Côte d'Ivoire) et à Ségou (Mali) pour s'initier aux techniques de production.

Le Ministère du Développement Economique procède actuellement à des essais de la canne à sucre à Tankara et à Foulaya avec le concours de l'Economie Rurale pour la réalisation de 2.000 ha de plantation dans l'arrondissement de Madina-Oula.

La Conférence de la Banane, tenue à Foulaya

(Kindia) les 29 et 30 avril 1964, ayant décelé de nombreuses lacunes dans le secteur fruitier national, a recommandé, à l'intention du Gouvernement, une série de mesures importantes, afin de promouvoir dans ce secteur une action dynamique d'assainissement et de progrès dans l'intérêt du peuple.

Dans le cadre de ces recommandations, le Ministère de l'Economie Rurale et de l'Artisanat a procédé, après une étude approfondie de la question, à la refonte complète des structures de l'Office National de la Banane et des Fruits de Guinée et de celles des Groupements des Professionnels Guinéens sur des bases nouvelles conformes aux exigences de l'heure.

En premier lieu, un contrôle rigoureux effectué dans les plantations mêmes a permis d'éliminer des centaines d'individus qui s'arrogeaient le titre de planteur alors qu'ils ne disposaient pas d'exploitations viables, et qui continuaient à disputer aux vrais planteurs les avantages de la profession. Ceux qui restent sont désormais organisés dans cinq coopératives auxquelles s'ajoutent quatre coopératives de planteurs étrangers.

Les Conseils d'Administration des cinq coopératives de planteurs guinéens sont composés de 9 membres désignés non par voie de vote, mais sur la base des tonnages de fruits qu'ils ont exportés en 1963.

La durée de leur exercice est d'un an. La direction de ces coopératives est assurée par des cadres éprouvés de l'Economie Rurale sous le contrôle permanent de l'Office de la Banane.

L'Office et les Coopératives de planteurs tiennent des registres et des fiches individuelles qui permettent de suivre de près et de contrôler à tout moment les activités de tous les éléments exerçant la profession bananière.

Par décret n⁰ 306/PRG en date du 30/7/1964 le prix de la banane de 1ère catégorie (quai Conakry) destinée à l'exportation est fixé à 23,70 Fr. De plus, la fourniture gratuite des engrais et le traitement phytosanitaire des plantations par le Gouvernement constituent une aide d'une valeur inestimable dont les effets ne tarderont guère à se faire sentir.

Pour faciliter sa tâche, le Directeur Général est assisté d'une Commission de neuf membres désignés par les 9 Coopératives, en raison de leur connaissance approfondie de la profession. Cette Commission siège ordinairement une fois par mois. Elle étudie la courbe de la production afin de déceler les carences, établit les programmes d'approvisionnement, préconise des solutions aux divers problémes.

Grâce à l'assainissement opéré au niveau des planteurs et de l'Office, grâce au soutien agissant accordé par le Gouvernement, la production bananière qui était en nette régression connaîtra un substantiel accroissement au cours des années à venir.

En tout cas, nous sommes sûrs, compte tenu du nouveau rythme de production qui caractérise le secteur bananier, d'atteindre les cent mille tonnes (100.000) du Plan Septennal en 1969 au plus tard.

Les planteurs nourrissent actuellement l'ambition légitime de devenir une couche de travailleurs d'avant-garde au sein de notre paysannat.

Ayant mesuré à sa juste valeur l'importance que le Gouvernement attache à leur profession, ils se sont attelés au travail avec toutes leurs ressources physiques, morales et intellectuelles. C'est cela qui garantit d'ores et déjà les succès prochains que connaîtra le secteur fruitier national.

Dans la Fonction Publique également, une reconversion semblable doit être opérée. Lorsque l'on songe que notre effectif en fonctionnaires est supérieur à celui de bien des pays d'Europe, on est en droit de se demander si nous avons une conscience exacte de la gravité d'un tel état de chose. Il s'est établi dans certains départements ou services un fractionnement abusif des tâches les plus simples et les plus courantes et une dispersion des efforts qui n'ont d'autre résultat que de doubler, voire de tripler inutilement le personnel employé. C'est ainsi que dans un même Secrétariat on trouvera un commis préposé à l'enregistrement du courrier à l'arrivée, un autre préposé à l'enregistrement du courrier au départ, un autre encore chargé des télégrammes, etc.

Il faut que dans ce domaine nous parvenions à obtenir par une meilleurs formation, une discipline poussée, une promotion qualitative de nos agents pour un rendement collectif accru. Nous n'avons pas le droit de dilapider nos maigres ressources budgétaires dans une fonctionnarisation exagérée préjudiciable au développement social de la Nation. Pour poursuivre nos efforts dans ce sens, nous devons, dans les prochaines années, réduire de près d'un cinquième nos dépenses de fonctionnement, ce qui implique une réorganisation des services, une utilisation plus judicieuse des compétences et une véritable promotion professionnelle.

En réalité, la scolarisation de masse a pour objectif d'assurer la qualification de notre jeunesse par l'accroissement de ses capacités, afin d'élever son coefficient d'utilité et d'efficacité. Or, force nous est de constater que ce but a été manqué par la plupart de nos jeunes. Car ils sont nombreux ceux qui, après une scolarisation primaire normale, sont partis avec leur maigre bagage intellectuel, à la recherche d'un emploi hypothétique.

Une telle attitude atteste tout de suite un recul de l'homme par rapport à ce qu'il devrait être car, en réalité, le savoir n'est rien s'il ne devient l'auxiliaire du savoir-faire, en permettant aux hommes de satisfaire leurs besoins humains et sociaux, individuels et collectifs. Les conséquences de l'enseignement ont été telles, très souvent, que ceux qui étaient appelés à être plus utiles à eux-mêmes et à la société sont devenus, en fait, des oisifs, alors que ceux que nous considérons comme défavorisés se sont trouvés en parfaite liaison organique avec leur société. C'est donc que nous nous étions trompés. Au lieu d'apporter le bonheur à l'homme nous avons artificiellement multiplié ses besoins et faussé son jugement. Sans doute avons-nous donné l'instruction à une grande partie de notre jeunesse, mais nous avons négligé de l'éduquer.

Il apparaît ainsi plus que jamais nécessaire de faire comprendre aux militants et aux parents d'élèves que la scolarisation, loin d'être une garantie donnant droit à une situation administrative, a, en réalité, pour but, d'une part, de former les futurs cadres techniques et administratifs, d'autre part de faire bénéficier la grande masse de notre jeunesse d'une éducation et d'une formation générale de base grâce auxquelles son action dans le développement économique deviendra plus féconde que celle de ses aînés n'ayant pas été à l'école.

L'enseignement du 1er cycle, d'une durée de 5 ans a ainsi pour rôle, de former entre 7 et 12 ans, cette pépinière de jeunes destinés aux chantiers de production de demain. Notre rôle est de faire en sorte que cette jeunesse, issue d'un premier cycle qui ne l'aura pas déracinée, ne cherche plus à déserter le terroir, mais que, consciente des moyens nouveaux dont elle dispose, elle trouve plaisir à y demeurer pour travailler à sa transformation qualitative, donc à sa prospérité.

Les deux concours qui ont eu lieu dans les classes de 5e année et de 6e année avaient précisément pour but d'orienter les meilleurs élèves de ces deux années vers le 2e cycle ; les autres moins doués et arrivés en fin de cycle primaire devaient être réinstallés dans les différentes collectivités, en vue d'assurer les conditions de leur utilisation dans le secteur productif. Ainsi la 6e année (l'ancien cours moyen 2e année) cessera définitivement, à partir d'octobre 1964, de faire partie de l'enseignement primaire et sera incorporée dans le 2e cycle. Le concours qui a eu lieu cette année vise à liquider définitivement une situation ancienne et pernicieuse par une sélection. Sur 13.000 candidats présentés en fin de 6e, environ 4.000 pourront passer en 7e année ; 2.000 candidats choisis parmi les recalés les plus jeunes et les moins médiocres seront proposés au redoublement, bénéficiant ainsi d'une dernière chance. Les 7.000 élèves n'ayant pas satisfait aux épreuves de cette sélection seront remis à leur famille et les autorités politiques et administratives régionales auront le devoir de s'occuper de leur orientation vers la production.

De la sorte, la 5e année devient définitivement la classe terminale du 1er cycle. Cela revient à dire que c'est en 5e année désormais que sera institué le concours devant permettre l'accès au 2e cycle. C'est dans le but de mettre tout de suite en application cette disposition qu'un concours a sanctionné, au niveau des classes de 5e, le passage dans le 2e cycle.

Après les deux concours qui viennent d'avoir lieu au niveau du 1er cycle et qui contrôlaient le passage de 5e en 6e et de 6e en 7e années sur un totale de 28.000 candidats environ :

4.000 à 4.500 passeront en 7e année

5.500 à 6.000 passeront en 6e année

3.500 à 4.000 redoubleront la 5e année, et 14.000 à 15.000 jeunes gens resteront dans leurs villages après avoir reçu une éducation et une formation générale s'étendant sur 5 à 7 années. Il s'agit là, en fait, d'éléments sachant correctement lire, écrire, calculer et nantis d'un bagage élémentaire en sciences, en agriculture et en élevage notamment, en un mot, d'éléments suffisamment formés pour donner le coup de fouet nécessaire au développement rationnel de notre économie rurale à condition qu'ils y soient convenablement préparés.

La Fonction Publique, sursaturée, ne recrutera plus que dans la stricte limite de ses besoins ; par contre, notre pays dispose encore d'immenses étendues vierges et la terre demeure une importante richesse, prête à porter des fruits.

Un paysan avisé qui ne cultiverait, avec sa famille, que la seule tomate, peut se ménager un revenu annuel 40 fois supérieur à celui du manoeuvre des villes, même spécialisé ; si le paysan de la période coloniale a toujours vécu dans la misère, c'est parce que les moyens mécaniques de culture, les possibilités d'établissement de grandes exploitations et l'éducation lui étaient délibérément refusés par un régime qui avait intérêt à le maintenir dans un état d'indigence, donc de sujétion permanente. La nouvelle orientation va modifier fondamentalement ces données au point que désormais c'est le fonctionnaire qui enviera le sort du paysan.

Lorsque nous aurons opéré cette reconversion indispensable de notre économie et des mentalités de nos jeunes, alors nous pourrons crier victoire, car, nous aurons définitivement vaincu le vestige le plus vivace du colonialisme. L'éducation que dispense l'école guinéenne nouvelle a vocation d'y réussir.

Certes, le dernier Congrès des Enseignants tenu à Kankan en février dernier et la prise de conscience qui s'est manifestée à la suite des travaux sur la réforme de l'Enseignement ont constitué un tournant décisif qui a placé cet important secteur d'activité de la Nation dans la voie du succès. A l'actif du Syndicat des Enseignants, nous devons porter le sérieux avec lequel il s'est attaché au travail d'éducation, d'organisation et de contrôle effectif du comportement des Enseignants face à la réforme. De son côté, le Ministère de l'Education Nationale, a multiplé les rencontres entre les responsables du département, prodigué de nombreuses directives et d'utiles conseils et a suivi avec plus d'attention que par le passé le travail effectué par nos camarades enseignants.

C'est grâce à des efforts conscients et suivis que la nécessité de la réforme s'est imposée tant aux enseignants qu'à la grande majorité des élèves et des étudiants et que se sont établis des rapports directs et fraternels entre l'ensemble des enseignants et leurs syndicats ; de même il s'est créé entre le Ministère et le syndicat des enseignants une égale conscience de leurs responsabilités qui s'exprime à travers une étroite et fructueuse collaboration.

Ainsi, une notable amélioration des conditions psychologiques, politiques et morales nous autorise-t-elle à escompter, dans l'avenir, un meilleur rendement qualitatif dans l'enseignement, à condition, bien entendu, que nous élargissions constamment les perspectives de la réforme afin de la lier de plus en plus étroitement aux réalités de notre peuple, en permanente évolution.

Les visites que nous avons effectuées dans certains collèges et lycées nous ont permis de tirer quelques conclusions pour l'enseignement des 2e et 3e cycle. A Koundara, nous sommes demeurés près d'une heure et demie au Collège, à Gaoual au moins 2 heures, tout comme à Kindia : au Collège Technique, à l'Ecole Nationale d'Agriculture et au Lycée où nous sommes restés respectivement 3 heures et 2 heures et demie, après avoir pris soin de rassembler, là où cela était possible, l'ensemble des élèves des établissements visités.

Partout, nous avons fait un exposé sur la réforme de l'enseignement et indiqué comment nous entendions la réaliser. Nous avons plus particulièrement interrogé les élèves de 7e année pour apprécier leur degré d'assimilation. En règle générale, nous avons constaté que les élèves de cette classe réagissent bien, surtout si on les compare à ceux des classes de 8e et 9e. Pour ce contrôle, nous nous sommes servis de la méthode psychologique qui consiste à mettre les élèves dans une ambiance de confiance et de liberté, et nous leur avons tenu un langage très familier, parfois amusant.

La deuxième constatation que nous avons faite, c'est que les professeurs sortis de l'Ecole Normale Supérieure de Kankan paraîssent plus efficients que leurs collègues formés ailleurs. Enfin, dans le domaine de la géographie, en fait de connaissances sur la Guinée, nous avons constaté un vide impressionnant dont nous avons été effayés de mesurer l'ampleur. La plupart des élèves ignorent la géographie de leur propre centre. Ainsi, dans la Région de Kindia où se trouve Mambia, des lycéens n'ont pas su situer ce centre. A la question « de Kindia à Tougué, quel est l'itinéraire à suivre ? » les réponses données ont été les plus extravagantes. En 10e les élèves ont été incapables de nous donner la liste complète des Régions Administratives. A ce égard, il y a lieu de modifier fondamentalement les méthodes d'enseignement, car il est inadmissible qu'un élève du 2e Cycle et à fortiori du 3e Cycle ne connaisse pas par coeur la liste de nos Régions ou les villages importants qui se trouvent dans sa Région. Ensuite, en ce qui concerne l'enseignement des mathématiques, nous avons éprouvé une inquiétude semblable. En calcul mental d'abord. A Kindia, à l'Ecole Nationale d'Agriculture, lorsque nous avons posé la question : « 13 × 13 font combien ? » l'élève interrogé n'a pas su nous répondre. A notre grand étonnement, il nous a demandé si la connaissance de 13 × 13 était nécessaire dans l'Agriculture ! il importe de ne pas sous-estimer le calcul mental qui est à la base de la rapidité de la compréhension des problèmes mêmes de la vie. Les capacités de l'homme rompu au mécanisme du calcul mental s'expriment mieux tant dans la parole que dans l'organisation logique de cette parole. Couramment d'ailleurs, que ce soit dans un bureau, au marché, dans la boutique, au moment où l'on envoie quelqu'un en commission, on utilise le calcul mental. Il est inadmissible qu'un élève posant de manière correcte des équations et pouvant les résoudre ne puisse donner instantanément le résultat de la division de 24 par 3. C'est pourquoi il convient de donner au calcul mental la place qu'il mérite. La faculté de calculer rapidement s'impose dans la vie économique et dans la vie sociale. Le calcul mental doit donc être pratiqué et développé. Une autre constatation est qu'on semble abandonner l'arithmétique au profit de l'algèbre. Parfois il nous arrive de regretter l'ancien programme de l'E.P.S. qui avait un contenu polyvalent. L'enseignement moderne représente certes un progrès, mais il serait plus judicieux, qu'au premier cycle, l'on donne la priorité à des notions qui cultivent davantage l'esprit d'observation et lui confèrent une objectivité plus grande.

Dans le domaine de l'enseignement civique, un vide réellement inquétant se manifeste, révélé par l'attitude incorrecte des élèves. Nos jeunes camarades sont des enfants mal éduqués qui se tiennent n'importe comment et répondent « hein » « oui » ou « non » à Koundara comme à Dubréka. Nous avons été ulcérés par ce comportement, bien que nous n'ayons pas voulu le leur faire sentir, car leur attitude aurait pu être modifiée si leurs maîtres les aimaient plus et mieux.

Quant à l'enseignement politique, il n'est pas du tout donné. Les élèves ignorent ce qu'est un Conseil Général, ce que représente le Gouvernement ; à ce dernier on attribue les prérogatives du Bureau Fédéral, ou alors le Bureau Politique est confondu avec l'Assemblée Nationale. La structure du Parti, son fonctionnement sont encore moins connus.

Dans les sciences (physique, chimie ou biologie), les principes sont retenus par coeur, mais l'assimilation pratique laisse à désirer. Faut-il répondre à la question : « quelle est la composition de l'air, de l'eau ? » les élèves donnent des réponses exactes ; mais lorsqu'on leur demande d'en apporter la preuve, ils perdent pied aussitôt. C'est dire qu'ils ont appris les leçons, mais qu'ils ne les ont pas comprises. La faute ici semble incomber aux méthodes d'enseignement encore en pratique dans les villages, dans les régions, dans la Nation. Nous gardons de ces inspections l'impression d'un vide immense qu'il convient de combler au plus tôt.

Les conclusions que nous avons à tirer de ces leçons pour l'avenir de l'Ecole Guinéenne sont les suivantes :

1° Nous ne devons pas ignorer que l'effectif de 42:000 élèves en 1958 est passé à plus de 220.000 élèves en 1964 et qu'il y a eu un progrès considérable dans l'élargissement de l'infrastructure scolaire en Guinée. Deux cent mille élèves sur une population juvénible de 500.000 auront une influence réelle sur l'ensemble de la jeunesse, et les caractéristiques négatives de cette catégorie sociale se répercuteront, qu'on le veuille ou non, sur l'ensemble des jeunes. Or, pour son développement et sa survie, la Nation puisera ses forces neuves dans les rangs de sa jeunesse. En règle générale, la jeunesse scolaire est étrangère à notre peuple et à nos préoccupations. Ainsi, pour avoir vu quelques personnalités se déplacer en voiture ou en hélicoptère, les moyens de déplacement les plus naturels sont, pour elle, la voiture ou l'hélicoptère. Les élèves vivent ainsi dans de fausses réalités.

La leçon à tirer ne peut que nous inquiéter, quant au sort qui leur sera réservé si nous ne prenons pas des dispositions visant à les reconvertir, à leur donner une personnalité qui pourra être en harmonie avec les réalités de notre pays. La tendance à la fonctionnarisation est une tendance négative, absolument contaire aux données de l'avenir que nous voulons créer pour nous-mêmes et surtout pour les génération nouvelles.

Au cours d'une conférence réservée aux Inspecteurs de l'Enseignement et qui avait pour objet d'analyser la situation et de trouver les moyens de redressement qui s'imposaient, plusieurs dispositions ont été prises pour l'éducation des enseignants, l'intégration de l'élève à la vie, l'orientation des jeunes scolarisés, une coopération étroite entre les enseignants, les élèves et les familles, ces dernières étant devenues de plus en plus étrangères aux problèmes que pose l'éducation de leurs enfants.

Mais si nous constatons chez nos jeunes scolarisés une inadaptation grave à nos réalités, il y a chez certains étudiants qui poursuivent leurs études en France un divorce total entre la Nation et eux. Nous ne nous étendrons pas longuement sur ce problème dont les causes avaient déjà été analysées au cours du 2e Congrès de la J.R.D.A. ; les mesures envisagées depuis n'ont apporté aucune amélioration à la situation, si ce n'est des manifestations sporadiques de compréhension suivies presque aussitôt d'un comportement absolument contraire. Si nous avons pour habitude de faire confiance aux intentions exprimées, nous avons pour méthode de juger selon les actes et les faits. Il appert que la plupart de ces étudiants qui ont bénéficié pendant plusieurs années de l'aide de l'Etat désertent leur pays dès qu'ils sont munis d'un diplôme. S'ils ne se font pas recruter sur place, ils vont offrir leurs services à des entreprises privées d'autres Etats. Pour nous, l'investissement consenti par la Nation pour leur formation est de ce fait perdu. De plus, ces jeunes restent coupés de leur famille. N'en a-t-on pas vu qui refusaient, au cours de leurs vacances scolaires, de loger chez leurs parents ? De quelque côté que l'on se tourne, le résultat est négatif. Par ailleurs l'inconscience et la naïveté conduisent même certains d'entre eux à envisager des complots plus ou moins sérieux contre le Régime Démocratique et Populaire dont notre Parti a doté le pays.

De sorte que pour règler définitivement le problème des étudiants, les décisions suivantes seront mises en application pour la prochaine rentrée scolaire :

1° Du respect de l'engagement décennal.

Tout étudiant guinéen ayant bénéficié d'une bourse d'enseignement de quelque nature que ce soit, doit, à la fin de ses études, servir dans le Pays au moins pendant dix ans, soit dans le secteur public, soit dans le secteur privé.

Au cas où cet engagement décennal n'aura pas été respecté, l'étudiant concerné ou ses parents, le cas échéant, seront tenus de rembourser intégralement à l'Etat tous les frais d'études ayant contribué à la formation de l'élève.

2° Du régime d'études dans les Ecoles Nationales Professionnelles à l'intérieur de la Nation.

Pour les Ecoles Nationales Professionnelles suivantes :

— Ecoles Nationales de Santé

— Ecole Nationale de Secrétariat

— Ecole Nationale de l'Agriculture

— Ecole Nationale Technique de l'Industrie

— Ecole Nationale Professionnelle de Commerce et de Comptabilité.

Pour certaines autres en création, il sera institué deux modes de prise en charge des élèves :

a) l'Etat prend en charge intégralement ceux des élèves de ces écoles admis au concours d'entrée ou de passage.

b) A concurrence des places restées disponibles dans ces écoles, d'autres élèves pourront y être admis à la condition d'en avoir le niveau et d'être à la charge de leurs parents pour ce qui concerne les frais de scolarité.

3° Tout Guinéen ayant bénéficié pour quelque durée que ce soit de l'Enseignement primaire, secondaire, supérieur ou professionnel et qui à la fin de ses études, refuserait de se mettre au service de la Guinée, (service militaire ou civil) perdra immédiatement la nationalité Guinéenne.

4° A partir du 1er Janvier 1965, tous les diplômes délivrés à l'extérieur de la République à des ressortissants guinéens devront être validés à la suite d'un test subi devant une commission nationale composée de professeurs et de personnalités guinéennes ;

La nécessité du travail productif dans nos écoles.

Nous venons de signaler que la correcte application du programme de notre Parti dans le domaine de l'expansion de l'enseignement nous a conduits à passer de 42.000 élèves dans l'enseignement primaire en 1958 à plus de 220.000 aujourd'hui dans ce même enseignement. Ces résultats nous indiquent que nous aurons d'ici quelques années dans nos établissements du 1er Cycle plus de 400.000 élèves âgés de 7 à 12-13 ans.

Or, vous savez qu'à la campagne, les enfants, dès l'âge de 8 ans, apportent une contribution notable aux travaux des champs et à d'autres travaux productifs.

Quatre cent à cinq cent mille enfants âgés de 7 à 12 ans faisant leurs études dans les 1er cycle ajoutés à quelques 50.000 élèves des 2e et 3e cycles, c'est 25 à 30% de la main d'oeuvre agricole enlevée au paysannat.

Nous avons opté pour une politique de rapide croissance de notre économie.

L'enseignement et l'éducation que nous donnons à nos enfants constituent un moyen pour accélérer cette croissance économique, pour un épanouissement social toujours plus grand de nos populations.

La scolarisation, pour ne pas compromettre la qualité du développement du pays engagé dans la croissance économique ne peut mettre hors du circuit de la production 30% de la main d'oeuvre paysanne sans compromettre le rythme du développement économique, social et culturel.

Nous sommes placés devant les deux exigences suivantes :

— **Premièrement :** nous avons décidé de procéder à un rapide développement de notre économie ; et nous le ferons avec la résolution qui caractérise notre Révolution Nationale.

— **Deuxièmement :** nous avons décidé de dispenser un enseignement de masse qui soit en même temps de qualité ; et cela aussi, nous le ferons.

Ces deux exigences semblent contradictoires, il s'agit de les rendre complémentaires.

Désormais les élèves, par des activités productives parfaitement proportionnées à leur force, apporteront, dès leur séjour à l'école, une contribution effective à notre bataille économique.

L'application de cette décision pour ne pas compromettre la qualité de notre enseignement, requiert de la mesure et de la méthode.

Ainsi le temps consacré au travail productif ne devant pas réduire celui consacré aux études proprement dites, il devient nécessaire de réduire la période des grandes vacances scolaires de 3 mois à 2 mois dans les 1er et 2e cycles de l'enseignement où la présence d'un corps enseignant, bientôt uniquement guinéen, nous permet de le faire.

Mais le travail productif ne doit pas apparaître comme une corvée contrecarrant les études, il doit s'intégrer à l'enseignement, et c'est là une question de méthode.

Le travail productif agricole ou artisanal doit apparaître comme une application immédiate des connaissances scientifiques acquises ; il doit être mené d'une façon rationnelle et, de ce fait, le rendement de chaque élève dans ce travail productif doit être tout naturellement deux à trois fois supérieur à celui d'un enfant du même âge qui ne disposerait pas du même acquis scientifique et technique. D'autre part, la pédagogie des sciences doit s'en trouver complètement rénovée et améliorée ; les leçons des sciences de la nature partant des activités productives considérées comme travaux pratiques et y aboutissant, la compréhension des théories étudiées sera plus aisée et leur assimilation plus effective.

Même l'enseignement des sciences sociales peut et doit tirer un profit décisif du travail productif.

Pour les lettres (vocabulaire, orthographe, rédaction), l'univers scolaire de l'élève dépassant maintenant l'espace réduit de la salle de classe ou de la cour de récréation, la matière sera notablement enrichie et concrétisée.

A la formation civique et politique, le fait d'intégrer les élèves à la vie productive de la Nation donnera le support matériel et moral indispensable. Nos enfants cesseront de débiter des slogans pour parler de réalités vécues ; sans ce support matériel et moral, la formation politique et civique dans nos écoles ne serait que pure tricherie.

Voilà les nouvelles voies révolutionnaires que nous traçons à notre enseignement, à la vie scolaire. Ces voies, les enseignants doivent s'y engager sans délai, et les parents d'élèves doivent leur apporter leur aide sans réserve, si tant est que leur volonté de faire de nos jeunes des citoyens utiles, des hommes conscients et des producteurs capables est sincère.

Mais le travail productif scolaire appelle une organisation adéquate :

Chaque école du 1er Cycle constituera une véritable coopérative de production scolaire gérée par les élèves eux-mêmes, sous le contrôle des maîtres et sous la direction du directeur de l'école. Cette coopérative disposera de tous les organes de gestion requis. La production doit revenir entièrement à la collectivité scolaire, rendant ainsi possible la constitution de cantines scolaires, contribuant à l'équipement de l'école et, éventuellement, subvenant à d'autres frais d'études.

L'enfant élevé au sein d'une telle République d'enfants deviendra un citoyen, débarrassé de préjugés et de pratiques irrationnels, très tôt initié à la solidarité humaine et aux techniques de domination des forces de la nature.

Les maîtres qui auront le privilège d'inspirer cette oeuvre exaltante de formation de notre jeunesse et de la soutenir de leurs efforts pédagogiques porteront de meilleurs fruits.

Nous savons que les premiers pas dans la nouvelle voie sont difficiles : il s'agit pour les maîtres et pour les parents de rompre définitivement avec un système d'enseignement vétuste, mais auquel nous ne sommes déjà que trop habitués, pour adopter un système d'enseignement révolutionnaire.

Nous aurons une première victoire à remporter sur nous-mêmes.

Nous aurons d'abord à tuer en nous la prétendue antinomie entre travail intellectuel et travail manuel, et nous ne devrons plus oublier que c'est grâce à nos mains que notre intelligence s'est développée tout au long de l'histoire. Même le futur chercheur, c'est déjà dans une unité de production scolaire qu'il aura eu l'occasion, enfant, d'aiguiser son esprit d'observation et sa sagacité.

Cette première initiation, loin de nuire à sa carrière future, lui fournira des armes meilleures.

De quelque façon que l'on considère les choses, le travail productif dans nos écoles constitue la meilleure pédagogie pour la formation complète de nos enfants. C'est ce que nous appelons la pédagogie nouvelle, celle qui liera le maître à l'élève et les deux à la vie du village, de la région, de la nation et de l'humanité.

L'habitude, dit-on, est une seconde nature et rien n'est plus tenace qu'elle. Seule une volonté résolue constamment tendue vers le progrès social et soutenue par une haute conscience politique peut modifier les mauvaises habitudes et favoriser en conséquence la qualification humaine de l'homme.

Déjà, les faits nous donnent raison, car c'est le souci de lier l'école à la vie qui nous a conduit à créer l'Ecole Normale Supérieure Julius Nyéréré dont les premières promotions, en dépit de la période de démarrage, donnent entière satisfaction dans l'exercice de la profession enseignante. Les jeunes maîtres sortis de cet établissement, hautement conscients de leur part de responsabilité dans notre entreprise commune d'édification nationale, sont véritablement des cadres capables, convaincus et pénétrés de nos problèmes et de leurs exigences. Les futurs diplômés de l'Ecole Normale Supérieure Julius Niyéréré nous permettront bientôt de suffire à nos besoins en professeurs d'enseignement secondaire et, ce faisant, de nous passer de l'assistance technique étrangère dans les 2e et 3e cycles ; 278 jeunes Guinéens sont déjà sortis de cet établissement : 174 pour la première promotion 1963 et 104 pour la promotion 1964. Les objectifs qui lui sont assignés dans le cadre du Plan Septennal doivent porter cet effectif à 460 au terme de l'année universitaire 1971, soit 80 pour 1965, 60 pour 1966, 20 pour 1967, 60 pour 1968, 70 pour 1969, 80 pour 1970 et 90 pour 1971.

Nos efforts en vue du renforcement de l'infrastructure scolaire sont ainsi en constante progression et la décision prise en février 1964 d'ériger l'ancien Collège d'Enseignement Général de Kankan en Lycée Moderne Ben Bella et le Lycée Moderne Ho Chi Minh illustre éloquemment le souci du Parti et du Gouvernement de donner à notre jeunesse la meilleure instruction, la meilleure éducation, bref la meilleure formation.

La liaison de l'école avec la vie exige désormais que maîtres et élèves s'intègrent au travail productif. Leur apport et leur contribution permettront certainement d'opérer au sein des masses paysannes une révolution dans les méthodes de culture. Afin de mieux préparer le maître à cette nouvelle tâche, le Collège de Faranah sera transformé dès la rentrée prochaine en Centre agricole ; sa capacité sera accrue grâce à l'adjonction des locaux de l'ancienne école privée située dans le même secteur.

Les élèves qui seront appelés à constituer la première promotion du Centre agricole de Faranah seront recrutés dans la population scolaire de nos Ecoles Normales Primaires. Sur un effectif total de 560 élèves pour l'année 1963-64, 200 seront admis comme instituteurs-adjoints et les 300 autres seront orientés sur le centre de Faranah d'où, après 10 mois d'enseignement agricole, les plus méritants sortiront en qualité d'instituteurs-ruraux adjoints. A partir de 1965-1966 cet établissement subira une nouvelle transformation qui en fera une Ecole Normale Primaire avec des programmes complétés par l'introduction des disciplines agricoles et zootechniques qui seront étendues dès la rentrée 1964 aux autres institutions similaires. De la sorte tout enseignant primaire se doublera à l'avenir d'un instructeur agricole.

Nul doute que le P.D.G., moteur infatigable de la Révolution Guinéenne ne parvienne à substituer à nos habitudes négatives des vertus créatrices dont le dynamisme servira la cause du progrès démocratique et social de notre Peuple.

C'est donc avec la conviction qu'elles contribueront au succès de notre Révolution Nationale que nous soumettons les décisions proposées dans ce rapport à l'appréciation éclairée du Conseil National de la Révolution.

L'application de chacune de ces décisions constituera un pas en avant et exigera de nouvelles activités de la part de nos dirigeants et de nos militants pour faire de la Guinée un pays toujours plus fort, plus libre et plus prospère dans une Afrique indépendante et unie.

TRANSPORTS

Durant l'année 1963 et le premier semestre de l'année 1964, le fonctionnement de l'O.N.C.F.G. participe activement à l'évacuation des produits, au transport des fruits, des engrais, des boeufs pour le ravitaillement de la capitale, etc.

Le volume des transports qui était nettement insuffisant au début de l'année, est passé à la moyenne mensuelle de 7.000 tonnes.

Les perspectives d'augmentation du volume transportable sont certaines. L'O.N.C.F.G. a déjà acquis dans le cadre du Plan Septennal 240 km de voie, 80 wagons à marchandises et 15 voitures voyageurs. Cinquante kilomètres de voie déjà renouvelés, après bourrage mécanique par engins modernes, ont été ouverts à la circulation.

Grâce à l'effort financier du Gouvernement et au travail soutenu des cheminots, la voie ferrée sera, nous en sommes sûrs, entièrement renouvelée jusqu'à Mamou avant la fin de l'année 1966 et l'O.N.C.F.G. pourra apporter sa contribution au développement économique du pays.

LE COMMERCE

Depuis la Conférence de Macenta, une nette amélioration est enregistrée dans les conditions de commercialisation des produits d'exportation. L'on se souvient que d'octobre 1963 au 15 mai 1964 malgré toutes les facilités financières qui leur furent accordées par Guinexport, les commerçants privés n'avaient livré à cet organisme qui 2.500 tonnes de café, 4.200 tonnes de palmiste et 500 tonnes d'arrachide décortiquée seulement, par contre les fossoyeurs de notre économie exportaient frauduleusement des quantités énormes de ces produits par les frontières Sud et Est. Grâce aux mesures énergiques édictées par la conférence de Macenta, le volume des mêmes produits commercialisés est porté à 6.400 tonnes pour le café, 16.500 tonnes pour le palmiste et 1.300 tonnes pour l'arachide décortiquée.

Aussi pour assainir le circuit et les pratiques du commerce intérieur, le Ministère du Commerce a institué au niveau de chaque région administrative une commission de distribution des marchandises.

L'efficacité de cette réorganisation du commerce intérieur est évidente.

C'est ainsi qu'à compter du 1er octobre 1964, à l'échelon national, une Commission Nationale de répartition des articles d'importation sera créée auprès du Ministère du Commerce.

D'autre part, les crédits pour la commercialisation des produits d'exportation et les bilans de liquidation du C.G.C.I. et des Entreprises Régionales du Commerce ont fait ressortir plus de cinq milliards de francs de créances dues par un grand nombre de débiteurs, lesquels mettaient une mauvaise foi évidente et une lenteur calculée à se libérer de leurs dettes.

La même conférence économique de Macenta fut amenée à ordonner aux Magistrats du Service Judiciaire de procéder immédiatement au recouvrement de ces sommes par contrainte par corps sur tous les débiteurs retardataires, en les mettant en état d'arrestation et en vendant leurs biens jusqu'au recouvrement intégral des sommes dues.

Nous devons nous féliciter que grâce à cette action énergique et salutaire 3.900.000.000 de francs ont été recouvrés.

Sur les restes à recouvrer, 1.090.000.000 sont dûs par les Régions administratives et les Sociétés Nationales et 330.000.000 de francs par des particuliers actuellement en prison ou en fuite.

Des dispositions sont arrêtées pour le recouvrement intégral des sommes encore dûes.

Avant de conclure sur ce chapitre, nous devons signaler à l'intention du C.N.R. que tout crédit est actuellement interdit aux Entreprises d'Etat, ainsi qu'aux privés, toute cession de marchandise ou de biens de consommation devant désormais s'effectuer par payement comptant.

En effet, l'esprit de facilité et de lucre et la pratique de la gabegie ont jusqu'ici constitué un frein sérieux au développement harmonieux de nos services et de nos entreprises.

Il est temps que l'esprit de responsabilité et d'économie devienne le fil conducteur des activités du secteur public afin que les objectifs du plan de développement soient réalisés sans entrave aucune.

Le souci apporté par la direction du Parti à résoudre d'une manière juste et positive, les problèmes que posent la révolution économique ne peuvent nous faire négliger les problèmes politiques qui se posent en Afrique.

Si le Sixième Congrès affirme que le triomphe de notre révolution économique apportera une force de rayonnement accrue à la politique guinéenne, il n'en demeure pas moins que nous devons poursuivre notre action afin d'accélérer la réalisation, sur des bases plus saines, de l'Unité Africaine.

La réunion au sommet du Caire a magnifiquement montré la confiance politique qui est faite à la Guinée, puisque c'est en Guinée qu'a été choisi le Secrétaire Général de l'Organisation de l'Unité Africaine. Mais cette confiance, manifestée par la désignation de notre Camarade Diallo Telli, nous impose de ne rien faire, ne rien exprimer qui puisse porter préjudice à l'organisation elle-même. C'est désormais auprès d'elle que nous aurons à exprimer nos accords et nos désaccords sur ce qui se passe en Afrique, et plus particulièrement, dans les pays d'Afrique encore dominés d'une façon ou d'une autre par des puissances et des intérêts étrangers. Désormais, c'est devant l'ensemble des Nations signataires de la Charte d'Addis-Abéba que nous représenterons et défendrons les intérêts politiques de l'Afrique. Le Secrétariat de l'Organisation, pour donner à la politique africaine sa véritable dimension et sa personnalité réelle doit défendre moins la politique de la Guinée ou celle du Sénégal par exemple que celle que nous avons définie ensemble en tant que membres de l'O.U.A., lors de l'élaboration de la Charte d'Addis-Abéba. Cette politique qui a servi de fondement à l'Organisation a notre entière adhésion et nous ne souhaitons, pour l'instant, rien d'autre que sa stricte application.

Ceci ne veut pas dire pour autant que nous serons désormais indifférents à ce qui se passe autour de nous ; les camarades qui ont pu le penser connaissent mal le P.D.G. et ses méthodes de travail. Nous sommes au contraire extrêmement vigilants, car nous n'ignorons pas tous les dangers internes et externes qui menancent de freiner et de contrecarrer l'action de l'Organisation de l'Unité Africaine.

Mais puisque l'échec n'a pas dessillé les yeux de ceux qui tirent les ficelles de la politique congolaise, nous avons cru bon, lors de la rencontre de Monrovia qui réunissait les Chefs d'Etats du Libéria, de la Côte d'Ivoire, de la Guinée ainsi que le Premier Ministre de Sierra-Léone, d'alerter à nouveau l'O.U.A. et les Chef des Etats frères par un Communiqué Commun. Il faut se convaincre que sur ce problème, l'Afrique ne désarmera pas tant que le Congo ne sera pas restitué à lui-même.

Nous avons déjà indiqué notre attitude de pleine participation aux activités de l'O.U.A. en vue d'assurer la libération complète de notre Continent et l'unité d'action de ses peuples.

Le succès de la Conférence d'Addis-Abéba et de celle du Caire honore l'Afrique et ses nombreux amis. Ce succès a irrité bien sûr les forces néo-colonialistes qui ne renonceront jamais volontairement à l'exécution de leurs projets criminels dirigés contre l'émancipation politique, économique et culturelle de nos peuples.

Ces forces de division ont encore des moyens d'action en Afrique, voire des instruments qui parlent et agissent à leur place pour créer la diversion et provoquer la division entre nos Etats.

En réalité, la réunion de Monrovia à l'issue de laquelle fut publié un communiqué sur le Congo avait pour objet d'explorer les possibilités de créer entre les 4 Etats déjà nommés, une zone de libre échange.

A Monrovia nous avons défini une politique, établi un programme et fixé un calendrier des urgences. Ce projet qui peut favoriser la réalisation rapide d'un ensemble économique intégré emporte notre appui, ce qui ne veut pas dire que nous ne nous heurterons pas, dans sa mise en oeuvre, à de graves difficultés ; mais il ne fait aucun doute que notre volonté et notre loyauté communes permettront de les surmonter. En réalité, nous venons, à Monrovia, d'entr'ouvrir la porte d'un Marché Commun Africain et de poser la première pierre pour une économie Africaine libérée des sujétions de la domination étrangère. Cette option est, en tout point, conforme à la politique que nous avions déterminée au cours du Sixième Congrès. C'est également le lieu de rappeler que toute démarche, tout projet, toute suggestion qui viseraient à la réalistion d'industries intégrées, d'entreprises communes, voire de monnaie autonome commune sont à l'avance assurés de l'accord sans réserve de la République de Guinée.

Nous sommes particulièrement bien placés pour être les premiers à rechercher l'efficacité dans l'édification d'une économie autonome et indépendante de l'Afrique, car notre stade d'évolution nous impose d'aller délibérément de l'avant dans cette voie de totale liberté politique et culturelle, d'entière indépendance économique et financière et de promotion sociale rapide qui constituent les trois grandes lignes de forces de la politique du Parti Démocratique de Guinée.

Camarades,

Ce rapide compte-rendu n'appelle pas de conclusions ; les conclusions, nous les tirerons à l'issue de la session. Toutefois il m'apparaît utile de présenter un premier bilan national que le Bureau Politique National du P.D.G. entend honorer et qui inaugure l'ère des réalisations concrètes, en vous communiquant la liste des entreprises qui seront inaugurées au cours des fêtes de l'indépendance des 28 Septembre et 2 Octobre 1964.

1° L'Usine de meubles de Sonfonia d'une capacité annuelle de 63.000 pièces de menuiserie.

2° Le Complexe Tabac-Allumettes du km 22 d'une capacité de fabrication annuelle de 25 millions de paquets de cigarettes en tabac brun vendu sous la marque «Millo» et en tabac blond vendu sous la marque «Sily» et de 45 millions de boîtes d'allumettes vendues sous le nom de notre héroïne nationale «M'Balia».

3° L'Usine de maisons préfabriquées d'une capacité annuelle de 400 maisons.

4° L'Usine de carreaux de granit d'une capacité de production annuelle de 60.000 km² de carreaux.

5° L'Abattoir moderne de Conakry.

6° L'Hôtel Camayenne d'une capacité de 125 chambres.

7° L'Institut Polytechnique d'un effectif normal de 2.500 élèves répartis dans les 5 facultés suivantes:

— Génie civil et architecture ;

— Mines et Géologie ;

— Mécanique et électro-chimie ;

— Agronomie ;

— Sciences sociales et Sciences de la nature.

8° Le Stade moderne de Donka pouvant accueillir 25.000 spectateurs.

9° La Conserverie de Mamou déjà en fonctionnement et ayant une capacité annuelle de 5.000 tonnes de fruits, légumes et viandes.

10° La Scierie de N'Zérékoré d'une capacité de 26.000 m³ de bois de contreplaqués et placages.

Doté d'une profonde conscience révolutionnaire, animé d'une volonté résolument et totalement engagée dans la voie du progrès démocratique et populaire, décidé à accroître constamment sa contribution à l'émancipation humaine des peuples d'Afrique, le peuple de Guinée nous demande, Camarades du C.N.R., de tout mettre en oeuvre pour élever chaque jour davantage le coefficient de notre utilité sociale par l'augmentation du revenu national, grâce à la production et à la productivité, mots d'ordre essentiels de la Révolution Nationale.

DISCOURS DE CLOTURE, PRONONCE AU CONSEIL NATIONAL DE LA REVOLUTION PAR LE PRESIDENT AHMED SEKOU TOURE

Les travaux de la présente session du Conseil National de la Révolution arrivent à leur terme. Comme il vous a été donné de le constater durant 6 journées, ils ont été entièrement consacrés à l'étude des questions économiques qui préoccupent notre peuple et surtout au développement de l'action à mener pour résoudre, dans ce domaine, les problèmes qui se posent à nous.

Nous savons que tous les délégués qui sont intervenus au cours de nos travaux ont tenu à exprimer une même réalité devenue depuis longtemps la caractéristique essentielle de la Révolution Guinéenne, à savoir un haut degré de prise de conscience où se reflète l'esprit d'engagement de nos responsables et militants. Cette prise de conscience est profonde et traduit la situation actuelle créée en Guinée par le Parti Démocratique de Guinée, c'est-à-dire par le peuple lui-même. C'est elle qui met en mouvement les vieux et les jeunes, les femmes et les hommes ainsi que toutes les couches et catégories sociales guinéennes mobilisées autour d'objectifs identiques. C'est là un acquis important que détient notre peuple et qui permet à des hommes et à des femmes provenant de groupes ethniques et linguistiques différents, de parler le même langage. Il est le fondement de notre unité qui permet à chacun et à chacune de se compléter grâce à l'apport constant que tous font à l'ensemble de notre société. Faut-il rappeler ici qu'avant l'avènement du Parti Démocratique de Guinée, il n'y avait pas un Guinéen qui pouvait prétendre à une personnalité nationale à cause des multiples divisions et différenciations qui caractérisaient les rapports existants entre les groupes, voire même entre les membres d'une même famille. L'unité fondamentale qui s'est désormais établie au niveau de la Nation fait que tous nous parlons le même langage, celui de la Révolution ; et ce langage exprime la foi ardente que nous plaçons dans la démocratie en tant que moyen dynamique devant assurer le progrès social dans une équité absolue. Cette unité, nous avons non seulement le devoir de la maintenir, mais aussi celui de la développer afin d'accroître constamment notre contribution à l'unité et au progrès de l'Afrique, unité et progrès qui s'imbriquent et se fondent ensemble dans le courant de l'évolution universelle. Ceci a été possible grâce aux conditions propices que nous avons su préalablement créer et qui nous ont tout naturellement conduits aux modifications heureuses que nous connaissons et dont la plus importante demeure cette prise de conscience collective et ce sens des responsabilités sur lesquels s'est fondée l'unité du peuple guinéen et que caractérise une égalité absolue excluant toute différenciation injuste et tout rapport d'exploitation au sein de notre société.

En maintenant et en développant la conscience révolutionnaire du Peuple, nous renforçons les bases de son unité d'action au profit du progrès continu qui se développera au rythme de nos possibilités de réalisation concrète et qui sera à la mesure de la grandeur de la cause que nous servons. Ce processus prouve incontestablement que les termes du progrès n'ont pas été inversés. Un paysan disposant d'une charrue, voire même d'un tracteur détient là un instrument de production bien supérieur à l'antique daba ; mais si ce paysan renonce à employer cette charrue ou ce tracteur, se satisfaisant de leur seule possession, ces instruments perdent toute utilité. Une telle attitude revient à inverser les termes du problème. Or en matière de progrès, en matière de développement, inverser les termes, c'est substituer le moyen à la fin, l'effet à la cause, et l'objet au sujet. Respecter les termes de l'évolution humaine, c'est créer, maintenir et développer les conditions propres aux déclenchements successifs de transformations qualitatives ; ceci suppose qu'on ne perde jamais de vue les buts auxquels doivent aboutir l'ensemble des transformations qualitatives que l'on entend réaliser. Dans ces conditions, l'appréciation de la qualité et de l'utilité des hommes ne se fonde ni sur la couleur de leur peau, ni sur la nationalité, ni sur aucun autre critère irrationnel ou subjectif.

Afin que le processus soit dynamique, rationnel et continu il faut donc qu'il réponde tout à la fois à la somme des aspirations et des besoins de l'homme en tant qu'individu et à la somme des aspirations, des besoins des hommes groupés dans la société. Toute contradiction qui dissocie l'individu de la société constitue une double atteinte aux intérêts solidaires de l'homme et de la société.

Le processus révolutionnaire auquel le Parti Démocratique de Guinée a donné l'impulsion a eu pour premier résultat de lier étroitement les intérêts de chaque Guinéen avec ceux de la société nationale, d'unir en un même faisceau les aspirations et les besoins de chacun avec les aspirations et les besoins de tous et d'intégrer l'homme à une société qu'il modèle et façonne exclusivement en fonction de ses exigence et de ses aspirations légitimes au progrès. C'est dans ce contexte que l'homme atteint sa véritable dimension humaine et devient la valeur essentielle par rapport à laquelle se déterminent la valeur des objets et celle des êtres et des choses qui l'entourent. C'est dire que la Révolution Guinéenne est, par son essence, son objet, ses méthodes et son contenu, une révolution spécifiquement humaine, qui réhabilite intégralement l'homme en le restituant à une société dont il est tout à la fois l'objet et le sujet, la partie et le tout, le but et le mobile.

Cette réalité inscrite dans les faits et qui constitue la matière historique de la Révolution guinéenne nous autorise certes, à nous réjouir des résultats obtenus, de nos acquis, mais elle nous engage surtout à les minimiser aussitôt afin de nous assigner de nouvelles tâches, de nouveaux objectifs qui nous projetteront toujours plus avant dans la voie du progrès général. L'homme guinéen d'aujourd'hui est différent de l'homme guinéen d'hier, tout comme la nouvelle société guinéenne est différente de la société guinéenne qui ployait sous la domination coloniale. Cette différence qui nous apparaît extrêmement tranchée d'une situation globale à l'autre se trouve dans chaque individu et c'est elle qui marque sa transformation heureuse.

La fin, le but suprême, nous ne cesserons de le préciser, de le redire, de le répèter, c'est le bonheur, le bonheur de l'homme, non celui de l'homme «individu», mais celui de l'homme de Guinée, de l'homme d'Afrique, de l'homme des cinq continents.

Quelle que soit sa définition temporelle, la réalisation du bonheur implique une activité générale consciente, laquelle est l'élément essentiel, l'élément décisif de toute transformation sociale.

Au cours de nos réunions, de nos Congrès, de nos Conférences, nous évoquons souvent les moyens financiers, les moyens techniques, les moyens culturels qui nous permettront de modifier telle ou telle situation. Ce sont là les moyens concrèts par excellence, mais au-dessus d'eux nous plaçons, parce que nous le considérons décisif, l'élément déterminant de notre activité qui demeure la conscience. Elle est la première richesse de l'homme celle qui lui confère cette valeur suprême en fonction de laquelle est déterminée la valeur des êtres, des choses et des objets qui peuplent l'univers.

Le jour où l'humanité, enfin reconciliée avec elle même, redeviendra ce qu'elle n'aurait jamais dû cesser d'être, c'est-à-dire un monde parfaitement humain, la conscience sera placée au centre de l'éducation. La conscience au centre de l'éducation, c'est la liaison organique intime entre tous les facteurs qui interviennent dans la transformation de la pensée et de l'action de l'homme.

Nous avons déjà indiqué que cette conscience existe ici, mais son existence seule ne suffit pas, pas plus qu'il ne suffit à un grain de germer pour porter des fruits. Pour porter des fruits, il faut que le grain se développe jusqu'à la floraison. Nous aussi, nous avons à développer notre grain de conscience jusqu'à sa fructification la plus abondante.

La conscience n'est pas un article que l'on achète, ce n'est pas un produit qui s'importe ou une marchandise qui s'exporte ; elle est en chacun de nous, cette richesse supérieure qui situe l'homme au-dessus de tous les autres êtres existant sur terre.

Mais pour que ce grain de conscience que chacun porte en lui éclose et se développe, il faut qu'il soit porté par une volonté donnée, un comportement donné, une méthode donnée conforme à la nature des activités conscientes à engendrer et aux fins vers lesquelles elles tendent.

Ainsi la résolution que nous venons d'adopter au terme de nos travaux indique que toute promotion économique, sociale et culturelle a pour fin la promotion de l'homme en tant qu'objet de l'évolution. Mais qui d'autre que lui-même, est en mesure de réaliser les aspirations de l'homme ? Il nous apparaît de la sorte tout à la fois objet et sujet de l'entreprise humaine quand il a conscience de l'être en tant que créateur et création. L'homme est en mesure d'entreprendre une analyse objective et réaliste de toutes ses activités pour éviter tout ce qui pourrait anéantir ses espérances ou infléchir sa volonté vers une voie autre que celle choisie à l'avance.

Il est bien vrai que la conscience que nous avons des réalités actuelles s'est traduite dans toutes les interventions, et, en cela, aucune contradiction n'est apparue au cours des travaux de la conférence ; même la contradiction apparente qui s'est manifestée, par exemple, entre Guéckédou et Kissidougou d'une part et Guinexport d'autre part, aboutissait en réalité à une identité de vues en ce sens que Guinexport voulait indiquer aux Fédérations la nécessité de dire ce qui est vrai et se basait sur les données comptables qui se trouvent en sa possession.

Ce même souci de vérité motiva les interventions de Guéckédou et de Kissidougou auxquelles je viens de faire allusion.

Cette contradiction dis-je n'est que formelle, et correctement analysée, il se révèle qu'elle procède d'une même volonté, d'une prise de conscience de la même qualité, d'un même esprit. Elle illustre bien que c'est notre conscience qui est devenue le seul fil conducteur de notre comportement, de nos appréciations et de nos activités. C'est elle qui doit nous amener non seulement à connaître et à apprécier tout ce qui se fait, se dit, mais encore ce qui doit nous servir à suivre les modifications qui interviennent en nous et autour de nous afin de nous permettre de diriger avec maîtrise le cours de notre destinée, à travers les impressions que chacun a pu recueillir de nos travaux. Si nous devons nous féliciter d'une chose, c'est bien de l'affirmation de cette prise de conscience, de son expression, de sa réalité. A travers les interventions qui toutes portaient sur la nécessité de transformer la quantité et la qualité de biens matériels utiles à l'existence de notre société et au développement de l'Afrique en général, s'est dégagée une autre réalité, à savoir que la prise de conscience politique qui a marqué les débats s'est traduite en esprit de responsabilité ; voilà une autre donnée résultant de l'analyse de nos travaux.

Parler de production, c'est se sentir responsable, parler de réforme de l'enseignement, de développement de la culture, c'est manifester un esprit de responsabilité qui s'exprime face au devenir de notre peuple. Parlé de l'unité africaine, condamner l'ingérance étrangère dans les affaires du Congo, ce Congo qui n'est ni américain, ni anglais, ni italien, ni belge, ni français, mais qui est le Congo Africain, c'est également exprimer l'esprit de responsabilité de l'Afrique à l'égard du devenir de l'Afrique. L'esprit de responsabilité doit lui aussi se développer et se fortifier, il doit être l'une des forces actives de la Révolution aussi bien dans les campagnes que sur les chantiers, dans les maisons que sur les terrains de sports, à la tribune des congrès que dans chaque acte et chaque pensée du militant révolutionnaire. L'esprit de responsabilité, c'est la première marque de la liberté de l'homme.

Nous avons dit que l'indépendance d'une nation, l'indépendance d'un peuple ne s'expriment pas en termes abstraits. L'indépendance est une somme de réalités concrètes, de possibilités vraies, déterminant une somme de comportement, d'attitudes également concrèts. Mais avant que l'on ne puisse la traduire effectivement dans son attitude, dans son comportement économique, social, culturel, politique, dans ses méthodes d'appréciation et conduite d'action, la liberté doit, d'abord, exister dans les consciences ; c'est ce qui nous permettait de dire, alors que notre peuple était encore colonisé, qu'il comprenait effectivement en son sein des hommes libres. Ces hommes, c'étaient ceux qui combattaient pour la liberté et ce sont eux que l'on trouvait au P.D.G. Cela nous permettait également d'affirmer, au lendemain même de la proclamation de l'indépendance de notre pays, que si sur le plan international la Guinée était devenue une république indépendante, théoriquement placée dans des rapports d'égalité avec tous les pays du monde, cela n'empêchait pas qu'il y subsistait encore des hommes colonisés, des hommes qui continuaient de penser, d'agir, d'apprécier et de se comporter comme des colonisés.

L'homme libre n'est pas nécessairement celui qui a été placé dans des conditions d'absolue liberté, c'est celui qui se confond avec tous les hommes ; l'homme libre c'est l'homme qui n'a aucun préjugé, ni de sexe, ni de race. L'homme libre, c'est l'homme qui donne le plus et reçoit le moins ; l'homme qui donne le plus, c'est l'homme qui consacre effectivement sa vie à accroître la somme des biens nécessaires à l'humanité, à sa patrie, à sa nation, à sa famille. L'homme libre, c'est celui qui dans son pays comme en dehors de son pays a une même attitude que ne ternissent ni l'opportunisme, ni l'équivoque, c'est celui qui ne commet aucune malhonnêteté, ni intellectuelle, ni matérielle. L'homme libre est donc un homme essentiellement utile, un homme qui s'est consciemment rendu disponible à l'égard de soi et de son pays. De tels hommes sont, en Guinée, les agents de la Révolution. Mais si, par son processus dynamique de développement, la Révolution entraîne toutes les forces conscientes de la société, si, grâce aux transformations heureuses qu'elle engendre continuellement, elle se traduit en force de mobilisation, nous n'avons pas le droit d'ignorer que, dans le même temps, la Révolution secrète aussi les forces qui lui sont contraires et au sein desquelles se groupent et se retrouvent tous ceux qui se sentent menacés par elle, tous ceux qui, pour de basses raisons d'intérêt individuel et des motifs égoïstes ne sont acquis ni à la moralité de l'action révolutionnaire ni aux buts qu'elle poursuit.

La Révolution crée ainsi la contre-révolution en mobilisant contre elle les forces de la réaction, les éléments sociaux négatifs qui, par incapacité de se hisser au niveau de leurs responsabilités historiques d'hommes, se dressent contre le progrès et entravent l'action populaire du développement général. Mais il est historiquement vérifié qu'il n'est aucune force au monde qui puisse triompher d'un peuple conscient de sa personnalité et parfaitement pénétré de la justesse de son action. L'on peut dire en conséquence que si la Révolution engendre la contre-révolution, celle-ci se nourrit des faiblesses de la Révolution qui lui donnent appui et consistance.

Or l'intensité de l'action révolutionnaire est déterminée par le degré de conscience des masses révolutionnaires, lequel est tout à la fois connaissance et volonté, connaissance des possibilitées de progrès et volonté de transformation qualitative. C'est ainsi que plus la connaissance et la volonté se développent, plus s'élève le degré de conscience, et plus s'accroît le degré de conscience plus s'élargit l'action révolutionnaire. Certes, il existe aussi une conscience contre-révolutionnaire : car de même qu'il ne saurait y avoir d'action révolutionnaire sans conscience révolutionnaire, de même il ne saurait y avoir de contre-révolution sans une conscience qui l'anime ; ces deux formes d'activités antagonistes ayant entre elles un point commun, celui d'être déterminées par des causes spécifiques. Ce qui les opposent en une contradiction iréductible, c'est que la nature de la conscience révolutionnaire est tout entière tournée vers l'avenir et s'inscrit, par là, dans le processus historique de l'évolution des sociétés, alors que la conscience contre-révolutionnaire est toute entière tournée vers le passé. C'est là que se situe la contradiction fondamentale qui se traduit par un affrontement permanent entre les forces de la réaction et les forces de progrès, entre les forces de développement et les forces de régression. Le destin des nations et des peuples est le résultat de cette lutte permanente, il est la conséquence de ce combat ininterrompu dont il enregistre, historiquement, chaque victoire et chaque défaite.

A cet égard, nos travaux sont significatifs et reflètent parfaitement la conscience révolutionnaire du peuple guinéen. Aucun des délégués qui sont intervenus à cette tribune n'a évoqué avec regret la situation guinéenne dans le passé, mais tous, par contre, ont exprimé la volonté d'édifier concrètement l'avenir, témoignant ainsi de l'esprit de responsabilité qui les habite et de la qualité de leur engagement révolutionnaire. C'est cet engagement conscient du peuple de Guinée pour ce qui se crée et se développe qui unit l'homme à la société et constitue une puissance de progrès devant aboutir à l'ennoblissement de l'homme et à la promotion des sociétés.

Ainsi, volonté de progrès, volonté de développement et d'évolution, volonté de transformation de la Guinée, de l'Afrique et du monde pour un plus grand bonheur de l'homme, tout cela constitue les éléments du succès de la révolution guinéenne.

En traitant, plus que tous autres problèmes, ceux de la culture et ceux de la production, vous avez fait un choix important et qui est à plus d'un titre indicatif. En effet il n'est pas possible de parler sérieusement de l'acheminement du peuple vers son bonheur ni de l'évolution de la société qui en est la base sans cerner de près, tout d'abord, les problèmes complexes et importants qui conditionnent le développement de la production et de la culture.

Développer, transformer, modifier voilà bien, là encore, la manifestation de la conscience historique de l'homme qui l'attire toujours et irrésistiblement vers le meilleur, le beau, le juste. Sans cette puissance d'élévation continue issue de sa conscience, l'homme serait vite entraîné par son instinct, vers un état comparable à celui de n'importe quel animal.

Mais qu'on ne s'y trompe pas, parler de production c'est encore, c'est toujours parler de l'homme qui est tout à la fois créateur et création.

Imaginons un instant un peuple disposant de tous les biens auxquels il pourrait aspirer, détenant toutes les richesses possibles ; il est clair qu'un tel peuple, placé dans des conditions de satisfaction absolue qui l'empêcheraient de nourrir la plus infime espérance serait dans l'incapacité de fournir le moindre effort, de manifester la moindre volonté créatrice. Ce peuple, à coup sûr, serait un peuple désespéré et voué à la déchéance. Imaginez également un autre peuple qui se trouverait placé à l'autre extrémité de la condition humaine, c'est-à-dire un peuple dépourvu de tout, connaissant le dénuement, continuellement harcelé par le besoin, constamment menacé par l'insécurité. Quoique pauvre, dépourvu et démuni, ce peuple aura en lui des forces de création insoupçonnées, une capacité d'efforts extraordinaire, une puissance de travail surhumaine, une inégalable volonté de progrès.

Et bien ! entre ces deux types de sociétés, placées chacune à l'une des deux extrémités de la condition humaine, c'est bien à celle qui se trouve dans les pires conditions que l'avenir appartient.

Ce qui revient à dire que la satisfaction, la jouissance, l'oisiveté sont les instruments de la décadence et de la déchéance humaines alors que l'effort et la volonté de progrès sont ceux du développement et de la promotion humaine. L'effort est donc bien l'instrument du progrès, le travail est donc bien le moyen de la libération et de la réhabilitation humaines.

Ces deux objectifs de libération (libération de la misère, de la maladie, de l'ignorance), et de réhabilitation (réhabilitation historique de nos peuples), sont bien les deux objectifs majeurs de la Révolution guinéenne, et ils se traduisent l'un et l'autre par ce mot d'ordre du Parti : TRAVAIL. Le travail, c'est la clef du progrès, la voie qui conduit à la justice sociale, au bonheur et à la promotion de l'homme, c'est l'instrument de l'évolution d'un peuple.

Sur terre, l'homme peut être tout : de la terre, il peut tout obtenir, son intelligence, sa raison, ses facultés de réflexion, sa conscience, ses capacités de travail et d'invention, toutes choses qui lui permettent de règner sur tout ce qui existe autour de lui. Ce sont là les instruments des pouvoirs considérables qu'il est en mesure d'exercer.

Aujourd'hui, prenons n'importe lequel de nos frères paysans, qui ne connaît rien d'autre que la culture traditionnelle de la terre, qui ne sache ni lire, ni écrire, qui ignore tout des moyens techniques, des possibilités matérielles qui l'environnent, plaçons-le dans des conditions objectives appropriées : cet ancien paysan marqué par l'ignorance sera à même, à force de travail et d'efforts, de devenir un technicien hautement qualifié : ingénieur, ouvrier émérite, ou docteur en médecine.

Hier, dans une intervention, l'on a qualifié le C.N.R. de Guéckédou d'historique. Effectivement, les décisions prises à Guéckédou ont une importance historique car elles ont déterminé le déclenchement d'une phase plus active de l'action révolutionnaire, celle qui, après la consolidation et l'élargissement des bases de la révolution, s'attaque au processus du développement matériel des conditions d'existence de notre peuple. C'est un honneur pour la fédération-pilote que ce soit précisément à Guéckédou que le C.N.R. ait donné l'élan à cette nouvelle phase du développement dynamique de la Révolution, mais c'est aussi pour chacune de nos fédérations, pour chacun et chacune de nos responsables et militants, la preuve du triomphe de la Révolution guinéenne. Il est évident que si la Révolution s'engage dans une étape, aborde une nouvelle phase, c'est parce que, déjà, elle a su réaliser les conditions qui lui permettent d'aborder celles-ci, c'est parce que les étapes antérieures sont, aujourd'hui, franchies.

Placées sous le double signe du travail et de l'effort, la nouvelle phase de la Révolution doit mobiliser toutes les ressources créatrices de nos militants et militantes. Si la mobilisation révolutionnaire est permanente, et nous avons vu qu'il fallait qu'elle le soit, son objet doit être parfaitement adapté et correspondre étroitement aux impératifs et aux exigences de la situation nouvelle créés par l'action révolutionnaire.

Etre mobilisé, c'est agir pour apporter sa contribution à l'action révolutionnaire, c'est se sentir soi-même en état de révolution, c'est être, concrètement, la révolution. Dans ce domaine, chacun a le pouvoir de « contribuer », l'homme comme la femme, le vieux comme le jeune, l'intellectuel comme le paysan. Si, en réalité, chacun peut quelque chose, il est également vrai, que dans ce combat d'édification, chacun doit tout.

Que veut dire cette assertion et comment expliquer que chacun peut et doit apporter sa contribution ? Qu'elle peut et doit être la nature et la valeur de cette contribution ? Il n'est pas un homme, il n'est pas une femme, il n'est pas un vieillard ou un enfant qui ne puisse pas, dans la mesure de ses connaissances, de ses expériences ou de ses capacités, faire son apport propre à la révolution ! Il est certain que si chacun, consciemment et constamment, contribue à la révolution, celle-ci continuera de se développer, l'action de chacun constituant au sein de l'action générale, une force motrice de la Révolution.

C'est pourquoi chacun peut, ne serait-ce que d'une manière infime, faire progresser la révolution. Comment chacun doit-il se donner tout entier à la révolution ? En y adhérant sans réserve dans le cadre de l'exercice de sa conscience d'homme, tout à la fois objet et sujet, effet et cause, fin et moyen. Or ce « dû » à payer à la révolution, c'est à lui-même que l'homme le restitue en tant qu'individu qui ne peut se réaliser que par les autres et pour les autres.

L'homme en dehors de la société n'est rien, c'est d'elle qu'il tire la satisfaction de ses besoins, sa sécurité, son développement, son équilibre, c'est elle qui lui permet, non seulement de survivre, mais de vivre, de s'épanouir, de se perfectionner, d'être lui-même en situation de progrès continu grâce aux expériences accumulées autour de lui, aux actions de chacun et de tous, aux leçons qui se dégagent de la vie sociale, etc. Là aussi, l'homme est tout à la fois l'instrument de la société et son produit, l'outil qui façonne et l'oeuvre qui s'édifie, il est la pierre de l'édifice humain et l'édifice lui-même ; c'est pourquoi il ne peut se réaliser, acquérir sa qualification humaine qu'avec et à travers d'autres hommes. Dans ce domaine, la philosophie du P.D.G. est sans équivoque : la valeur de l'homme est déterminée par le degré de son utilité sociale et ce critère est intangible.

L'homme qui tire les fruits de la société sans participer à son développement ne commet pas seulement un acte de criminel égoïsme, il ne commet pas seulement un larcin préjudiciable à ceux avec lesquels il vit, mais il se détruit lui-même, en tant qu'homme. L'atteinte qu'il porte à la société, si faible soit-elle, est une atteinte qu'il se porte à lui-même. C'est là, la nature sociale et l'expression du contenu humain de notre philosophie qui s'inscrit à l'opposé des concepts individualistes n'ayant d'autre finalité que de perpétuer les pratiques de domination et d'exploitation de l'homme par l'homme.

Ainsi posée sur une base de solidarité et d'équité, la société, pour se développer et évoluer vers un plus grand bonheur de l'homme, doit être animée par une volonté de progrès d'autant plus résolue et efficace que les aspirations de l'homme sont grandes et que ses besoins sont impérieux. Ce sont ces trois termes que nous retrouvons dans la devise de la République qui synthétise les caractéristiques de l'évolution politique et sociale guinéenne : Travail, Justice, Solidarité.

Nous pouvons dire que le progrès s'exprime concrètement par la somme des transformations qualitatives qui interviennent dans les conditions d'existence des hommes ; il est donc indissociable du facteur temps sans lequel il ne saurait être apprécié. En réalité, la production, en tant qu'instrument de progrès, ne peut être conçue qu'en fonction des données temporelles. Cette conception, nous la retrouverons dans la planification économique qui s'établit non seulement selon une somme de besoins inventoriés, un ensemble de moyens donnés, mais aussi en fonction d'un temps donné. Un plan, c'est avant tout une période de temps dans laquelle s'inscrit un ensemble d'activités devant aboutir à des résultats pré-établis.

Nous pouvons dire que notre premier Plan de développement économique et social peut être considéré comme le premier jour de la Révolution ; cela est vrai politiquement. Mais pouvons-nous affirmer que cette « journée » a été entièrement consacrée aux activités créatrices prévues à Kankan ? Nous devons avoir l'honnêteté de répondre : non. Certes, le premier Plan a été un succès politique réel, mais nous devons reconnaître également que par manque d'expérience, par défaut de coordination de certaines activités complémentaires, par absence de contrôle rigoureux et méthodique, il n'a pas permis l'éclosion de nos capacités de réalisation économiques et sociales.

A Guéckédou, avec notre second Plan de développement économique et social, s'est levé le second jour de la Révolution guinéenne. L'ampleur des travaux qu'il comporte est en rapport étroit avec nos nouvelles capacités de réalisation, nos nouvelles possibilités de transformation économique et sociale, en rapport aussi avec l'échéance de 7 années que nous nous sommes fixée. Eh bien ! nous demandons que chaque heure, chaque minute, chaque seconde du 2e jour de la révolution soit judicieusement utilisé à la création effective des biens et des moyens qui nous sont nécessaires. Il ne s'agit donc pas de réaliser et d'honorer seulement les normes de production arrêtées à Guéckédou. Une volonté de dépassement doit nous inciter à aller au-delà de ces normes et à faire en sorte qu'à chacun de nos rendez-vous les résultats de nos fédérations, de nos sections, de nos comités indiquent à la Guinée, à l'Afrique et au monde que la révolution guinéenne prend une part active à la transformation qualitative de la société universelle.

Camarades, il faut donc produire, toujours ; la production exige une analyse constante de tous les phénomènes qui lui sont liés et d'abord des conditions de vie des producteurs ; si le but de la production est de relever le niveau de vie du peuple, de consolider les bases de sa liberté, de sa souveraineté il est aussi d'assurer les meilleures conditions d'épanouissement à ses facultés créatrices. Pour que ce but soit atteint, il faut que les activités des producteurs se conjuguent dans des rapports de productivité de caractère dynamique, c'est-à-dire rationnel et mobilisateur. Ceci implique trois impératifs :

1° — des conditions justes

2° — la meilleure organisation possible

3° — une éducation permanente.

Il faut donc qu'à tous les échelons, nos comités, nos sections, nos fédérations comme notre Bureau Politique National, s'attachent à l'analyse de ces situations en vue de les parfaire constamment, de les adapter aux nouvelles possibilités que crée la Révolution et aux besoins grandissants qui résultent de ses progrès.

Dans les ateliers, dans les hôpitaux et dispensaires, dans les écoles et les facultés, dans les bureaux et dans les champs, vous pouvez vous rendre compte si le travail est bien ou mal organisé. Puisque le travail est à l'ordre du jour de la Révolution, n'attendez pas que la législation intervienne pour le parfaire et le perfectionner, n'attendez pas des arrêtés ou des instructions pour intervenir. Partout où cela est possible et s'avère nécessaire n'attendez de nous aucune instruction pour améliorer l'organisation du travail ; passez vous-mêmes à l'application des décisions que vous devez prendre au nom du B.P.N., au nom du Gouvernement, au nom de l'Assemblée, au nom du Congrès et du Peuple.

Il faut que la mystique du travail, la volonté de dépassement se manifeste dans le comportement concret de chacun. L'homme est indivisible, toute division de l'homme amoindrit ses capacités et compromet ses chances. L'unité de l'homme, elle s'apprécie par la constance de la ligne de conduite qu'il suit. Lorsque dans un congrès, avec une conscience élevée de nos responsabilités communes, nous exprimons à la tribune les idées les plus dynamiques, la concrétisation de ce dynamisme doit se manifester d'une manière continue dans notre comportement quotidien aussi bien à l'égard de notre femme qu'à l'égard de nos enfants, aussi bien à l'atelier que dans les champs, aussi bien dans notre comité qu'au sein de notre propre foyer. Toutes les décisions prises, toutes les intentions exprimées resteront sans valeur, et partant sans effet, tant qu'elles n'auront pas été inscrites concrètement dans les faits, c'est ici que se situe l'apport effectif fait à la Révolution par chaque véritable militant.

L'unité révolutionnaire, c'est la permanence de l'engagement quels que soient le lieu, les conditions et les circonstances. La Révolution exige un état de conscience supérieur ne laissant place à aucun acte irréfléchi, à aucune inconséquence dans les propos ou l'attitude et qui assure au comportement de chacun et de tous une totale utilité.

Camarades, la production, c'est donc l'utilisation de nos initiatives, le perfectionnement de nos méthodes de travail et de nos moyens de production, le renforcement de nos structures organiques et l'amélioration de nos rapports humains. La production en tant que mot d'ordre traduit ainsi tout les mots d'ordre de la Révolution. En effet, il n'est pas possible de faire une analyse historiquement valable du phénomène de la production sans aboutir à toutes les manifestations relevant de l'intelligence et de l'action de l'homme. Produire, c'est ainsi qualifier l'homme par le perfectionnement des moyens matériels, intellectuels et organisationnels de ses conditions d'existence. Produire implique donc un perfectionnement ininterrompu : celui de l'homme en tant que sujet et objet de la production, et celui des moyens de la production, qu'il s'agisse des moyens organisationnels, des moyens fonctionnels, des moyens matériels, des moyens techniques, etc.

C'est par là que la production débouche sur le développement culturel de la Société. Et c'est bien là ce qui ressort de la résolution que nous venons d'adopter, puisqu'il y est dit que le développement économique aboutit au développement de la personne humaine. Ainsi, tout développement se prolonge et aboutit au développement de l'homme. S'il n'en est pas ainsi, il ne peut s'agir de développement mais d'accumulation de biens laquelle n'est pas une des formes du développement mais tout au plus, un de ses aspects. C'est pourquoi tous les pays qui sont appelés «pays sous-développés» ne sont pas réellement sous-développés. Il est des pays techniquement riches, matériellement pourvus mais qui ne sont pas pour autant des pays développés. Et c'est de cela que nous faisions état au début de cet exposé, en affirmant que, quoique colonisé, notre peuple avait en son sein des hommes qui, par leur conscience et leur volonté, étaient des hommes libres, alors qu'aujourd'hui et bien que nous soyons libérés de la domination étrangère, il se trouve encore parmi nous des hommes colonisés dans leur comportement.

Le développement économique ayant pour but la transformation qualitative de l'homme, l'accroissement de ses possibilités et de ses capacités, la production est bien le moyen qui permet à l'homme de s'accomplir.

Pour produire il faut être en bonne condition physique et tout ce qui permet de préserver la santé de l'homme est donc essentiel. Pour produire, il faut être techniquement formé, d'où la nécessité du développement de l'enseignement et de la culture, de l'éducation professionnelle, morale et physique de la personne humaine. Pour produire, il faut se sentir en sécurité car, quel est le paysan qui passerait son temps sous la pluie et le soleil, courbé sur la terre en train de planter du riz, s'il n'est pas assuré que nul autre que lui n'en fera la récolte ?

C'est en cela que l'éducation de la société, le respect de la personne humaine et de ses biens propres permettent à l'homme de se comporter conformément aux exigences du développement. Sous ce rapport, la production est liée au développement de l'enseignement et de la culture. Dans toutes vos interventions et à travers vos ballets et vos pièces vous avez parfaitement défini la culture. La culture, créée par le peuple, se transforme par le peuple et c'est par elle que le peuple se transforme. C'est dire que la culture est tout à la fois un fond et une forme qui correspondent à une structure mentale donnée, à des postulats donnés, à des impératifs donnés, à des objectifs déterminés, par un peuple donné ; et tout cela est en rapport étroit avec le degré de développement historique, économique, politico-social de ce peuple. Selon que le peuple est tourné vers l'avenir ou immobilisé dans son passé, la culture peut être une culture en progrès ou une culture décadente.

La nouvelle promotion culturelle de notre peuple proviendra d'abord de la transformation du peuple lui-même. En transformant le peuple, en le libérant du racisme, de l'irrationnel, en l'engageant avec une conscience nouvelle de ses responsabilités dans la voie de l'histoire, dans celle de l'effort, de l'honnêteté morale et intellectuelle, en le plaçant sur le chemin du progrès, on transformera de façon qualitative les bases de son expérience culturelle qui reflètera nécessairement la nature dynamique de sa situation et de son état social. Tout progrès de la production devra se traduire par un progrès de la culture, car le progrès de l'homme pour être conforme aux lois de l'évolution doit être un progrès global qui touche à toutes les activités et à toutes les manifestations humaines. Le progrès de l'homme, en tant que transformation qualitative de ses formes d'expression et de pensée, se traduit en termes de culture, laquelle reflète l'évolution historique et économique d'un peuple. Mais aussi la culture est ce qu'est la Révolution : connaissance du passé, connaissance du présent, aspirations et projets d'avenir.

La conscience dans la vie de l'homme conscient est aussi l'une des caractéristiques permanentes de toute culture. En cela, elle lie les réalités passées et présentes aux réalités à venir. Elle devient par là l'expression des réalités antérieures et des réalités à venir, le carrefour de ce qui est et de ce qui sera. Elle devient une force sociale de création, le moteur des activités d'un peuple. C'est pourquoi la réforme de l'Enseignement doit être comprise comme une nécessité de la révolution fondamentale. Ce ne sont pas les jeunes, les quelques jeunes qui sont à l'école qui sont seulement intéressés, c'est l'avenir de la Nation qui est intéressé car, même s'il n'y avait que 5 ou 6 jeunes à l'école, c'est sur eux que se fonderait l'avenir de la Nation ; ce sont eux qui symboliseraient la somme des intelligences et des capacités de notre société.

Le développement de la culture et de l'enseignement, en un mot le développement de l'éducation, est un impératif de la révolution africaine. Nous sommes, par le destin, et nous le resterons, liés à l'ensemble de nos frères d'Afrique ; nous avons les mêmes intérêts, rien ne peut nous diviser si ce n'est l'égoïsme, la malhonnêteté. L'Afrique nous unit et l'histoire nous unit. N'est-il donc pas regrettable que dans certains de nos pays d'Afrique, l'histoire s'enseigne encore comme au temps de la domination coloniale ? Cet enseignement, outre qu'il nous dépersonnalise reste tragiquement muet sur le legs de notre passé. Au vrai, l'histoire de l'humanité est encore une vaste inconnue plongée dans le gouffre des millénaires révolus et personne ne peut dire en toute objectivité ce qu'elle recouvre. Est-ce que dans cette période éloignée, l'Europe était en avance sur les autres peuples ? L'Europe ne peut l'affirmer. Mais allons plus loin et demandons-nous comment et pourquoi l'Europe est parvenue à se développer ? Comment ? Par le travail, nous le savons. Le travail est une nécessité, c'est l'exigence de l'homme dans ses rapports avec la nature, et, la nature, en Europe n'était pas aussi clémente qu'en Afrique. L'Europe, loin de connaître l'abondance a connu d'atroces famines, de redoutables épidémies. En Afrique, la famine et les épidémies sont consécutives à la domination coloniale. Pour se nourrir, il n'était pas besoin de faire de grands efforts : les fruits, les légumes, venaient en abondance. Bref, les exigences vitales étaient, de loin, plus importantes en Europe qu'en Afrique. C'est la nécessité de survivre qui a déclenché le développement de l'Europe.

Il faut comprendre que notre retard est un phénomène historique qui n'est donc pas la résultante de l'infériorité des capacités de l'Africain par rapport à celles de l'Européen. Il est exclusivement le reflet des différences fondamentales qui ont existé dans le processus de développement historique de nos peuples respectifs. La facilité est l'antinomie de la nécessité qui, elle, crée. Mais le besoin, lui, est nécessité lorsque la conscience confère aux deux termes la même nature. Puisqu'il en est ainsi, nous pouvons et nous devons brûler l'étape qui nous sépare des peuples avancés dans le domaine technique et scientifique. Nous le pouvons et nous le devons. De quelle manière ? Comment voulez-vous qu'un peuple réalise effectivement son bonheur, qu'un homme puisse s'élever sur un plan technique, intellectuel, professionnel et moral s'il ne s'impose pas d'efforts ? Un homme peut-il avoir un ami, un confident plus sûr que lui-même ? Nous ne le pensons pas. J'ai beau aimer ma femme et elle a beau m'aimer, j'ai des pensées qu'elle ne connaît pas et elle a des pensées que j'ignore. Ce qui signifie que l'on doit davantage compter sur soi-même que sur autrui, même si autrui est l'être qui vous est le plus cher et le plus proche. Croyons-nous donc que l'Afrique doive s'asseoir dans un fauteil, sous un ventilateur, une bouteille de whisky à ses côtés, en attendant que l'Europe la construise et la mette en valeur ? Ce serait se tromper gravement. L'Afrique ne peut se construire que par elle-même et pour elle-même. Certes L'Europe peut aider l'Afrique, elle devra l'aider si elle a conscience du caractère de solidarité du genre humain et de l'interdépendance des peuples. A ce niveau de compréhension et de conscience humaine, d'autres pays peuvent lui porter une assistance mais cette assistance même importante ne parviendra jamais à faire avancer l'Afrique si l'Afrique ne se met pas elle-même en marche, si elle ne s'attelle pas elle-même à la tâche. Ainsi, comptons d'abord sur nous-mêmes.

Pour sa part, la Guinée entend que ses efforts de développement économique contribue au développement économique de l'Afrique. La Guinée veut que le succès de la Réforme de l'Enseignement, de l'Education et de la Culture, partant du principe du retour à l'Arique pour l'Afrique, soit interprété comme une volonté ardente et consciente de construction de l'Unité Africaine. Disons la vérité : bien que les un parlent français, les autres anglais ou italien, et bien que l'on puisse exprimer une même pensée en plusieurs langues, n'oublions pas qu'une langue finit par modifier, à son image, la personnalité de celui qui la parle.

C'est pourquoi nous pouvons et nous devons, du moins par grandes régions géographiques, sinon sur le plan continental, choisir en Afrique quelques langues et les enseigner pour les perfectionner ; vous le savez d'ailleurs, quelle que soit votre capacité dans le domaine littéraire réalisée dans le cadre d'une culture étrangère, vous ressentirez toujours des difficultés pour exprimer toutes les nuances, toutes les pensées qui sont propres à votre peuple. Cet exemple particulier fait comprendre que la réforme totale de l'Enseignement devient une des exigences impératives de l'Unité Africaine.

Décoloniser l'enseignement, donner la primauté à l'éducation, c'est-à-dire à la formation de l'homme, le diplôme n'ayant en l'occurence d'autre valeur que d'être l'élément d'appréciation des potentialités de l'homme, voilà les impératifs de l'Unité Africaine. Promouvoir l'éducation, c'est donner à la culture un caractère progressiste conforme à la formation de producteurs utiles, utiles à l'augmentation des capacités des hommes, à l'augmentation de la production. Une fois encore, nous cernons le véritable problème qui, en l'occurence, est le devenir de notre peuple. Produire, c'est donc, avant tout, éduquer le producteur et éduquer le producteur, c'est avant tout lui conférer les meilleures capacités de production.

Voilà camarades, les deux mots d'ordre-clé que vous avez largement développés dans toutes vos interventions, qui rejoignent parfaitement les impératifs de la phase actuelle de notre Révolution et qui, sur un plan général, s'adaptent parfaitement aussi à l'histoire contemporaine de l'Afrique, laquelle entend brûler les étapes afin d'égaler les meilleurs. Pour elle aussi, il s'agit de se qualifier dans tous les domaines, de ne plus tendre la main, de renoncer à la charité, car la mendicité n'est pas et ne sera jamais le propre de l'Afrique. Renoncer à la mendicité, c'est vouloir produire soi-même. Renoncer à la mendicité, c'est se doter d'une personnalité qui sauvegarde son originalité. Sauvegarder son orginalité, c'est avant tout avoir un esprit de responsabilité. Or l'esprit de responsabilité, qu'est-ce ? C'est la traduction de la conscience que l'homme a de l'histoire, qu'il a de l'humanité, qu'il a des capacités, des possibilités de l'homme et la confiance qu'il a dans le devenir de l'homme. Nous venons de boucler le cercle, puisque notre exposé s'ouvrait sur la primauté de la conscience et que c'est sur cette même primauté qu'il s'achève.

Qu'on ne soit pas étonné de trouver dans la Femme de Guinée, dans l'Homme de Guinée, l'ouvrier, le paysan, l'employé et même en ceux qui sont sans emploi et n'ont pas de lit, ceux à qui il manque encore peut-être du pain, la marque de notre pauvreté matérielle ; cette pauvreté n'est rien quand ces femmes et ces hommes possèdent la plus grande richesse de l'humanité, la richesse de tous les temps: la conscience. C'est elle qui a qualifié chacun de nous, c'est elle qui aura raison de notre retard économique.

C'est cette conscience politique, qui fera de chacun de nous des hommes concrets, des Africains sachant qu'ils doivent tout à l'Afrique et sachant que l'humanité est indivisible. Par delà les incompréhensions, le complexe d'infériorité, la médiocrité, qui ont caractérisé l'histoire récente de certains pays irresponsables, se dégage une conception réaliste de la phase actuelle du processus de transformation du monde. Le monde s'est qualifié : le monde de la conscience se substitue maintenant au monde de l'instinct. C'est ici que se résume l'histoire de l'humanité. Au lieu de parler de la préhistoire, au lieu de parler des XVe et XXe siècles de notre ère, nous nous devons d'étudier l'évolution historique de l'humanité à travers la graduelle qualification de l'homme caractérisée par l'épanouissement de sa conscience et le développement de ses facultés. Modifier l'enseignement, c'est lui donner l'objectivité, non pas l'objectivité formelle qui relie les effets à une cause qui ne serait pas appréciée dans son objectivité historique mais l'objectivité conforme aux lois historiques de l'évolution humaine.

L'enseignement en tant que facteur du développement culturel et la conscience qui en résulte permet à l'homme de devenir à la fois maître de lui-même et maître de la nature qui l'environne. Le monde de la conscience est le monde de la fraternité, celui de la solidarité et de la liberté. Et il n'y a pas de fraternité, de solidarité sans qu'il n'y ait, d'abord, liberté et égalité ; il n'y a pas de liberté et d'égalité sans démocratie : le monde de la conscience est aussi le monde du progrès.

Nous savons et nous n'oublions pas que la Guinée d'aujourd'hui est pauvre, que notre pays recèle une majorité de paysans mal habillés, mal nourris, mal logés, nous n'oublions pas que parfois nos mères, nos soeurs marchent pieds nus et qu'il manque des médicaments pour l'entretien de leur santé. Nous savons que nos frères, nos pères sont courbés sur des instruments archaïques dont le rendement est infime par rapport à la somme d'efforts qu'ils nécessitent. Nous savons également que le pays contient d'immenses possibilités dont la mise en valeur pourrait transformer avantageusement les conditions de vie en Guinée. Camarades, nous savons aussi que l'Afrique, dans sa marche vers son avenir, est en butte à mille difficultés, mille entraves créées par les puissances favorables au néo-colonialisme. Nous savons que tout cela existe en Guinée, en Afrique et dans le monde. La reconversion intégrale n'est pas encore assurée, car ils sont encore nombreux ceux qui réagissent selon la couleur de la peau, selon la nationalité de l'homme, selon la religion de l'homme. Mais nous savons aussi que des efforts seront fournis en Guinée, en Afrique et dans le monde pour permettre à l'humanité de vivre en paix, dans l'amitié, la solidarité, l'intelligence.

C'est pourquoi nous sommes conscients des impératifs dont la réalisation conditionne le bonheur humain, c'est aussi pourquoi nous avons foi dans la justesse des causes nobles, c'est pourquoi nous sommes déterminés par une volonté éclairée qui veut que chacun de nous soit utile à sa famille, à sa nation, à sa région, à l'Afrique et au monde, une volonté qui veut que chacun de nous soit à la fois objet des activités de l'humanité et sujet de l'accroissement du bonheur de l'humanité.

Cette nécessité liée, dans notre esprit, aux mots d'ordre de la Révolution, est nécessairement liée aux mots d'ordre de la production. Camarades, la production est développement de la culture, de l'éducation, de l'enseignement ; c'est en définitif, à travers le développement de la condition humaine, la promotion humaine.

8
NOVEMBRE
1964

“8 NOVEMBRE 1964”

Nous t’avons choisi
Peuple !
Nous avons choisi,
Les autres et nous-mêmes,
Dédaignant le « Moi »
Et ses limites étroites,
Ses passions égoïstes.
Contre l’indignité,
Nous avons élu
La liberté et la responsabilité
Synonymes de lutte
Pour la vie, dans la vie.
Car l’Avenir
En semence dans le présent,
Crie son mépris pour le Démon « Argent »
Et sa sœur « Cupidité »,
Devenus les maîtres
D’anciens saboteurs graciés
Et de nouveaux parvenus
A l’esprit bourgeois.
Nous t’avons choisi
Peuple !
Ce choix est unique et total.

Choix résolu et vrai :
Celui de notre Afrique neuve,
Une civilisation à bâtir
Un continent à modeler,
Notre devenir à forger.
Quoi de plus beau !
Quoi de plus exaltant !
Quoi de plus juste !
Choisir les autres et soi-même,
Les autres avant,
Et soi dans les autres !
Préférer la vérité.
Qu'elle éblouisse
Comme le soleil de midi
Et donne vitalité
A chacun et à tous
En parts égales !
Préférer la rose
Et ses épines
Car le progrès est exigence de lutte.
Qu'elle s'épanouisse
La belle Rose Africaine,
Et exhale son parfum
Qui embaume pauvres et riches
Car la Révolution signifie l'Egalité
Et la solidarité de sort,
Honorer et servir la Patrie !

Chacun lui doit tout
Et peut un peu
Pour son peuple qui est la chaîne
Et l'homme le maillon.
Qu'il s'élève
L'homme d'Afrique,
Pour porter haut dans l'Azur,
La lumière de la vraie justice.
Celle qui procure
Joie, sécurité et paix.
Nous t'avons choisi
Peuple !
Ta cause est impérissable
Et toujours noble ton combat
Pour que le bonheur humain
Etende son empire !
Qu'il n'y ait pas de race,
Qu'il n'y ait pas de sexe,
Qu'il n'y ait d'égoïsme
Pour confisquer le pouvoir
Qui est propriété
Du peuple travailleur.
Non au désordre !
A bas l'opportunisme !
Au feu le racisme !
Nous crions ensemble.

Nos cœurs se gonflent,
Et nos veines éclatent,
Dans le souffle des idées
Qui transforment.
Peuple de Guinée !
Il nous faut anéantir l'ennemi
Dilapideur de notre patrimoine,
Briser tous les fraudeurs,
Ces fossoyeurs de la République
Qui, vêtus de honte,
Affament sans pitié
Les hommes et les femmes,
Les villes et les campagnes.
Il nous faut couper leurs mains sales
Qui ont rempli des coffres
De capitaux volés.
Car pour eux et leurs complices,
Tout se monnaye:
Dignité et liberté !
Pour eux, il faut mentir et tromper,
Se rendre sourd et aveugle
Pour entendre et voir le « cobri »,
Le « cobri » de l'escroquerie,
Le « cobri » de l'infamie.
Contre la Nation et son Avenir,
Ils ont choisi

La contre-révolution
Et ses attributs de cynisme.
Ils ont préféré l'oisiveté pour eux,
Et l'exploitation pour le peuple,
Ce grand peuple
Qui les a soustraits
A l'esclavage colonial
Et aux charges féodales.
Où sont nos produits ?
Où sont nos marchandises ?
Où sont nos diamants et notre or ?
A l'extérieur ils les envoient,
Vidant le pays
Qu'ils vouent au néant.
A côté des coffres pleins,
Ils veulent encore et toujours
Des ventres et des cases
Vidés de l'essentiel.
Ils se sont choisis Eux sans les autres,
Alors, militants et militantes,
Unissons nos bras,
Organisons nos armes,
La lutte doit être totale
Mais victorieuse.
Des souffrances des jours et des nuits
Est née la loi-cadre;

Ses fruits exquis et mûrs
Sont à la portée de nos mains.
Pas d'hésitation, pas de pitié.
Que cesse toute lamentation.
Le canon est prêt
Tout chargé d'obus meurtriers,
Tirons les douze coups.
Et la Révolution
Remettant sur ses rails
Son puissant train,
Devra écraser ses ennemis,
Faire sauter tout obstacle.
Militants et militantes,
Ils ont choisi,
Ne l'oublions pas,
Car nous avons choisi aussi.
Une cause mérite
Tous sacrifices et dévouements :
Elle est la nôtre.
Une cause mérite
L'échec définitif :
Elle est la leur.
Ensemble et fermement,
Sur le chemin de la vigilance
Et dans le véhicule de l'histoire
Qui ne peut s'arrêter.

L'action est le moyen,
Le seul qui puisse
Détruire le fainéant,
Réhabiliter l'utile,
Libérer la Liberté
Et revaloriser la Souveraineté.
A chacune des gares prévues,
A chaque étape provisoire,
Meurent de vieux objets
Et naissent de nouvelles espérances.
C'est le nouveau renouvellement
C'est le constant dépassement,
Objet de nos communes volontés.
Volonté de disparition,
Volonté de création nouvelle.
Le déséquilibre se transforme
En harmonie totale :
Ce sont l'unité et la confiance
Dans le travail unique.
Plus de fraudeur et plus de misère
Car le vieux cortège a disparu,
Et partout éclôt la foi
Dans la joie retrouvée.
Le peuple vainqueur
A réconcilié avec ses intérêts
Et tous les hommes et toutes les femmes.

La victoire, fidèle compagne
Du courage et de l'action,
Colle fortement au tronc,
Au puissant tronc de l'histoire vécue,
Produisant de nouvelles branches.
Et maintenant l'arbre,
Le solide et bel arbre
De la révolution continue,
Va à la conquête des cieux
Alors que ses racines plongent,
Plongent en profondeur infinie
Dans la terre d'Adam.
Sur le vieil ordre,
Cette victoire de l'ancien déshérité
Qui est l'éternel Souverain,
Est fille de l'histoire passée
Et mère de l'histoire attendue,
Toujours au devant du peuple
Au milieu du peuple
Et derrière le peuple.
Le chemin qu'ont choisi les égarés
Court parmi les sentiers du vice,
Au bord des précipices
Où niche la veulerie.
Mais nos pas sont fermes
Au-dessus du gouffre,

Car tout en haut
Notre peuple a rendez-vous
Avec son destin nouveau.
La voix du Parti défie la vénalité,
Le Parti est ennemi de la Corruption,
Il est le Désespoir des affameurs
Qui en son sein,
Ne trouveront plus
Ni refuge, ni tremplin.
A l'horloge de la Révolution,
Est déjà passée
L'heure de la clémence et de la démagogie,
Car l'épuration a rejeté les intrus
Tout en bouclant nos frontières.
L'avenir est à ceux qui peinent
Dans l'anonyme labeur du jour,
Où, par les nuits sans étoiles,
Les sueurs qui irriguent les champs,
Sont plus pures que la rosée du matin.
Peuple, c'est le 8 Novembre !
Dans nos poitrines bat notre capital
D'espérances,
Car ta confiance qui nous soutient
Est notre unique richesse.
Il n'est surhomme ni miracle

Qui se puisse substituer à la dure école
De l'expérience.
Qu'importe les gerçures
Et les trébuchements,
Si le pas reste déterminé
Et le chemin sûr !
Après la longue traversée du désert,
La soif est bénie
Que l'on étanche à la source de la vie.
Peuple !
Nous t'avons choisi,
Toi qui es et sera toujours.
Du plan Septennal
Germera ta prospérité.
Dans les champs et les usines
Les souffrances d'aujourd'hui
Seront l'abondance de la moisson
Car de nos potentialités
Est née la « Créativité »
Qui, par le socialisme triomphant,
A chaque mérite et besoin
Dispensera son juste prix.
Oh 8 Novembre !
Second 28 Septembre d'Afrique
Tu as été source de vitalité

Tu as été le choix du Travail
Celui de la Justice et de la Solidarité
Pour qu'à jamais vive et triomphe
La vraie Révolution.

Ahmed Sékou Touré

DISCOURS DU PRESIDENT AHMED SEKOU TOURE

Au meeting du 8 Novembre 1964

Peuple de Guinée,

A un Etat populaire, démocratique et social, doit nécessairement correspondre une vie économique et sociale parfaitement conforme aux aspirations progressistes et aux intérêts légitimes du peuple travailleur.

C'est pour atteindre ce but et permettre à notre peuple de réaliser dans la justice et la solidarité toutes les conditions d'une évolution dynamique vers le bonheur humain continu que le P.D.G. a créé, en Guinée, des structures foncièrement démocratiques et choisi une voie de développement non capitaliste et des méthodes d'action qui autorisent et amènent concrètement toutes les personnes conscientes à participer effectivement à la conception, à la décision, à la réalisation de tout programme économique, social et culturel impliqué par notre volonté d'émancipation totale et nos options politiques pour une vie sociale harmonieusement et démocratiquement équilibrée. L'histoire guinéenne, depuis la création du P.D.G. en 1947, et l'évolution de l'Afrique, depuis la décision du peuple guinéen le 28 Septembre 1958, ont confirmé de manière irréfutable la justesse de la voie de développement historique choisie par notre Parti National.

Les résultats positifs obtenus durant 17 ans de lutte résolue contre toutes les forces du mal, les puissances de domination et les pratiques d'exploitation de l'homme par son semblable ont renforcé considérablement le prestige de notre pays, élargi l'audience internationale de notre Parti réhabilité notre peuple et, avec lui les peuples frères d'Afrique.

La voie guinéenne de développement historique est essentiellement révolutionnaire, profondément humaine et fondamentalement progressiste.

La Révolution exige une conscience individuelle et collective constamment tendue vers l'avenir heureux de la vie de chaque homme et de chaque femme de la société. Elle implique, à tous les instants, la prise de responsabilités hardies, une attitude de courage intellectuel, physique et moral toujours fidèle aux intérêts populaires, une volonté résolue et une action continuellement engagée dans la recherche et la création du bien-être humain, de l'équilibre de l'homme dans la société et de la paix de la nation dans l'unité, la fraternité et la justice.

Ayant unanimement rejeté toute éventualité de l'échec de la révolution nationale que dirige de manière prééminente le P.D.G., notre peuple militant a préféré assurer l'échec des ennemis d'aujourd'hui et de demain à celui de son indépendance et des acquis positifs de sa lutte. Parmi les ennemis de notre peuple et des peuples africains, nous constatons aux côtés de l'impérialisme, du colonialisme et du néo-colonialisme, la présence de guinéens féodaux, opportunistes et corrompus dans leur mentalité et dans leur comportement.

Les ennemis de l'extérieur se joignent à ceux de l'intérieur pour étouffer l'économie guinéenne, engendrer le mécontentement populaire en vue de substituer à la démocratie, le règne de l'argent, du racisme et de l'irresponsabilité.

Nous disons non ! résolument non, aux ennemis de notre peuple, non aux étrangleurs de notre liberté, non aux faux militants qui voudraient poignarder le régime en comptant sur le manque de vigilance révolutionnaire de nos masses laborieuses :

— La corruption doit cesser ;

— L'opportunisme doit disparaître ;

— L'irresponsabilité doit être combattue et anéantie ;

— La bureaucratie et le mépris du peuple devront être extirpés du comportement de tous et de chacun ;

— Le racisme, la malhonnêteté et la calomnie devront conduire leurs indignes auteurs à l'ombre des prisons pour que s'épanouissent au soleil du progrès nos masses laborieuses.

Ainsi s'ouvre à nouveau comme au 28 Septembre 1958 et à d'autres dates historiques de l'action rénovatrice et multiforme de notre parti, la porte de l'avenir contre le passé, la porte de la vérité contre le mensonge, la porte de la dignité, de la fermeté et du patriotisme ; la porte qui s'ouvre enfin sur la seule voie de la révolution globale et de l'épanouissement de toutes nos facultés, de toutes nos capacités créatrices et du dépassement continu de notre peuple épris de justice et de progrès.

Aujourd'hui comme hier, le Parti Démocratique de Guinée doit prendre sans hésiter certaines décisions qui s'imposent.

Le chef de notre Etat, dans le sens prescrit par le Bureau Politique National, prendra également à son niveau d'autres décisions pour épurer et réorganiser certaines entités administratives du pays.

Au cours du présent rassemblement populaire de Conakry, dans ce Stade-du-28-Septembre, la loi-cadre de l'action militante du Parti Démocratique de Guinée dans la présente phase sera définie en douze points.

Ces 12 points constitueront le bréviaire du militant sincère de notre mouvement révolutionnaire.

Ces 12 points expriment la confiance absolue que le P.D.G. place dans les capacités, la détermination et la haute conscience de progrès des masses guinéennes qui veulent en finir avec le sabotage et les saboteurs et faire définitivement triompher leurs aspirations et leur droit à une vie heureuse et digne.

SUR LA VIE POLITIQUE ET SOCIALE

1° Un seul but : combattre le trafic et assurer une existence décente à tous et à chacun.

COMMERCE

a) Assurer la répartition systématique et équitable de toutes les marchandises et denrées entre les 29 régions du pays ;

b) Limiter pour chaque région l'effectif maximum des commerçants. Les anciennes cartes de commerçants de toutes catégories sont supprimées et de nouvelles cartes seront délivrées par une commission nationale. L'effectif commercial actuel de Conakry sera réduit au 1/5ᵉ.

c) Tout acte de vente ou d'achat de marchandises en tout lieu non autorisé sera réprimé comme un crime contre l'économie du pays.

d) Tout trafic frauduleux aux frontières tendant à priver illégalement le peuple guinéen du fruit de son travail productif entraînera la peine capitale. Les équipes de douaniers, de gendarmes seront doublées d'équipes militaires qui auront la consigne de tirer sur tout trafiquant à nos frontières.

2° Les patentes et licences d'import-export détenues par les commerçants privés sont supprimées. L'exclusivité du commerce extérieur est accordée aux seules sociétés commerciales de l'Etat qui s'en tiendront à la vente en gros des marchandises et denrées.

DIAMANT

3° L'exploitation privée du diamant est supprimée. La Bourse du diamant est transférée à la Banque Centrale de la République de Guinée à Conakry.

HABITAT

4° Instituer une commission de réglementation et de contrôle des logements loués.

5° Tous les bénéficiaires de prêts à l'habitat sont obligés d'habiter ou d'exploiter personnellement les immeubles bâtis avec ces prêts, faute de quoi, l'Etat les nationalise jusqu'à extinction des dettes. Dans ce cas, les loyers reviennent à la Nation qui ne payera que le taux normal aux propriétaires, la plus-value devenant propriété du peuple guinéen.

VERIFICATION DES BIENS

6° Constitution d'une commission de vérification de tous les biens des citoyens et surtout des responsables administratifs et politiques acquis depuis le 28 Septembre 1958. Les biens de toute nature mal acquis seront confisqués au bénéfice de la Nation et du peuple.

7° Les auteurs du trafic sur la monnaie guinéenne, de l'exportation et de l'importation frauduleuse des marchandises et des produits seront condamnés à une peine de 15 à 20 ans avec expropriation de tous leurs biens.

8° Tout acte et propos racistes, toute déclaration subversive, de nature à saper sous quelque forme que ce soit le régime guinéen à travers son Parti et son Etat, sera puni de 5 ans de prison.

SUR LA VIE POLITIQUE

(jusqu'au prochain Congrès national)

9° Structure et fonctionnement du P.D.G.

a) Unité géographique :

Un Comité par quartier ;
Une Section par Arrondissement ;
Une Fédération par Région.

b) Unité de production :

Un Comité par usine, service, entreprise, société ;

Une Section par département professionnelle.
La même fédération pour l'ensemble des comités et sections de la même région.

c) Limitation à 50 Comités de base pour la Région de Conakry, avec un effectif de 30.000 membres militants au maximum soit : 1/6° de la population globale. Conakry-I : 15 Comités pour 10.000 militants et Conakry-II, 35 Comités pour 20.000 militants.

10° Conditions pour être membre militant titulaire de la carte du Parti Démocratique de Guinée.

a) Etre âgé de 18 ans au moins et exercer une activité productrice.

b) Ne peuvent être élues dans les organismes dirigeants du P.D.G. les personnes exerçant le commerce privé ou déjà condamnées à partir de 1958 pour vol, détournement, abus de confiance, subversion et racisme.

c) Les jeunes et les femmes seront organisés au niveau des sections et des fédérations. Les comités spéciaux sont supprimés.

d) Tous les comités et sections fonctionnant dans la région de Conakry seront renouvelés entre le 1er et le 31 décembre 1964.

11° Les responsables administratifs membres des Cabinets Ministériels, chefs des services, des entreprises, des sociétés de l'Etat, seront tenus obligatoirement de militer au sein du Parti et de se conformer à sa ligne politique. Tout désengagement politique observé dans le comportement d'un haut-fonctionnaire de l'Etat entraînera désormais la perte de la fonction de responsabilité qu'il assumait.

12° Une session extraordinaire commune de l'Assemblée nationale et du C.N.R. se réunira le 19 Novembre à Conakry en vue de délibérer et de voter les lois et textes réglementaires d'application des présentes résolutions du B.P.N.

Gloire au peuple !

A bas les trafiquants !

Vive la Révolution !

COMMUNIQUE DE LA PRESIDENCE DE LA REPUBLIQUE

(en date du 18 Novembre 1964)

La Présidence de la République communique :

1° Les Responsables et Agents de la Fonction Publique faisant l'objet d'une décision d'affectation devront impérativement, dans un délai de 8 jours, être à leur nouveau poste, faute de quoi ils seront considérés d'office comme licenciés de leur emploi pour faute grave, sans indemnité aucune.

2° Tous les fonctionnaires propriétaires d'immeubles et n'entrant pas dans la catégorie des agents ayant droit au logement de fonction, sont tenus d'avoir à libérer les locaux d'habitation administratifs avant le 1er janvier 1965, date à laquelle ceux qui ne se seront pas exécutés seront expulsés.

3° Tous les Directeurs, gérants et autres responsables des Entreprises et Sociétés d'Etat à caractère industriel ou commercial sont invités à mettre fin immédiatement à toute activité parallèle lucrative ou à démissionner de leur emploi.

Cette mesure vise les fonctionnaires et responsables des Sociétés et Entreprises qui se livrent directement ou par l'intermédiaire de leur épouse ou d'un tiers, à des activités commerciales, industrielles ou de transports, illégales. Toute infraction de ce genre aux dispositions du statut général de la Fonction Publique entraînera, outre le licenciement des contrevenants pour faute grave, la saisie de tous leurs biens.

4° Les citoyens et citoyennes qui effectueront désormais une intervention auprès des autorités administratives ou judiciaires, des responsables de services ou d'entreprises d'Etat en vue de faire arrêter une poursuite judiciaire ou administrative ou de solliciter une faveur contraire aux régles et pratiques du Parti et de l'Etat seront poursuivis, devant les tribunaux de la Révolution, pour tentative de corruption ou entrave au bon fonctionnement des organismes de l'Etat.

Les fonctionnaires et agents de l'Etat restent rigoureusement liés par le secret professionnel.

5° Toute communication de renseignements confidentiels à une personne ou à un organisme étranger sera considérée et sanctionnée comme un acte de trahison.

6° Les militants du P.D.G., les autorités administratives, judiciaires et militaires sont chargés de veiller de manière vigilante au respect scrupuleux des présentes instructions prises en application des dispositions de la loi-cadre de la Révolution.

Ahmed Sékou TOURE.

DISCOURS D'OUVERTURE DE LA SESSION EXTRAORDINAIRE COMMUNE DU C.N.R. ET DE L'ASSEMBLEE NATIONALE

(le 19 Novembre 1964)

Camarades,

Le temps des discours a duré et même trop duré. Des congrès, des conférences et des assemblées à tous les échelons — Nation, région, arrondissement, village ou quartier, ont été régulièrement tenus avec la participation effective de tous les cadres politiques, administratifs, militaires et syndicaux.

Les hommes, les femmes et les jeunes de toutes les catégories sociales ont été invités à collaborer à l'œuvre du P.D.G. pour la définition correcte et collective de ses objectifs dans tous les domaines de la vie de notre peuple. Chaque Guinéen connaît clairement ces objectifs, les principes d'action et les méthodes recommandés en vue de leur réalisation efficace.

La ligne politique du P.D.G., si chacun la connaît et y adhère théoriquement, n'est pas cependant respectée par bon nombre de responsables et de militants.

La liberté est devenue licence et synonyme d'anarchie.

Le sens de la responsabilité s'est orienté exclusivement vers l'égoïsme et l'individualisme.

La fidélité au peuple s'est transformée en fidélité au démont « Argent » qui doit tout régenter et renverser les hiérarchies politiques, administratives et sociales du pays au profit des voleurs et des escrocs de toutes sortes.

Vous constaterez que sur un plan pratique, le P.D.G. a mis tout en œuvre pour assurer à son action historique, efficacité et continuité.

La démocratie, qui est le moyen essentiel de mobilisation des masses populaires, de leur participation effective à l'œuvre de rénovation nationale, a été vidée, ces derniers temps, de son contenu progressiste et tendait à se transformer en «démocratisme» et en «libéralisme» générateurs de confusion.

La décentralisation était devenue le moyen d'éliminer l'esprit national, le sens du patriotisme et le militantisme, pour le triomphe de l'esprit de famille, de l'esprit de clan et de la pratique des vieilles et honteuses coutumes.

La déconcentration du pouvoir, loin de servir totalement la cause du peuple, a permis à certains éléments féodaux et à des réactionnaires ou vieux saboteurs non reconvertis à la morale et à l'action révolutionnaires, de compromettre la cause du peuple qu'ils exploitaient et trompaient au nom et avec le pouvoir du Parti et de son Etat.

L'opportunisme, le racisme, l'exploitation et l'oppression tant combattus par le P.D.G. devenaient les caractéristiques des rapports entre certains dirigeants indignes et nos masses laborieuses.

A cette crise de moralité et à ces pratiques réactionnaires, correspondaient, de plus en plus, le découragement, la confusion, la démobilisation au niveau des couches laborieuses du pays.

Les acquis de la révolution étaient menacés sérieusement par le comportement cynique et désorganisateur d'une catégorie de profiteurs malhonnêtes de la révolution.

Les ennemis du progrès démocratique, de la justice sociale, les ennemis de la révolution populaire voulaient confisquer à leur profit exclusif les acquis de nos longues années de lutte et de souffrance.

Ils voudraient, sinon faire arrêter l'histoire, du moins l'engager dans une voie qui autorise l'exploitation des masses par une classe de petits bourgeois sans scrupule, issus des milieux trafiquants et bureaucratiques.

Les armes qui devaient conduire à la faillite générale de notre entreprise historique se nomment : **le vol, le trafic, la corruption et le mensonge.**

Les éléments contre-révolutionnaires, privés de toute conscience politique et morale, se livraient un peu partout au vol, au détournement, à l'escroquerie, à la corruption matérielle et morale et se mettaient à dénigrer et à discréditer systématiquement le Parti, son gouvernement et ses cadres les plus honnêtes et les plus fidèles à nos idéaux de justice et de progrès.

Ceux qui ne croyaient pas **à la révolution du peuple par le peuple et pour le peuple**, employaient tous les moyens sataniques pour saper les bases de cette révolution et installer une réalité contraire.

Les fossoyeurs de l'économie guinéenne, les liquidateurs de l'Etat et les démoralisateurs de l'opinion générale se recrutaient parmi les commerçants et les responsables politiques et administratifs du pays.

En effet, de hauts-fonctionnaires, des directeurs et employés des sociétés et des entreprises d'Etat,notamment des secteurs du commerce et des transports, se livraient à toutes sortes de malversations.

Devenaient de plus en plus nombreux les membres dirigeants des comités, des sections, des fédérations et surtout les responsables féminines qui se livraient au trafic, à la hausse des prix ou qui transformaient de bons militants en complices de nos ennemis ; en compagnons non de l'indépendance, mais de la contre-révolution tout court.

La situation est devenue claire après le 8 novembre, qui a déclenché le mouvement d'épuration politique et de redressement économique et administratif de la Nation.

Nous répétons que la contre-révolution doit être anéantie. Le vol, le trafic, la corruption, l'opportunisme, la démagogie et le racisme doivent définitivement disparaître des réalités guinéennes. Désormais aucune pitié, aucune lamentation stérile ne sont admises.

L'action, l'action dans toute la rigueur de notre option révolutionnaire avec la fermeté de notre volonté de progrès, doit être de règle, la seule règle de conduite.

Camarades,

Le P.D.G. et l'Etat guinéen sont de contenu essentiellement populaire et démocratique.

La nature de leurs objectifs et des activités qu'ils mènent reste fondamentalement humaine et progressiste.

Ce sont ces caractéristiques, définissant notre Parti, notre Etat et notre Révolution, qui ont impliqué une très large décentralisation et une profonde déconcentration dans les domaines politique, législatif, administratif, économique et social de la Nation.

Le P.D.G., aux différents échelons de son organisation a réalisé l'unité d'action de nos populations qui comptent aujourd'hui, un responsable librement élu pour 11 habitants.

C'est ainsi que nous avons :

1° Une Assemblée Nationale de 74 députés ;

2° 29 conseils généraux de 30 membres, soit 870 conseillers ;

3° 10.250 comités de base totalisant 102.500 dirigeants ;

4° 10.250 comités spéciaux de femmes totalisant 133.250 responsables ;

5° 10.250 comités de jeunes totalisant 133.250 responsables ;

6° 177 comités directeurs de sections totalisant 2.124 dirigeants ;

7° 177 comités J.R.D.A. de sections totalisant 2.301 responsables ;

8° 30 bureaux fédéraux totalisant 210 dirigeants ;

9° 30 comités régionaux de la J.R.D.A. totalisant 390 responsables ;

10° 2 comités régionaux des femmes totalisant 26 responsables (Conakry-I et II) ;

11° 1 Conseil National de la J.R.D.A. de 13 membres ;

12° 1 Bureau Politique National de 15 membres.

Quel est le pays, dans le monde, qui compte un élu pour onze habitants?

Quel est le Parti qui fait participer la femme et le jeune obligatoirement à tous ses organismes dirigeants ainsi qu'à toutes les instances législatives et exécutives de la Nation?

Quel est le Parti qui fait autant de congrès, de conférences, meetings et assemblées générales de militants que le P.D.G.?

La liberté, la souveraineté, la pratique de la responsabilité ont été confiées par le P.D.G. au peuple qui en exerce directement tous les attributs.

Camarades,

La présente session extraordinaire du C.N.R. groupe avec les représentants des fédérations, les députés à l'Assemblée Nationale. C'est dire que la Direction du Parti Démocratique de Guinée entend mener, parallèlement à une action politique rigoureuse de redressement, d'assainissement et de rénovation, une action législative ferme et résolue.

Il est inutile de revenir aujourd'hui sur la philosophie du Parti, et de rappeler le caractère historique des durs mais victorieux combats qui s'inscrivent à son palmarès. Il est superflu également de vouloir convaincre ceux qui se refusent à être convaincus, d'en appeler à la conscience d'hommes sans conscience et au patriotisme d'individus tarés dont les actes et le comportement se résument en cet axiome **« que le régime échoue que le peuple périsse si tel est leur intérêt».**

Le peuple ne périra pas, le Régime n'échouera pas. Le P.D.G. est là pour y veiller.

Le coup d'arrêt à la contre-révolution a été donné sans équivoque ni compromis le 8 Novembre 1964. Cette date, par les modifications profondes qui résulteront de l'application des 12 points de la Loi-Cadre, sera concrètement et à brève échéance un nouveau pas en avant de la Révolution populaire. A ce titre, la journée **du 8 Novembre** a une importance égale et aussi déterminante que celle qu'a eu, pour la Guinée et l'Afrique, la journée du **28 Septembre 1958. Le 8 Novembre 1964 comporte lui aussi un refus capital. Le refus de voir le pouvoir populaire confisqué par les saboteurs de la Révolution Guinéenne.**

Comme le 28 Septembre 1958, le Parti du peuple, le Parti de la liberté, le Parti de la dignité, dit **« Non ».**

Non à la renaissance du racisme sur lequel certains fondent leurs espoirs insensés de revanche politique ;

Non à la corruption qui n'a d'autre but que de ruiner, de l'intérieur, le Parti et l'Etat ;

Non aux trafics scandaleux et aux enrichissements qui se fondent sur l'aggravation de la misère et des souffrances du peuple ;

Non à la subversion ;

Non à la calomnie ;

Non aux trahisons ;

Non à la faillite de l'économie ;

Non à la défaite du peuple !

Les trafiquants impudents, les ambitieux sans conscience, les traîtres avoués ou déguisés, les responsables irresponsables, et enfin tous ceux qui se complaisent dans la malhonnêteté, l'escroquerie et l'indignité, ont créé les conditions qu'il fallait pour donner un nouvel essor à la marche triomphante de la révolution du peuple guinéen.

Ceux qui tablaient sur un sentimentalisme coupable pour poursuivre leur inavouable entreprise de démobilisation se sont trompés. Ceux-là n'ont pas compris que le peuple laborieux et son Parti leur donnaient, après tant d'autres chances de se reconvertir à un comportement digne et loyal, la dernière occasion de se ressaisir.

A l'horloge de la révolution, l'heure de la clémence est passée.

Notre Parti a cessé d'être le refuge de ceux qui voulaient en faire le tremplin de leurs ambitions ou l'instrument de leur fortune.

Notre Parti, pétri d'abnégation, de dévouement, de sacrifices et des plus beaux exemples de courage et de foi, ne saurait plus désormais tolérer que l'affameur du peuple côtoie le militant affamé, ni que l'homme honnête se voit préférer le malhonnête homme. En se rénovant, notre Parti entend redevenir le Parti des incorruptibles, refusant sa confiance à quiconque en aura démérité, méprisant le méprisable, dénonçant les traîtres et les saboteurs, barrant impitoyablement la route aux renégats, aux opportunistes et autres apatrides. Notre Parti, le Parti du peuple doit retourner au peuple, se fortifier par l'action populaire, s'enrichir de ses expériences afin de le servir avec plus de rigueur et d'efficacité.

Camarades,

Cette action de rénovation et de renforcement du Parti requiert une vigilance révolutionnaire de tous les instants, car l'expérience nous prouve que chaque faille qui se produit dans les rangs du Parti devient immédiatement un foyer contre-révolutionnaire. Plus que jamais vous êtes comptables et responsables de la force du Parti, de sa vigilance et de son efficacité.

Il est superflu désormais de vouloir raisonner ces insensés qui, bien que fils du régime, ruinent le Parti qui les a engendrés et les porte.

Celui qui n'est pas avec le peuple ne peut être que contre le peuple et celui qui est contre le peuple ne peut être ni pour le régime, ni pour le Parti. Il est de beaucoup préférable de placer ceux-là devant le Parti et face au peuple, de les mettre au pilori de la révolution plutôt que de forger, pour eux, les armes avec lesquelles ils tentent de nous combattre et espèrent nous abattre.

Camarades,

La Loi-Cadre de l'action militante du P.D.G. n'est pas seulement le bréviaire des militants, militantes et responsables de notre grand Parti, elle résume les mots d'ordre que chacun aura à faire respecter. De l'assainissement du Parti dépend la consolidation du régime ; de la consolidation du régime dépend le développement de la révolution qui porte potentiellement en elle les moyens concrets de satisfaire les justes aspirations et les légitimes espérances de notre peuple.

Militants, militantes et responsables du Parti, cette session extaordinaire du C.N.R. doit prouver à tous les faux sceptiques qui, avec des airs entendus, vont en répétant que la loi-cadre n'est qu'intention sans action, qu'ils ne sont ni à l'abri de l'action du Parti, ni immunisés contre les coups que la révolution doit porter à la contre-révolution.

La loi-cadre ne sera pas un feu de paille, elle sera l'incendie qui réduira en cendres les espérances inavouables, les acquis frauduleux, le produit des larcins et des escroqueries.

La loi-cadre brisera les ennemis du peuple, liquidera le faux militant, détruira la corruption, anéantira l'opportunisme, jugulera l'irresponsabilité et extirpera de nos réalités le bureaucratisme, la veulerie, l'indignité, le mépris et l'égoïsme. Quant au racisme, à la subversion et la malhonnêteté, la loi-cadre leur donne rendez-vous dans nos prisons.

La loi-cadre va au-delà de la situation présente, elle vise à détruire l'embourgeoisement en tant que forme primaire du capitalisme exploiteur et allié naturel de l'impérialisme et du néo-colonialisme.

La loi-cadre, qui s'inscrit dans le courant de la révolution populaire, est un moment déterminant de la révolution, du destin du peuple et de l'histoire de l'Afrique. Son échec militant sonnerait l'échec de la révolution, l'agonie du régime et la défaite du peuple.

C'est pourqoui il n'y a pas d'autre alternative que d'appliquer rigoureusement la loi-cadre ou de renoncer au progrès du peuple, de poursuivre la révolution ou de s'enterrer avec elle.

L'actuelle session commune de l'Assemblée Nationale et du Conseil National de la Révolution a pour but d'arrêter, avant le prochain congrès du P.D.G., les mesures législatives réglementaires, les formes et moyens d'action pour renforcer le combat populaire contre les maux qui paralysent notre économie et portent préjudice à notre peuple.

Les malfaiteurs doivent être à l'ombre et les biens mal acquis doivent revenir au peuple, à la Nation victime.

Une seule volonté, celle de continuer la révolution ;

Un seul but, celui de la victoire de la Révolution.

Un seul serment, celui de la totale fidélité à notre peuple à qui nous devons tout, jusqu'à notre vie et pour lequel chacun de nous peut un peu.

Ahmed Sékou TOURE

SOMMAIRE DES LOIS ET DECRETS SOUMIS A L'ASSEMBLEE EXTRAORDINAIRE COMMUNE DU CONSEIL NATIONAL DE LA REVOLUTION ET DE L'ASSEMBLEE NATIONALE

Le 19 Novembre 1964

LOI N° 25/AN/1964, portant répression du trafic frauduleux sur la monnaie guinéenne et sur toutes marchandises. Les peines prévues vont de 5 à 10 ans d'emprisonnement et à la confiscation de tous les biens des contrevenants. Cette loi précise qu'il n'y a ni crime, ni délit en cas d'homicide ou de blessure commis par les forces de l'ordre sur les délinquants pris en flagrant délit et qui n'auraient pas obtempéré aux sommations d'usage.

LOI N° 26/AN/1964, portant institution d'une commission nationale et de commissions régionales de vérification des biens, chargées de contrôler l'origine des biens acquis par les ressortissants guinéens et les étrangers résidant en Guinée depuis le 28 Septembre 1958, et exerçant des responsabilités politiques ou étant fonctionnaires ou agents salariés de l'Etat, ou encore, exerçant ou ayant exercé directement ou par personnes interposées des activités commerciales ou industrielles. Les dites commissions sont habilitées à proposer au Chef de l'Etat la confiscation de tous biens mobiliers ou immobiliers qu'elles estimeront mal acquis.

LOI N° 27/AN/1964, portant répression de la vente des marchandises hors des lieux destinés habituellement à la vente et qui prévoit que toute opération de vente ou d'achat hors des lieux autorisés à cet effet, que toute transaction sur les factures et bons à enlever délivrés par les maisons de gros aux commerçants détaillants, que le refus de vente, y compris la dissimulation des marchandises, sont passibles d'une peine de travaux forcés de 15 à 20 ans.

La même loi définit en tant que délit économique, la hausse illicite et la complicité dans la hausse illicite, le non affichage des prix au demi-gros et au détail, le refus de communiquer les documents ou leur dissimulation. Ces délits sont passibles d'une amende de 100.000 à 5.000.000 de francs et d'une peine de 6 mois à 2 ans d'emprisonnement, indépendamment de l'interdiction définitive ou temporaire d'exercer la profession.

LOI N° 28/AN/1964, sur la répression du racisme, définissant en tant que délit raciste la propagande à caractère racial, tribal ou subversif. Ces délits sont soumis à la réparation des dommages matériels ou moraux et sont passibles de peines d'emprisonnement.

DECRET-LOI N° 514/PRG., règlementant la profession de commerçant. Les nouvelles dispositions que comporte ce DECRET-LOI portent notamment sur les conditions d'âge, de capacité professionnelle et civique. La profession de commerçant est notamment interdite aux fonctionnaires salariés et employés à titre permanent dans un établissement public ou privé ainsi qu'aux conjoints et conjointes des sus-dits.

Pour obtenir la carte de commerçant demi-grossiste, il faut en outre, disposer d'une boutique d'exposition en matériaux définitifs et d'un magasin de stockage d'une superficie minimum de 100 mètres carrés, avoir un capital financier, en fonds liquides, de 30.000.000 de francs au minimum. Pour être commerçant détaillant, il faut notamment disposer d'une boutique en matériaux définitifs et d'un magasin comportant les agencements nécessaires d'une superficie minimum de 40 mètres carrés, disposer d'un capital financier en fonds liquides de 10.000.000 de francs minimum.

Les Sociétés, même si elles s'adonnent uniquement à la vente au détail devront disposer d'une boutique d'exposition et de deux magasins de stockage d'une superficie minimum de 500 mètres carrés chacun, avoir un capital financier en fonds liquides de 50.000.000 de francs minimum.

Il faut noter qu'une part des fonds liquides exigés pour obtenir l'autorisation d'exercer dans une des catégories de commerce ci-dessus, constitue une caution permanente qui sera déposée auprè du Crédit National pour le Commerce, l'Industrie et l'Habitat, caution qui pourra être confisquée en cas d'infraction à la nouvelle règlementation sur la profession de commerçant. Des disposition particulières sont prévues pour le commerce forain sur une place publique, dans les centres urbain. Cette sorte de commerce est soumise à l'autorisation préalable délivrée par le Gouverneur de région.

DECRET N° 513/PRG., fixant les conditions d'exercice de la profession de commerçant. Dans les régions administratives, la commission habilitée à statuer est composée des membres du bureau fédéral, du Juge de paix, du Commissaire de Police, du Contrôleur des Contributions diverses et du Président du Conseil Général. La Commission de vérification pour la région de Conakry est composée du Président du Tribunal de Première Instance, du Commissaire central et du Directeur des Contributions diverses.

DECRET N° 456/PRG., rattachant le Contrôle Administratif et Financier de Conakry à la Direction Générale des Services de l'Intérieur.

DECRET N° 466/PRG., faisant obligation aux bénéficiaires des prêts à l'habitat d'habiter eux-mêmes ou d'exploiter personnellement les immeubles et installations construites avec l'aide des prêts. Ce même Décret interdit toute activité lucrative aux membres du Gouvernement de la République. Tous responsables nationaux, tant de l'Etat que du privé, propriétaires d'immeubles ou installations construites sans l'aide de l'Etat ne peuvent les louer qu'à la Société de Gestion Immobilière.

DECRET N° 477/PRG., érigeant l'Entreprise Nationale Patrice-Lumumba en Entreprise auto-gérée.

DECRET N° 427/PRG., désignant les membres de la Commission Nationale de vérification des biens et les membres des Commissions régionales de vérification des biens.

DECRET N° 487/PRG., portant création de Commissions régionales chargées de la fixation des taux de loyer tant pour les immeubles à usage commercial que pour les immeubles à usage d'habitation et désignant la Commission de fixation des loyers pour Conakry.

« LA VICTOIRE APPARTIENT AU PEUPLE »

ALLOCUTION RADIODIFFUSEE DU PRESIDENT

Ahmed Sékou TOURE

(le 22 Novembre 1964)

Le «8 Novembre», en tant que fidèle incarnation de la volonté légitime du peuple de continuer la Révolution et de diriger avec maîtrise toutes les activités vers les seuls buts d'intérêt général demeure, dans la phase historique qu'il a ouverte à notre parti, la loi-cadre de la Révolution et la ligne d'action tracée à ses responsables et militants, à quelque domaine qu'ils appartiennent.

Nous savons avec quel enthousiasme unanime et quelle joie profonde le peuple de Guinée, et plus particulièrement les masses déshéritées de la campagne, des chantiers et de la Fonction Publique ont accueilli ses douze points qui constituent un ensemble dynamique dont l'application intégrale et efficace requiert nécessairement une solide communion d'action de tous ceux et de toutes celles qui, de par leur confiance dans les destinées du pays et leur conscience militante, ont prété le serment d'assurer la sauvegarde des acquis de notre longue lutte, l'élargissement et la consolidation des bases matérielles et morales du bien-être de notre peuple.

En cela, le 8 novembre s'inscrit désormais dans la pensée et l'action militantes des forces sociales fondamentalement acquises aux idéaux de progrès, de démocratie et de justice.

En cela également, la loi-cadre devient le dénominateur commun des hommes et des femmes, des vieux et des jeunes qui ont accordé et continuent d'accorder à l'indépendance de notre pays, une valeur de transformation profonde des réalités héritées du système colonial, en vue de doter nos populations laborieuses des conditions de dignité, des moyens d'une émancipation totale, en même temps que toutes les chances d'un destin toujours conforme à nos besoins historiques et à nos aspirations humaines les plus progressistes.

En cela enfin, la loi-cadre devient un patrimoine commun impliquant chez le manœuvre, chez le cultivateur, chez l'ouvrier, chez le commis, chez l'intellectuel engagé, une adhésion sans équivoque et surtout une activité conséquente dont le seul but doit être d'en assurer correctement et rapidement le succès complet.

Le B.P.N. et le Gouvernement, à cette fin, ont déjà pris, au niveau tant de la Nation que des régions, toutes les dispositions politiques, législatives et administratives indispensables au renforcement de l'action rénovatrice du peuple. Le militant, le vrai militant du P.D.G. acquis à la nouvelle ère de clarté, de fidélité patriotique, se doit d'agir en conséquence avec une réelle vigilance, une fermeté exemplaire et avec continuité afin que dans sa famille, sur les lieux de travail, dans son quartier, partout où il se trouvera et autour de lui, soient dénoncés par lui, sans pitié, et résolument combattus par les moyens dont dispose la Révolution, tous les éléments réactionnaires qui tenteront encore de porter atteinte, de quelque manière que ce soit, à la ligne politique du P.D.G. rappelée le 8 Novembre 1964·

Evidemment, les saboteurs de l'économie, les corrupteurs et les corrompus, les racistes et les opportunistes s'adaptant au puissant courant rénovateur du

8 Novembre 1964 emploieront de nouvelles méthodes, tiendront un nouveau langage et, comme le caméléon, essayeront de tromper la vigilance et l'attention des masses afin de préparer de nouveaux coups qu'ils restent décidés à porter au mouvement révolutionnaire en Guinée.

Aussi les malfaiteurs, les auteurs de détournements qui ont volé des biens publics et s'attendent d'un moment à l'autre au retour, au profit de la Nation, des villas, des voitures, capitaux et autres richesses acquis grâce aux malversations, ne resteront pas inactifs.

Ils essayeront de dissimuler tout ce qui est dissimulable tout en menant une action de démobilisation par la corruption et le mensonge.

C'est pourquoi les membres des commissions de vérfication des biens acquis depuis Septembre 1958 doivent avoir une haute conscience de l'importance qui s'attache à la scrupuleuse conduite de la mission qui leur a été confiée et qui doit être menée sans exclusive aucune, sans la moindre faiblesse.

Dépositaires de la volonté populaire, c'est pour la Nation et en son nom seul, qu'ils devront exécuter la tâche que leur assigne la Révolution dans son œuvre de redressement et d'assainissement. Ils auront, pour exprimer les qualités politiques et les vertus morales de la Révolution et incarner dignement la confiance que notre Parti place dans leur incorruptibilité et leur fermeté, à se placer au-dessus de toutes considérations qui risqueraient de porter atteinte à l'exécution correcte de leur haute mission.

Leurs investigations et enquêtes ne sauraient être entravées par des considérations d'ordre familial ou amical. Chaque citoyen ou citoyenne du pays, quel qu'il soit, est comptable, en face d'eux et à travers eux, en face de la Nation, de la situation de sa fortune. Les membres des commissions de vérification des biens doivent se convaincre que l'intégrité et la fermeté avec lesquelles ils accompliront leur mission qualifieront les décisions historiques qui ont été prises au nom du peuple de Guinée le 8 novembre 1964 et prouveront la conformité absolue qui existera toujours entre nos paroles et nos actes.

La réforme du commerce décidée par l'Assemblée Nationale Populaire le 19 novembre 1964 est non seulement une réforme qui s'impose pour assurer un rapide assainissement de l'économie guinéenne, mais encore elle résulte de la volonté de nos fédérations qui ont clairement exprimé, au cours de nombreuses conférences et réunions, leur volonté de voir le secteur commercial réformé fondamentalement.

C'est pourquoi la réforme du commerce sera strictement appliquée à tous et à toutes. Il appartient à ceux qui exercent la profession de commerçant, soit d'accepter les décisions qui expriment la volonté du peuple de Guinée, soit de se reconvertir à de nouvelles activités car la Révolution ne reculera plus dans ce domaine qui, depuis très longtemps déjà, a préoccupé et indigné tous les Guinéens conscients.

Une totale reconversion s'impose également à tous les salariés du secteur public qui, au mépris de nos lois et règlements, menaient parallèlement, de façon directe ou par personne interposée, d'autres activités lucratives.

Enfin, les membres des commissions régionales, chargés de la distribution des marchandises, sont désormais responsables du climat commercial de leur région.

La moindre défaillance de leur part entraînerait nécessairement un retour à la situation ancienne que ni les populations guinéennes, ni le Parti ne sauraient tolérer.

Désormais le favoritisme, le sentimentalisme, la complaisance sont incompatibles avec les tâches que ces camarades responsables ont à assumer au niveau de leurs régions respectives. Intégrité et fermeté doivent être leur seule ligne de conduite, leurs seuls critères d'appréciation. Quant aux Commissions chargées de la fixation des taux des loyers, il est inutile de dire que les masses populaires du pays placent un réel et légitime espoir dans l'œuvre salutaire qu'elles devront accomplir pour qu'à l'exploitation et à l'arbitraire des propriétaires d'immeubles, soient à jamais soustraits les travailleurs locataires.

Le peuple de la République de Guinée, son Parti et son Gouvernement ont dit définitivement « NON » à la complaisance, « NON » au désordre, « NON » à la vie chère.

Ils entendent désormais qu'un clivage précis s'opère entre l'immense majorité de notre peuple acquis à l'action révolutionnaire et une minorité d'hommes indignes de porter la citoyenneté guinéenne.

Ils entendent, après avoir usé de tous les moyens de persuasion, faire droit aux justes et légitimes désirs de nos populations laborieuses de voir sanctionner tous ceux qui ruinent, à leurs profits égoïstes, le fruit des activités de notre peuple.

Nous affirmons de nouveau que le peuple Guinéen n'échouera pas et que son régime démocratique et populaire d'essence socialiste ne périra jamais.

Le peuple fera la loi contre ses ennemis et leurs complices de l'intérieur et de l'extérieur. Conscients de l'entêtement de ceux et de celles qui se laissent dominer par l'esprit du gain, le P.D.G. et son Gouvernement n'hésiteront plus à réprimer tous les actes consciemment engagés dans le sens de la Contre-Révolution.

Que certains réactionnaires espèrent encore que la loi-cadre sera un feu de paille, nous leur accordons volontiers le droit de rêver jusqu'au jour où les réalités les réveilleront de leur ridicule inconscience.

Les militaires, gendarmes, policiers, douaniers, milices populaires, enfin les militants et les militantes qui fondent toutes leurs espérances dans l'issue victorieuse de la lutte entreprise contre la vie chère et ses auteurs, sauront renforcer leur unité d'action pour faire échouer tous les complots des trafiquants apatrides et des organisateurs du désordre économique.

Depuis le 8 novembre 1964, tous les jours voient s'allonger la liste des ennemis de notre progrès, ces hommes qui n'ont ni conscience, ni cœur, aveuglés qu'ils sont par des intérêts sordides qu'ils ont choisis contre toutes les perspectives de bonheur populaire inscrites dans l'œuvre économique et culturelle de notre peuple.

Le commerce sera assaini, les loyers réglementés, le vol et l'embourgeoisement arrêtés au profit d'une évolution harmonieuse et équilibrée de nos réalités économiques et d'une réelle émancipation de l'ensemble de nos populations des villes et de la campagne.

Nous avons choisi le chemin de l'honneur, de la justice sociale et du progrès économique ; nous restons en conséquence décidés à suivre ce chemin, rien que ce chemin, qui ouvrira de plus en plus largement à notre Nation les portes de la liberté, de la prospérité et de la dignité.

Les détracteurs de la Révolution Guinéenne doivent le savoir.

Les affameurs de notre peuple ainsi que leurs alliés extérieurs, les néo-colonialistes et les impérialistes, exploiteurs des peuples d'Afrique, seront combattus avec résolution et continuité jusqu'à la victoire totale de notre combat émancipateur.

Les détracteurs de la Révolution Guinéenne et du progrès africain doivent savoir également cette détermination de notre peuple.

DECLARATION DE M. LE PRESIDENT
Ahmed Sékou TOURE
du 29 Novembre 1964

Des commerçants indignes de la citoyenneté guinéenne dissimulent des marchandises en refusant de les mettre à la disposition des consommateurs, des propriétaires d'immeubles loués s'imaginent que la nouvelle règlementation sera contournée impunément par eux, comme ce fut le cas pour la baisse de 10% en mars 1963, des trafiquants et fraudeurs de toutes catégories pensent cyniquement que la situation nouvelle connaîtra le sort d'un feu de paille, enfin tous ceux qui n'ont aucune pudeur à se livrer au sabotage de notre économie et qui se préparent à mener une action en vue de décourager les masses laborieuses de la Nation apprendront dans les heures et dans les semaines à venir que la Révolution Guinéenne est une puissante force invincible qui n'hésitera pas à écraser tous les ennemis du peuple, tous les réactionnaires opportunistes et tous les éléments racistes.

Je tiens à vous rappeler que l'application des diverses mesures de redressement des secteurs politiques, administratifs et sociaux de la Nation, rendues publiques au cours du meeting du 8 Novembre 1964 devra reposer sur la plus grande fermeté révolutionnaire.

Le peuple Guinéen commençait, à juste titre, à perdre confiance dans son Administration et cela, par les multiples preuves qui ont rendu évidente l'inconscience grave qui s'était emparée des agents et des responsables de l'Etat à tous les échelons.

Ces mesures arrêtées, correspondant rigoureusement aux impératifs pressants de l'heure, devront être appliquées sans délai ni défaillance aucune.

Les ennemis de la Révolution créent déjà un climat psychologique pour freiner leur application et tendent à faire accréditer l'idée démobilisatrice selon laquelle ces décisions demeureront lettres mortes, qu'elles n'ont été prises que pour calmer les esprits et ne sauraient être suivies d'application concrète.

Devant toute la Nation, je tiens à réaffirmer d'une manière solennelle que ces décisions seront effectivement appliquées et j'invite, en conséquence, tous les Agents et Responsables se réclamant de la Révolution Guinéenne à mettre tout en œuvre pour assurer le succès commun de la grande entreprise de rénovation engagée **le 8 Novembre 1964.**

Toute autorité, tout responsable, tout agent qui, par ses actes, ses propos, son comportement tentera d'en compromettre le succès sera sanctionné avec la plus extrême fermeté.

Le double jeu, l'opportunisme, la démagogie n'ont que trop duré et notre peuple attend de nous autre chose que des déclarations d'apaisement. Il entend, à juste titre, que soit mis fin à tous les actes et à tous les comportements contraires à l'action révolutionnaire dont il assure, avec abnégation et courage, la plus grande part.

Il ne peut y avoir, il ne saurait y avoir de contradiction entre le régime par le peuple et pour le peuple et les organismes de l'Etat, pas plus qu'il ne saurait y avoir de contradiction entre le peuple et les organismes politiques du Parti.

C'est pourquoi l'attitude des agents et des responsables de l'Etat ne devrait encourir la moindre critique de la part du public et des citoyens. La diligence, la courtoisie, la conscience professionnelle, l'exactitude doivent, en tout lieu et en toute circonstance, exprimer désormais les valeurs sociales du Régime Guinéen, tout autant que la rationalisation de son organisation doit en illustrer la nature révolutionnaire.

L'absentéïsme, l'incorrection, l'inconscience professionnelle seront combattus avec la plus extrême rigueur.

Pour conclure, je tiens à réaffirmer que toute défaillance dans l'application des décisions **du 8 Novembre sera considérée comme une complicité active avec la contre-révolution et sanctionnée comme telle.**

Le souffle rénovateur du 8 novembre 1964 doit répondre pleinement aux vives espérances des populations et réinstaurer à très bref délai, le climat de confiance, de concorde et d'enthousiasme indispensable à la réalisation des grands objectifs que la République de Guinée, son Parti et son peuple se sont assignés d'atteindre pour l'honneur et le bonheur de l'Afrique.

CONFERENCE DES CADRES ADMINISTRATIFS

(Du 30 Novembre 1964)

Camarades,

La Conférence de ce matin se situe dans le cadre exclusif de la situation que nous vivons il y a un certain temps déjà et dont le point nodal a été enregistré à Conakry au cours des deux semaines qui viennent de s'écouler. Dès notre retour des missions que nous avions à accomplir tout d'abord au Caire auprès de la 2° Conférence Internationale des Pays non-alignés, puis dans certains pays amis : Jordanie, Arabie-Séoudite, Irak, Ethiopie, Nigèria, nous avons été amenés à tenir, a l'intention des principaux cadres politiques de Conakry, une conférence prescrivant aux comités de base, aux sections et aux fédérations, l'organisation de conférences des cadres. Ensuite, nous avons réuni dimanche dernier, un meeting public à la Permanence Nationale, à l'intention des responsables et militants de la capitale.

Au cours des interventions qu'il nous a été donné de faire, nous avons précisé, pour ceux qui ne la comprennent pas ou se refusent à la comprendre, la philosophie de la Révolution Guinéenne. Nous avons mis l'accent sur les principes fondamentaux qui caractérisent cette philosophie et lui donnent un sens historique positif et un contenu progressiste correspondant, dans le présent comme dans l'avenir, à la nature des aspirations de notre peuple.

Nous avons ensuite tiré quelques leçons de la situation à l'intention des militants du Parti Démocratique de Guinée.

Notre but, ce matin, est de titrer d'autres leçons destinées aux principaux responsables de l'Administration Guinéenne.

C'est bien pour cela que sont ici réunis, en plus des membres du Gouvernement, ceux des cabinets ministériels, les Chefs des services et des sections administratives ainsi que les responsables des entreprises et sociétés d'Etat.

Nous pensons avec conviction que l'histoire est et restera l'aboutissement des activités des peuples ; lorsque nous disons « des peuples », il s'agit plus précisément, des éléments conscients du peuple qui désirent, par les transformations heureuses de la vie sociale, consolider leurs acquis et accroître les éléments du bonheur humain.

Le peuple guinéen n'échappe pas à cette loi universelle qui veut que chaque peuple soit tout à la fois objet et sujet de l'histoire pour autant qu'il se trouve dans les conditions objectives d'être un instrument efficace et dynamique de son évolution.

Le peuple de Guinée a déjà fourni la preuve que pour combler ses légitimes espérances, il est apte à agir avec détermination ; il a également manifesté sa volonté d'agir avec une conscience éclairée de manière à augmenter son efficacité et à élever le taux de son utilité. Nous avons déjà franchi plusieurs étapes, nous sommes présentement en train d'en parcourir une nouvelle et nous en aurons une infinité à affronter car l'histoire n'est qu'une infinie succession de « moments » dont la nature est déterminée par un ensemble d'impératifs résultant de la somme des besoins matériels et immatériels qui caractérisent le niveau de développement du peuple et la qualité de son évolution.

La transformation la plus essentielle intervenue dans notre vie collective est l'accession de notre pays à l'indépendance, à la pleine souveraineté, l'indépendance étant considérée comme une potentialité de vertus, de capacités et de facultés permettant au peuple d'opérer toutes les transformations que commande l'amélioration de ses conditions d'existence.

Nous ne repéterons pas ce qui a été déjà dit ou écrit pour situer dans sa signification historique la dynamique option du Parti Démocratique de Guinée qui a placé notre peuple face à son destin, avec la possibilité d'utiliser intégralement toutes les ressources de son génie créateur. C'est cette option qui a entraîné, de manière irrésistible, de nombreux peuples africains dans la voie juste de l'histoire, celle des responsabilités. On ne dira jamais assez que si le Parti Démocratique de Guinée n'avait pas, le 28 Septembre 1958, pris la décision qu'il fallait, on n'eut pas parlé, aujourd'hui, de l'Organisation de l'Unité Africaine ni enregistré l'existence de 37 Etats Africains. Cela est un fait, une vérité historique qui n'est due à la capacité d'aucun guinéen mais qui est à mettre au crédit de l'ensemble des guinéens. Aucun individu n'aurait pu transformer qualitativement la Guinée coloniale en une Guinée souveraine si le peuple n'avait pas pris lui-même conscience de cette nécessité et n'avait pas agi dans le sens de sa propre liberté. De cette évidence une vérité se dégage : c'est que la capacité du peuple est toujours supérieure à celle de l'individu quelles que soient la bonne volonté, la bonne foi et les facultés de ce dernier ; c'est le peuple qui fait l'histoire et c'est bien pour cela que la philosophie du Parti Démocratique de Guinée n'a pas voulu faire de l'indépendance un simple évènement de son histoire, mais bien l'instrument permanent de l'évolution du peuple Guinéen. Dès le 2 Octobre 1958, le P.D.G s'est attaché à transcrire dans les faits concrets la valeur pratique de l'indépendance nationale, en assurant réellement la souveraineté du peuple et en refusant, par conséquent, toute pratique anti-démocratique, toute substitution d'une minorité à la volonté populaire.

La réelle liberté de l'homme, nous l'avons dit, se trouve dans sa capacité de concevoir, de décider, de réaliser tout ce qui intéresse sa vie et celle de la collectivité à laquelle il appartient. Par là, nous avons démontré que l'indépendance n'est autre chose que la responsabilité, affirmant qu'aucun peuple n'est indépendant s'il n'est responsable, qu'aucun homme n'est indépendant s'il n'est responsable; c'est pour ces motifs que le P.D.G. n'a pas hésité à placer directement au niveau du peuple, l'exercice libre de touts les attributs de l'indépendance, ce qui impliquait la reconversion fondamentale de l'acquis colonial aux réalités de l'Afrique, conformément au sens du progrès africain. Voilà les caractéristiques essentielles de toutes les décisions prises par le P.D.G. et son Gouvernement dans le domaine public. Nous avons de même souligné que nous nous trouvions en retard, un retard involontaire, un retard historique, mais qu'il n'y a aucun retard qui puisse marquer de manière infinie la vie d'un peuple conscient et travailleur. Cette conscience et cette volonté agissent, sur le plan concret, dans le sens de la liquidation des conditions de l'arriération. Par conséquent, prendre conscience de son retard c'est déjà s'engager dans la voie de la disparition des facteurs de l'arriération. En faisant une confiance totale aux capacités du peuple dont le niveau de compréhension n'a nulle part été sous-estimé, nous donnons à la conscience populaire les moyens d'épanouissement les plus conformes à l'action révolutionnaire dans laquelle s'est engagé le peuple. Notre philosophie est qu'il n'est aucun problème, aucune situation qui soit hors de portée de la compréhension d'un peuple conscient et responsable et qu'un peuple largement informé et éduqué est à même de s'élever aux plus hauts sommets de la civilisation matérielle, intellectuelle, morale et spirituelle. Dans sa nature, la confiance que l'on a en soi se reflète dans la confiance que l'on place dans le peuple. Un homme qui manque de confiance en lui-même ne peut pas faire confiance au peuple. Or il a été demandé à tous les citoyens et singulièrement à nos cadres de faire totalement confiance au peuple. Sans cette confiance des cadres à l'égard du peuple, l'appellation de cadre devient un non-sens pour autant que l'individu isolé du contexte social n'a aucune signification ; sa valeur, ses capacités, son utilité sont nécessairement déterminées selon la qualité des liens qui l'unissent à la société au sein de laquelle il se trouve et agit. Si nous avons voulu que tout soit mis au niveau du peuple y compris les problèmes les plus complexes, les questions les plus scientifiques c'est, principalement, pour cultiver ce qui est indispensable à la valorisation des qualités humaines, autrement dit pour établir la pratique de la responsabilité qui engendre le dépassement individuel et l'harmonisation parfaite des aspirations, du comportement, des intérêts de l'individu avec l'ensemble des valeurs sociales, politiques et matérielles de son peuple. Dans le domaine de l'idéologie, la Guinée s'en est tenue au respect strict de l'originalité africaine, autrement dit au mode de penser, à la structure mentale et au sens de la vie qui prévalent en Afrique ; renonçant à faire du «suivisme», elle a réussi à dégager un ensemble de lois, de principes qui, aujourd'hui, confère à son Parti une personnalité doctrinale reconnue par les différentes familles idéologiques et les divers régimes politiques qui existent de par le monde. Malheureusement, la signification de cette situation privilégiée de la Guinée échappe à la plupart des responsables et plus singulièrement à nos cadres administratifs qui, peu à peu ; se laissent gagner par les forces d'inertie et la facilité. Cette attitude se trouve en contradiction de plus en plus aiguë avec notre volonté affirmée de repersonnalisation et de réhabilitation ainsi qu'avec notre engagement de faire la démonstration concrète de nos capacités créatrices. Si les masses populaires adhèrent profondément au sens humain, réaliste et dynamiquement progressiste de la philosophie du Parti Démocratique de Guinée, si les masses laborieuses placent leur confiance dans les destinées de notre peuple et de notre parti, il n'en est malheureusement pas de même pour nos cadres. Nous devons affirmer sans équivoque que la justice, l'esprit de justice, la pratique de la justice, la démocratie, l'esprit de la démocratie, la pratique de la démocratie, le progrès, l'esprit de progrès et la pratique du progrès ne se retrouvent qu'au niveau de la masse, au niveau des paysans, au niveau des travailleurs tandis que la plupart des cadres administratifs et des cadres politiques n'ont aujourd'hui d'autre but que celui de s'enrichir au mépris des souffrances supportées par nos masses laborieuses et des sacrifices consentis par notre peuple.

Camarades, c'est celà la vérité crue. Il est inutile de chercher à contourner la réalité ou à la dissimuler à notre peuple qui en connaît les dures conséquences. Pour lui qui sait interpréter les effets de cette réalité en les rattachant à leurs causes, les souffrances qu'il endure ne sont plus le fait du colonialisme, les souffrances qu'il subit sont engendrées par ceux de ses propres concitoyens qui méprisent le bonheur humain et qui veulent construire, coûte que coûte, leur bonheur au mépris des justes intérêts de la société guinéenne. L'indépendance, nous l'avons cependant affirmé, ne pouvait en aucun cas signifier, pour les intellectuels guinéens, qu'ils auraient à se substituer aux anciens coloniaux. Or, combien parmi nos responsables ont rêvé de se loger dans les villas des fonctionnaires étrangers, de s'installer au volant de leurs voitures, de s'asseoir dans leurs anciens fauteuils, quitte à perpétuer à jamais l'état d'infériorité et de médiocrité qui faisait du peuple guinéen le continuel sacrifié, l'esclave permanent ? Qu'avons-nous dit ? Nous avons dit qu'il fallait que chacun se dote de la plus noble ambition qui soit, celle d'être au service du peuple, au service de la grandeur de son pays, l'ambition d'être et de demeurer un instrument conscient et efficace du bonheur populaire. Nous avons voulu donner cette volonté, cette conscience, cet engagement à tous et singulièrement à ceux qui étaient appelés à guider notre pays, les responsables politiques et administratifs. C'est à leur intention également que nous avons affirmé qu'il n'y a pas de révolution sans conscience révolutionnaire. La Révolution n'est pas un article marchand que l'on trouve dans la première boutique venue, elle ne s'importe pas, elle ne s'exporte pas, elle est dans la nature de l'homme en perpétuel dépassement de ses intérêts propres et de sa propre personnalité. Nous avons également précisé que l'indépendance doit nous permettre de nous procurer l'indispensable et que les buts fixés à l'action collective et individuelle visent tout d'abord la réalisation de l'unité nationale. Nous sommes heureusement l'un des premiers pays d'Afrique à avoir réalisé, dans le cadre d'une véritable démocratie nationale, l'unité d'action de toutes les ethnies. Cette nécessaire unité résulte de la différence essentielle qui distingue le processus de transformation des sociétés européennes de celui des sociétés africaines. En Afrique et du fait de l'intervention coloniale, les termes du processus se trouvent inversés car si les sociétés d'Europe sont parties de la Nation pour constituer l'Etat, il nous revient de partir de l'Etat pour édifier la Nation. C'est sous ce rapport que se justifie l'importance prééminente que nous avons donnée à l'unité populaire, or l'unité ne saurait être fondée sur l'injustice, la discrimination ou l'arbitraire. L'unité ne peut devenir concrète que dans la mesure ou elle recouvre réellement la pensée et les aspirations de chacun avant d'être transcrite dans le comportement de tous. Tout a été dit pour que les bas sentiments, le racisme, le régionalisme disparaîssent ; maintenant je vous pose, à vous, la question, est-ce que ces bas sentiments ont disparus ? Non Camarades ! le régionalisme existe encore, on le sait très bien, et les masses le savent, les masses se sont rendues compte que ce qui se dit, ce qui s'écrit, n'est pas ce qui se fait et elles savent que ce qui se fait ne se dit pas et ne s'écrit pas. Il est temps que la vérité éclate. Ce n'est pas au moment où les étrangers dominaient le pays avec tous les moyens de contrainte et d'intimidation dont ils disposaient qu'il y a eu opportunisme, c'est maintenant que nous sommes nous-mêmes responsables de notre destin qu'apparaîssent et se multiplient les comportements dangereux dictés par de bas sentiments. Ces bas sentiments il faut, à partir d'aujourd'hui, les refouler, ou ce sont eux qui vous refouleront. Nous avons dit que la stabilité des régimes tient à deux forces : la première est une force potentielle qui émane du caractère dynamique du régime lui-même, la seconde force de la stabilité d'un régime réside dans la qualité de sa nature, son degré de développement démocratique, étant entendu que la démocratie constitue le principal facteur d'association humaine par lequel se constitue une personnalité collective agissante. Lors du C.N.R., nous avons indiqué que la nouvelle phase que nous abordons est une phase de création, contenue dans le caractère dynamique de notre régime. En effet il ne s'agit pas uniquement de concevoir, il faut doter le régime d'un fondement concret si l'on veut en assurer l'efficacité et, partant, la pérennité. La phase des réalisations concrètes, nous l'avons engagée dans le conditions les meilleures permettant à toutes nos potentialités d'être employées à la réalisation du bonheur de notre peuple. Tous les moyens propres à assurer le développement conséquent de nos potentialités ont été indiqués, les pratiques les plus justes ont été recommandées, les formes d'action les plus dynamiques ont été également conseillées : la création de comités de vigilance, la mise en place de comités de gestion et de perfectionnement, la pratique de l'étude et de la discussion collectives, le recours à la critique et à l'autocritique, que n'a-t-on pas dit sur toutes les méthodes, les principes et les pratiques qui découlent de la philosophie politique de notre parti ? Mais quelle est la seule unité qui applique concrètement un seul de ces principes ? Alors que la Révolution veut que les qualités dominantes de l'homme se reflètent dans son comportement, combien en est-il parmi vous qui ont une attitude de dignité permanente ? Combien sont-ils, les responsables qui incarnent effectivement la révolution, appliquent à eux-mêmes la fermeté révolutionnaire, assument effectivement leurs responsabilités ? Nous avons expliqué en quoi consistait la dictature révolutionnaire, or, aujourd'hui, elle s'impose à nous plus que jamais car n'est-il pas mieux, je vous le demande, d'avoir à lutter avec le peuple contre ceux qui tournent le dos à la révolution que de rester indifférents à l'égard de leur action dissolvante et qui met en péril l'avenir du pays ? Nous devons être convaincus que notre génération, la génération de l'indépendance et de la Révolution, est une génération sacrifiée, mais aussi nous devons avoir conscience du rôle exaltant qui lui échoit et de l'honneur qui lui reviendra, dans l'histoire, d'avoir placé l'évolution de la Guinée sur une voie infaillible et dynamique vers le progrès illimité.

Camarades, le rôle des chefs a été expliqué et commenté en de nombreuses réunions qui ont été résumées dans une circulaire, affichée dans tous les bureaux. Il y est indiqué ce qu'est le chef, ce qu'est l'autorité. Nous avons dit que ce n'était pas le décret de nomination qui faisait le chef, et effectivement, ce n'est pas un acte de législation qui peut donner l'autorité à un homme, l'autorité s'acquiert à travers une juste pratique de la responsabilité, c'est en l'homme et par l'homme qu'elle se crée, qu'elle exprime ses vertus, ses capacités, son degré de conscience et de compréhension, la nature de son engagement, toutes choses que seul l'homme est en mesure de posséder par lui même, de développer en fonction de l'appréciation de sa propre responsabilités là où il faut, au moment qu'il faut, ne l'autorité, or ceux qui peuvent réellement prendre leurs responsabilités là où il faut, au moment qu'il faut, ne sont pas nombreux. Interrogez-vous et vous comprendrez que toutes les promesses que vous avez faites aux jeunes venus solliciter des emplois, aux femmes demandant des passe-droits et des faveurs, à tous les solliciteurs que vous recevez continuellement, étaient indignes des responsabilités que vous assumez. Si tous ces propos marqués d'inconséquence pouvaient être totalisés dans votre conscience d'homme libre, vous vous rendriez parfaitement compte que vous avez employé l'autorité que vous exercez à trahir la révolution et, en trahissant la révolution, on trahit un pays et à travers lui, c'est toute une génération que l'on trahit. Voilà à quoi aboutit la légèreté dans le comportement qui ne tient pas compte des conséquences futures que comporte immanquablement toute attitude présente. Cette liaison organique entre le présent et l'avenir échappe à bon nombre d'entre-vous.

Malgré les lacunes et les faiblesses qu'il peut y avoir dans nos institutions, il n'en demeure pas moins que notre régime est un exemple pour bon nombre de pays d'Afrique. Combien y a-t-il de Gouvernements en Afrique qui font suffisamment confiance à leurs nationaux et à leur peuple pour leur confier la responsabilité de diriger la vie administrative de la Nation, à côté de ceux qui font appel à des étrangers pour diriger effectivement la vie administrative, militaire, voire politique de leur pays? En Guinée, le Guinéen a été mis à l'honneur, nous l'avons considéré comme responsable et apte à servir l'intérêt de son pays.

Nos cadres oublient que c'est au Régime Guinéen qu'ils doivent leur promotion ; si ce n'était en Guinée, ils seraient loin d'accéder aux postes qu'ils occupent. La plupart d'entre eux ne pensent pas que la parcelle de pouvoir qui leur est confiée émane de la réalité guinéenne, du peuple guinéen et ils ne devraient pas l'exercer contre l'intérêt populaire ; ils ne se rendent pas compte, bien que l'histoire se soit emparée d'eux, qu'ils en sont les promoteurs.

Nous connaissons bien les lacunes qui existent dans le paysannat guinéen, nous connaissons bien les insuffisances de la classe ouvrière guinéenne, mais l'exemple vient-il d'en bas ou d'en haut? On viendra dire : dans tel bureau, dans telle usine, dans telle entreprise, les travailleurs viennent en retard, la plupart sont constamment malades ou absents, mais quel est le Directeur de ces mêmes entreprises ou services qui réunit ses employés pour leur dire courageusement la vérité ? Personne ! Or l'autorité, c'est le pouvoir d'exprimer la réalité sans complexe ni compromission. L'autorité du responsable n'est pas atteinte par les insuffisances de ses capacités mais bien lorsque sa moralité est compromise. Nous savons bien que restent lettres-mortes les horaires de travail qui ont été fixés, les prescriptions concernant la discipline, toutes les directives données pour une meilleure productivité; toutes ces mesures arrêtées en congrès, popularisées par la C.N.T.G. au niveau de tous les syndicats, chacun voudrait que ce soit les autres qui les appliquent, mais non soi-même et, à priori, les cadres ne sont pas convaincus.

N'étant pas convaincus, ils sabotent la Révolution. Voilà la réalité. Observez autour de vous ce qui se passe, interrogez-vous et vous vous rendrez compte que c'est à vous-même qu'incombe la responsabilité d'une situation que vous ne cessez de dénoncer. Comment voulez-vous que le responsable qui arrive à 8h et demi sur les lieux de travail et les quitte avant 15 heures puisse faire respecter les horaires ? Comment voulez-vous que le responsable qui s'absente continuellement sans motif, puisse empêcher que les subordonnés désertent leur travail? Si le chef lui-même ne respecte pas la discipline du travail, peut-il la faire respecter autour de lui ? Or si la discipline n'existe pas, c'est le désordre qui s'installe. Comment l'autorité et l'ordre peuvent-ils s'établir quand la plupart des responsables agissent sans autorité ni conscience, engageant les travailleurs, non selon le critère de leurs capacités, de la confiance que l'on peut leur faire, mais selon le détestable critère des liens de parenté ou de l'amitié personnelle. Nos mots d'ordre, nos directives sont continuellement bafoués dans ce domaine. Nous avons donné comme instructions, en ce qui concerne les recrutements, de considérer en premier lieu l'engagement politique du postulant et ensuite sa capacité professionnelle. Or croyez-vous que nos travailleurs qui ont au plus haut point le sens de la justice, qui sont tous des militants convaincus ne sont pas sans relever que, journellement, on contrevient impunément à nos principes, à nos directives à nos recommandations ? Pour mettre fin à l'anarchie qui règnait en matière de recrutement et dans le domaine des salaires, nous avons centralisé tous les recrutements au niveau du ministère de la Fonction Publique, mais la plupart des chefs continuent de recruter, bien souvent moins pour des nécessités de service que pour faire plaisir à un parent ou à un ami ; certains traitements continuent d'être alloués d'une manière abusive et parfois scandaleuse. Comment voulez-vous que les chefs qui procèdent encore ainsi, et ils sont nombreux, puissent acquérir de l'autorité face à des travailleurs qui mesurent toute la nocivité de leur comportement ? Combien d'employés avons nous rencontrés au cours de nos tournées dans l'intérieur et qui, titulaires d'un congé de deux mois étaient depuis 3 ou 4 mois dans les régions où nous les avons rencontrés ? Aucune sanction n'est prise à l'encontre de ces employés qui continuent de percevoir leur solde. Depuis la mise en route de la planification, il a été demandé aux directeurs des entreprises d'Etat d'établir un plan annuel des commandes afin de ne plus attendre de se trouver en rupture de stock pour se précipiter au Sénégal, au Libéria, en France, en Italie, acheter à l'improviste et dans des conditions financières souvent désastreuses, les marchandises dont le marché a besoin ; eh bien depuis 5 ans, on n'est pas parvenu à remédier aux ruptures de scock. Que devons-nous dire aux populations qui sont brusquement privées des biens les plus indispensables à leurs besoins quotidien ? Voulez-vous que chaque année on s'excuse, que chaque année on invoque l'inexpérience, le manque de prévoyance ? C'est à se demander si on ne cherche pas délibérément à créer de telles situations.

C'est dire à quel point le mal est profond et il faudra pour s'en guérir, mener une lutte considérable tant sur le plan administratif que sur le plan politique. Il faudra, pour rétablir le sens de la responsabilité sans lequel il ne saurait y avoir de véritable autorité, recourir à toutes les méthodes de redressement qui s'imposent. Voyez ce qui se passe dans nos congrès, dans nos conférences, à nos réunions publiques : ce sont ceux qui trahissent la révolution, discréditent le Parti et bafouent la Nation qui applaudissent avec le plus de frénésie. Et étant les plus bruyants, en manifestant un enthousiasme débordant qu'ils sont loin de ressentir, ils pensent être les plus malins. Ils croient que personne ne connaît la réalité ; qu'ils se détrompent, nous les connaissons mieux qu'ils ne se connaissent eux-mêmes ; ce qu'ils ignorent, c'est que nous ne nous battrons jamais sur leur terrain. Peut-être est-ce parce qu'ils ne nous voient jamais sur leur terrain qu'ils s'imaginent que nous ne discernons pas leur jeu ? Eh bien ! Ils doivent savoir qu'un révolutionnaire ne se laisse pas entraîner sur le terrain de l'adversaire ; il choisit son propre terrain, et c'est toujours pour élargir son offensive.

Camarades, nous ne devons pas fermer les yeux sur la réalité ; l'anarchie dans le recrutement, l'anarchie dans le fonctionnement des services, l'irresponsabilité face aux travailleurs et au public, tout cela doit prendre fin et tout cela prendra fin. Continuons de nous interroger et posons nous la question : qui commet les malversations, qui commet les détournements, qui pratique le favoritisme? Est-ce votre père paysan, est-ce la ménagère, est-ce le manoeuvre ou l'ouvrier? Je ne le pense pas. Les vols qui se commettent dans les entreprises, les détournements qui s'effectuent dans les caisses de l'Etat au détriment de la Nation, les complicités qui permettent les fraudes et le trafic sont le fait de ces cadres malhonnêtes, qui s'ingénient à nous tromper sur leur personnalité réelle en jouant le double jeu.

C'est à leur niveau que s'établit la contre-révolution. Un homme qui a lutté, peiné, souffert, un homme qui sait, en son âme et conscience, avoir tout donné à une cause qui est sa principale raison de vivre, n'ira pas détruire, demain, l'oeuvre à laquelle il a participé avec courage, abnégation et confiance ; ce sont ceux qui se sont trouvés incidemment mêlés à la révolution et auxquels on a confié des responsabilités, qui portent atteinte à la révolution.

Si quotidiennement le régime est dénigré par ceux-là mêmes qui lui portent constamment atteinte, il en va différemment dans nos réunions de travail, au cours des Conférences, dans les Congrès : là, où il faudrait exposer les problèmes dans toute leur vérité, les bouches sont cousues. On ne trouve de prodigalité que dans les applaudissements, même lorsque l'orateur se trompe Et ceux qui applaudissent avec le plus de frénésie sont ceux qui ne cessent de dénigrer le régime. Ce jeu indigne doit prendre fin, il n'a déjà que trop duré.

C'est ainsi que l'on oublie que les indications que contiennent nos lois, les décisions que le Parti prend, ont l'autorité de la Nation, qu'elles expriment la volonté consciente de notre Peuple. Généralement on les présentera comme des obligations arbitrairement imposées. Lorsqu'on vient auprès de vous solliciter des faveurs, quel est le responsable qui a l'honnêteté de dire, «Camarade, ce que vous demandez là est contraire à l'intérêt de la Nation et aux règlements en vigueur. On ne peut vous satisfaire car sans cela, nous porterions tel ou tel préjudice à l'intérêt général. » ? Au contraire on encourage de telles demandes en les transmettant avec un avis favorable, en précisant au solliciteur « Je transmets au Chef de l'Etat, car, en dernier ressort, c'est lui qui décide ». Voilà comment l'on procède.

Par contre lorsqu'il s'agit d'une promotion méritée on cherche, par les moyens les plus tortueux, à ce que l'intéressé vous en croit l'artisan.

Nous n'avons jamais voulu faire honte à des collaborateurs, espérant qu'ils prendraient d'eux-mêmes conscience du caractère néfaste de leur comportement, mais cela ne nous empêche pas de savoir que si nous sommes, ensemble, sur le même chemin, ni les coeurs, ni la volonté, ni les pas ne sont à l'unisson. Dans la vie il n'y a pas d'autre puissance que l'honnêteté de l'homme, la fidélité de l'homme à une cause noble. C'est pour celà qu'une fois encore nous allons vous conseiller : les petits clans qui se constituent sur la base raciale, les peaux de bananes que l'on se glisse mutuellement sous les pieds, les comportements avilissants et qui n'échappent pas à la vigilance du Parti, vous devez y renoncer. Vous devez acquérir un comportement de continuelle dignité en rapport avec les responsabilités que vous assumez au sein de l'appareil de l'Etat et de la confiance que les populations ont placée en vous. Il faut que vous vous considériez comme les premiers responsables de la Nation et que vous manifestiez cela concrètement en devenant les gardiens vigilants des intérêts nationaux. Il faut que vous vous sentiez libres, libres et responsables. Etre libre c'est se vouer à la vérité et dominer en soi tous les penchants négatifs qui risquent de vous déconsidérer et de vous avilir. Ne pensez pas que la duplicité, la malhonnêteté, le manque de courage civique ne vous entraîneront pas un jour ou l'autre aux pires conséquences.

Si la transformation qualitative de l'homme est la marque de sa liberté, sa déchéance morale, son avilissement marquent son état de dépendance vis-à-vis de toutes les tentations, son degré de faiblesse intellectuelle.

Camarades, si certains ont pour but de rendre le régime impopulaire, ou de créer entre les responnsables de l'Etat ou les responsables du Parti des contradictions qui affaiblissent le régime, nous pouvons leur dire qu'ils font fausse route ; nous avons vécu des circonstances infiniment plus complexes, plus dures, que nous avons su dominer. Ce régime n'a jamais voulu s'appuyer sur la force et il ne le fera jamais ; l'argument de la force, nous l'avons condamné. Ce régime s'affirme essentiellement sur les acquis de notre conscience collective ; alors acceptons de devenir de nouveaux hommes ; acceptons de tuer en nous l'homme malinké, l'homme soussou, l'homme thomas, l'homme guerzé, acceptons de nous transformer en de nouveaux hommes aptes à réhabiliter la Guinée et l'Afrique, aptes à servir la cause universelle de l'homme. La tendance à l'embourgeoisement, arrêtez-là, elle ne grandit pas, elle avilit les cadres administratifs ; nombre d'entre vous ont assisté à des Conférences internationales où ils ont vu des Chefs de Service, des Directeurs de Cabinet Ministériel, des Professeurs, les plus hauts fonctionnaires de la Nation ayant pourtant un haut niveau de développement économique, utiliser les transports publics, aller à pied, bien souvent, alors qu'ici dès qu'on obtient un emploi de secrétaire dactylo, la première ambition est d'avoir une voiture, une villa. Lorsque les moyens que procure le travail honnête ne peuvent satisfaire des ambitions démesurées, c'est la tentation qui vous gagne et le révolutionnaire d'hier devient le voleur d'aujourd'hui. Menons donc la vie de nos moyens sans fausse ostentation, ni complexe. Combien de fois avons nous attiré votre attention sur celà ? Ce qui importe, ce n'est pas de paraître, c'est d'être ; les apparences ne sont qu'un déguisement qui vous trompe vous-même, alors que la simplicité, la modestie, sont le moule de la vérité, l'expression de la sincérité.

Or, actuellement c'est l'esprit d'arrivisme qui domine en oubliant que le peuple, lui, observe et juge. Combien de responsables nous rendent la vie difficile par leur comportement? Dès qu'ils accèdent à un poste d'autorité, ils rompent tout lien avec le peuple ; cette attitude de mépris, c'est sans doute ce qu'ils croient être l'autorité. Ils refusent pour la plupart, de recevoir les humbles gens qui viennent les trouver avec des doléances souvent fondées ; par contre, leurs portes sont largement ouvertes aux solliciteurs de toutes sortes, s'ils sont habillés d'une façon tapageuse, même lorsqu'il s'agit de trafiquants notoires.

Combien d'audiences sommes nous obligés d'accorder en dernier recours? et c'est toujours le même langage qu'on nous tient : «Il y a trois jours que j'attends, on ne me reçoit pas » ou alors : « on me renvoie d'un bureau à l'autre sans rien décider.» Il s'agit généralement de problèmes de service, de questions importantes. Voilà comment fonctionnent les services.

Il faut que le comportement social, le comportement professionnel, le comportement politique se modifient radicalement.

Camarades, cessez de desservir le régime ; vous êtes le fruit de ce régime, le fruit du peuple qui se confond avec ce régime. Servez le peuple en honorant son régime, en oeuvrant à la consolidation continuelle de ses bases, mettez fin à la corruption morale, à la corruption matérielle, mettez fin à la duplicité et à la médiocrité intellectuelle et morale. Que chacun prenne ses responsabilités et ait à coeur de mettre fin aux lacunes, aux insuffisances qui existent. La Guinée, ce n'est ni Diallo, ni Camara, ni Kaba ; la Guinée, si vous la déshonorez, c'est à votre honneur même que vous portez atteinte. Or, combien en est-il parmi vous qui, à l'extérieur, discréditent le pays? Si je devais vous montrer des correspondances de hautes personnalités de France, de certains pays africains et de certains pays socialistes, vous seriez infiniment peinés. Ces personnalités qui nous écrivent et qui connaissent la valeur historique des options guinéennes, sont indignées devant le langage que certains responsables guinéens leur tiennent. Ils se trompent, ceux qui pensent que dénigrer et critiquer systématiquement ce qui se fait dans leur pays confère valeur et autorité à leur personne.

Même pour certains étudiants, je vous l'ai déjà dit, ne leur en voulez pas. Ces étudiants font une fausse analyse de la situation mais à qui la faute, lorsque la plupart des cadres Guinéens qu'ils rencontrent discréditent le régime, dénigrent nos institutions, critiquent nos décisions ?

Camarades, il faut que le comportement social corresponde aux qualités de nos institutions. Il faut que la corruption prenne fin. Beaucoup de cadres fréquentent assidûment les ambassades étrangères. Les renseignements les plus confidentiels qui passent entre leurs mains, les données statistiques, tout est rapporté au personnel des ambassades étrangères.

Vous êtes là, vous ignorez tout des décisions que prennent les Gouvernements étrangers et ce ne sont pas les ambassadeurs qui vous en informeront. Les délibérations du gouvernement français, anglais, américain, soviétique, allemand vous échappent. Vous ne les connaissez pas, je ne les connais pas. Mais tout ce qui se dit ici, même dans des réunions restreintes, ce qui se dit dans les Congrès, tout est journellement mis à la disposition des Ambassadeurs étrangers. Croyez-vous que les quelques francs qu'on met entre vos mains doivent avoir plus de valeur que la dignité, la liberté, l'honneur de l'Afrique ? Nous vous avions dit que les insuffisances matérielles représentaient peu de choses dans la mesure où une même volonté nous unissait, dans la mesure où nous agissions ensemble, animés par une même morale faisant prévaloir l'honnêteté, l'incorruptibilité, la dignité. Malheureusement, plus on a élargi les responsabilités, plus la confusion s'est installée. On ne sait plus à qui se fier ; quel est l'homme honnête ? on ne le sait pas ; qui vous dit la vérité ? on ne le sait pas. Camarades, j'ai le devoir de vous mettre en garde. Il y va de l'honneur de vous tous ; j'ai le devoir sacré de vous inviter à une modification fondamentale du nouveau sens particulariste que vous donnez à votre vie, et de revenir à ce qui a fait notre honneur, notre dignité, l'engagement de chacun et de tous, la fidélité de chacun et de tous, pour le progrès de la Nation. Tout récemment, nous avons dit que chacun de nous peut un peu mais doit tout et que même en donnant toute sa fortune, tous ses biens matériels, toute son intelligence, même la vie, on doit encore à son peuple. Car c'est lui qui vous a permis de vivre ne serait-ce qu'une minute, ne serait-ce qu'une heure, ne serait-ce que dix ans. Pensons à ceux qui occupent une place de choix dans l'histoire de l'Afrique et de la Guinée, ces hommes là ont-ils laissé des fortunes colossales ? Absolument pas ! C'est le sens qu'ils ont su donner à leur vie qui fait que leur souvenir demeure, qu'ils sont à jamais immortalisés dans l'histoire de notre Continent.

Comprenons par conséquent le caractère exaltant de notre mission collective. C'est notre fidélité à la ligne de la Révolution Guinéenne, c'est notre volonté de nous confondre avec la vie du peuple guinéen qui confèrent à notre mission son caractère exaltant.

Mais il ne suffit pas de concevoir, il faut réaliser. Nous avons déjà énuméré les trois lois historiques du succès : la Justesse de la ligne politique, la nature juste des aspirations ou des buts que l'on s'assigne d'atteindre, voilà où réside la force de la première loi, ensuite le cadre rationnel, les structures, le perfectionnement de l'organisation, la qualité des rapports entre les hommes agissant ensemble, la qualité des méthodes, les faits pratiques. Voilà la seconde source de puissance, de force, de vitalité. Mais l'idéal peut être juste, la ligne peut être juste, les aspirations justes, les buts justes, les réalités justes, l'organisation parfaitement adaptée aux capacités et aux initiatives de chacun et de tous, il reste les moyens pratiques d'application et il s'agit, en l'occurrence, des cadres honnêtes, des cadres engagés. Ceci fait défaut. On peut concevoir d'une manière juste, décider de façon juste mais si les cadres chargés d'appliquer les décisions manquent d'honnêteté, le résultat ne sera ni juste, ni heureux. C'est dire que la responsabilité des cadres de l'Etat est immense.

Dans le rapport au sixième Congrès, nous avons affirmé que l'appréciation, par les masses, des qualités d'un régime, s'effectue à travers le comportement des responsables de l'Etat.

Cette appréciation ne se fonde pas de manière scientifique et théorique, elle se fonde de façon pratique et concrète. La valeur des institutions, la portée des lois et leur bien-fondé, la qualité sociale de l'organisation résultent du comportement des hommes chargés de faire fonctionner l'appareil de l'Etat. C'est dire que bien qu'ils soient une minorité au sein du peuple, les cadres de l'Administration, à travers leur comportement, leur attitude, jouent ici, un rôle décisif dans la vie de la Nation. Ce n'est pas sans raison que nous vous tenons un langage de vérité et chacun saura, en son âme et conscience, en reconnaître le bien-fondé. Tout ce que nous avons dénoncé doit disparaître de la réalité Guinéenne, car nous n'avons pas le droit de gaspiller les acquis de notre Révolution et encore moins le droit de compromettre les chances immenses que nous détenons et qui sont représentées par les possibilités naturelles du pays, l'état d'engagement de notre peuple, le perfectionnement de notre administration, le prestige acquis par la Guinée sur le plan international et africain. Nous n'avons pas le droit de compromettre tous ces acquis, de compromettre l'avenir du pays, et c'est pourquoi je vous demande, à chacun et à tous, à partir d'aujourd'hui, de devenir le nouveau chef, le chef révolutionnaire, le chef populaire, celui qui pense à tout instant au peuple, à ses misères, à ses difficultés, celui qui, en se couchant dans un lit de qualité, ne peut s'empêcher de songer à ses frères, à ses soeurs, à ses parents, vivant dans des taudis et dormant à même le sol. Pour se sentir aimé, défendu, le peuple a besoin de dirigeants qui renoncent à porter des vêtements riches, des bijoux précieux afin de s'interdire d'être un objet de convoitise et d'envie, une source de tentation pour ceux dont les moyens sont inférieurs aux leurs. Ce que le peuple veut trouver en ses dirigeants, ce sont des frères, des compagnons, des êtres égaux à lui-même et dans lesquels il puisse placer toute sa confiance.

Nous avons dit : le responsable doit constamment se trouver derrière le peuple, au milieu du peuple et devant le peuple. Le révolutionnaire se dépouille de ses valeurs personnelles, de ses capacités personnelles. Ces valeurs et capacités il les donne aux masses.

Ses propres erreurs, ses propres lacunes ainsi que les lacunes et les erreurs des masses, il les prend en charge et s'en sent responsable. C'est cela l'homme honnête. Vous laisserez aux autres le soin de vous apprécier, mais vous considérerez le peuple comme supérieur à vous et vous serez convaincus que jamais vous n'avez atteint la qualité qu'il exige de vous. Et ainsi, chaque jour, vous vous perfectionnerez, tant sur le plan professionnel, idéologique que moral.

Camarades, une nouvelle phase de la Révolution commence, nous l'avons dit à l'issue du sixième Congrès. Il faut que les cadres incarnent l'élite de cette nouvelle phase, et prouvent au peuple Guinéen et à tous les peuples Africains qui nous observent, comme aux peuples Européens et Asiatiques, que la Guinée est capable de toutes les grandes victoires, que dans la

Guinée, résident non seulement les potentialités les plus dynamiques, mais une nouvelle réalité, «la créativité», la volonté ardente de créer tous les jours de quoi augmenter la somme de bien-être matériel et moral de notre peuple.

Camarades, c'est à cela que nous vous invitons à vous adonner désormais. Nous vous le demandons instamment non pas, je vous le répète, pour celui qui vous parle, ou ceux qui sont avec lui, nous vous le demandons pour l'honneur, la dignité de la Guinée et de l'Afrique. La Guinée ne doit pas échouer, la Guinée n'échouera pas. Nous vous demandons de prendre vos responsabilités et, pour notre part, nous prenons l'engagement solennel de répudier tout sentimentalisme, et de faire triompher la seule cause de la Révolution.

«LE CHOIX DES CANDIDATS ET CANDIDATES» ALLOCUTION RADIODIFFUSEE DU PRESIDENT AHMED SEKOU TOURE

(en date du 6 Décembre 1964)

Militants et Militantes.

En raison de l'importance déterminante des conditions dans lesquelles les comités et sections procèderont au renouvellement de leurs directions, le B.P.N. tient à préciser, à l'attention de tous les membres du P.D.G. , que reste formellement interdite toute campagne électorale au sein du Parti, en faveur de telle personne, de telle liste, de tel groupe ethnique ou racial.

Les candidatures individuelles se poseront pour chaque poste ou fonction au sein du Bureau, et les militants à jour de leur cotisation de l'année 1965 seront les seuls habilités à élire soit à main levée, soit par bulletin confidentiel, les candidats et les candidates de leur choix, selon la règle de la majorité des voix exprimées.

Les militants ont le droit de dénoncer, lors des assemblées de renouvellement du Bureau de leur comité ou section, tel ou tel candidat dont la conduite morale, notamment le comportement vis-à-vis du peuple et de son parti, leur paraîtrait incompatible avec la qualité de dirigeant d'un organisme de notre Parti.

Il ne servira donc à rien pour les militants, lors de ces assemblées de se taire et de protester seulement à l'issue des réunions, sous prétexte que des éléments douteux ou même dangereux se seraient imposés par la démagogie ou la corruption.

Les prochaines assemblées de renouvellement des bureaux des organismes du P.D.G. devront devenir des congrès de la vérité, des réunions dominées exclusivement par la conscience, l'honnêteté et le sens des responsabilités qui constituent la force morale et le dynamisme politique de la révolution guinéenne.

Le renouvellement, sur ces nouvelles bases, des bureaux de comité revêt donc une exceptionnelle importance. En la circonstance, tout militant et militante devient le premier responsable du Parti, car c'est de son choix que dépendra la qualité du renouveau qui doit marquer le P.D.G. à la suite des réformes du 8 Novembre 1964.

Trop nombreux furent les militants et militantes du Parti qui, sans avoir jamais assumé leurs responsabilités, incriminaient la Direction du Parti et du Gouvernement et les rendaient responsables d'une situation qu'ils avaient eux-mêmes créée ou favorisée.

La véritable direction du Parti, c'est avant tout les militants et militantes qui l'assument. Le premier responsable du Parti, c'est d'abord le militant de base qui sait se confondre avec l'intérêt, l'efficacité et la dignité de la Révolution nationale.

C'est pourquoi les comités n'ont jamais eu que les responsables qu'ils méritaient. Tel bureau, tel comité ; tel comité Directeur, telle section.

C'est maintenant l'occasion pour chacun de nos militants et chacune de nos militantes d'appliquer résolument les mots d'ordre de fermeté révolutionnaire et de vigilance qui sont leurs propres mots d'ordre. C'est aussi, pour chacun, l'occasion d'assumer pleinement ses responsabilités, d'exprimer, à travers son vote, sa volonté consciente d'inscrire dans les faits les décisions du 8 Novembre 1964 et de restituer au Parti et à lui-même, vigueur, force et rigueur, afin d'acquérir une efficacité toujours plus accrue.

C'est dans la conscience de chacun et de chacune que doit s'opérer, au préalable, le choix des responsables, à l'exclusion de toute considération sentimentale, raciale ou familiale.

Il faut dès maintenant dénoncer résolument les clans électoraux qui pourraient se former autour de certains opportunistes, afin de porter à la tête des comités uniquement des militants intègres, capables et désintéressés qui sauront diriger nos organismes de base conformément aux impératifs d'assainissement et de rénovation qu'exige le développement dynamique de l'action Révolutionnaire du P.D.G.

Si le Parti est le bien du peuple, il reflète le degré de conscience et le sens des responsabilités de ses militants.

Le travail de base du Parti est un travail essentiel sur lequel repose toute l'œuvre du P.D.G.

Le Bureau Politique du P.D.G. est profondément convaincu que les militants et militantes de notre Grand Parti, fidèles à la loi-cadre et aux idéaux qui animent notre peuple sauront, cette fois, faire face pleinement à leurs responsabilités pour que le renouvellement des bureaux des Comités se traduise concrètement par l'éviction impitoyable des opportunistes, des ambitieux et autres faux révolutionnaires et que le Parti Démocratique de Guinée sorte des prochaines élections totalement rajeuni, plus renforcé, mieux armé et plus combatif.

Ahmed Sékou TOURE.

ALLOCUTION RADIODIFFUSEE
DU PRESIDENT AHMED SEKOU TOURE

(en date du 13 Décembre 1964)

Parmi les décisions contenues dans la Loi-Cadre du 8 Novembre 1964, il en est notamment qui portent sur la réorganisation profonde des structures de base du Parti. Ces décisions, outre qu'elles répondent à la volonté unanime de notre peuple de procéder à une épuration complète, doivent conférer un plus grand dynamisme et une efficacité accrue à notre grand Parti.

Il faut reconnaître que de nombreux comités de base, en se laissant entrainer par l'esprit de routine et de facilité, sclérosaient la vie du P.D.G. D'autres, à la tête desquels étaient parvenus à se hisser des opportunistes notoires et des trafiquants connus, se laissaient envahir par la plus dangereuse forme de la dégradation morale en se faisant les complices actifs de ces dirigeants vénaux et indignes de notre confiance. D'autres encore, dont les dirigeants étaient plus sensibles aux honneurs et aux questions de préséance qu'à leurs importantes responsabilités, se laissaient gagner par l'indifférence et le découragement. D'autres enfin, faisaient régner au sein des Comités un intolérable esprit de famille, lequel, dans la plupart des cas, aboutissait à la renaissance des odieuses pratiques racistes qui faussaient constamment le sens, tant des décisions des Tribunaux populaires, que du fonctionnement des instances politiques.

Pour certains militants et militantes, l'appartenance au Parti Démocratique de Guinée se traduisait par la seule détention de la carte du P.D.G. et le souci de pouvoir en retirer profits et avantages. La carte, pour ceux-ci, signifiait : **«laissez passer»** et **«laissez faire».** Certains encore considéraient leur adhésion au Parti comme une obligation désagréable qui n'avait d'autre valeur que la possibilité qui leur était ainsi donnée d'exprimer critiques et dénigrements à l'adresse de nos meilleurs responsables et militants. D'autres, enfin, estimaient que la carte du P.D.G. les autorisait à tourner lois et règlements, ou les dispensait de toute discipline professionnelle et de toute obligation civique.

Ces pseudo-militants avaient, principalement dans les grands centres, et en particulier à Conakry, créé une situation de pourrissement d'autant plus dangereuse qu'elle entravait toute activité cohérente de nos comités et tout travail sérieux du Parti. La conséquence en a été que cette démission politique favorisait de plus en plus un transfert de l'autorité du Parti aux organismes de l'Etat et, en même temps, une véritable confiscation, par des éléments bourgeois, de l'autorité et du pouvoir du peuple.

La confusion, l'équivoque, le sentimentalisme, une complicité toute propice au développement de la contre-révolution s'instauraient à la base du Parti, dans le même temps où les responsables, à ce niveau, réclamaient de la direction du P.D.G. : clarté, rigueur et fermeté. Si nous connaissons quelques comités qui échappaient à cette situation, nous pouvons affirmer que la presque totalité en souffraient dans les grandes villes du pays.

L'AUTORITE DU PARTI EMANE ESSENTIELLEMENT DU PEUPLE

Souvenons-nous : c'est à la conférence de Labé en décembre 1962 que furent lancés les premiers mots d'ordre de fermeté révolutionnaire et de rigoureuse vigilance. Ces mots d'ordre ont été, depuis, continuellement repris dans toutes nos réunions, conférences et congrès.

Faut-il rappeler une nouvelle fois que le Parti Démocratique de Guinée est un Parti de masse, un Parti populaire auquel ne saurait se substituer une quelconque oligarchie de pseudo-responsables, quand bien même ceux-ci seraient élus dans la forme démocratique et à l'unanimité. L'autorité du Parti émane essentiellement du peuple et, à travers les appareils qui l'incarnent, elle lui est restituée sous la forme concrète de pouvoirs de décision, de contrôle et d'orientation.

Si nous nous interrogeons tant soit peu, nous devons reconnaître en toute franchise qu'une lourde part de responsabilité de la situation dénoncée le 8 novembre a d'abord et avant tout pour origine le mauvais fonctionnement de nos comités dont certains responsables ont failli à leurs devoirs. Aussi, nombreux étaient les militants et militantes qui avaient abdiqué, renonçant ainsi aux pouvoirs dont le Parti les a dotés, en élisant des dirigeants inaptes à faire triompher leurs justes aspirations et en choisissant des responsables incapables et indignes de représenter notre peuple ; cette abdication a ouvert les rangs du Parti aux démagogues professionnels, aux trafiquants et autres tripatouilleurs des biens du peuple.

Cependant, depuis l'historique VIe congrès national du P.D.G., la direction du Parti n'a cessé de faire appel aux militants et militantes du P.D.G. afin qu'ils assument avec conscience et esprit de responsabilité leur rôle qui consiste, en particulier, à se doter d'appareils de direction aptes à assurer une parfaite organisation, seule capable de mettre correctement en application les décisions arrêtées collectivement en congrès, en conférences et en assemblées générales. A ceci s'ajoute l'exercice du contrôle permanent qu'il revient aux militants et aux militantes des comités d'assurer sur les responsables qu'ils ont élus et qui n'ont pas le droit de se comporter comme des chefs de canton.

Dans quel comité les militants et militantes ont-ils exigé l'exclusion de tel commerçant véreux, de tel trafiquant connu, ou de tel autre individu malhonnête? Quel est le comité qui a dénoncé, en réunion, le comportement raciste de son bureau et exigé sa démission? C'est au sein des comités et parfois même à leur tête que les contre-révolutionnaires trouvaient le plus souvent asile et assistance.

LE P.D.G. DEMEURE UN PARTI DE RIGUEUR

Notre Parti, le Parti de la liberté, le Parti du peuple, par les abdications successives de nombre de ses militants devenait, de plus en plus, le Parti des intrus, le rassemblement des opportunistes et des arrivistes. Dix sept années de durs combats et de luttes héroïques servaient de plus en plus de caution à des individus tarés et sans scrupule.

Le Parti de la vertu était en passe de devenir le refuge du vice.

Le Parti de la vérité se transformait en Parti de la dissimulation.

Le Parti des incorruptibles accueillait corrupteurs et corrompus.

Le Parti de la rigueur et de la vigilance se laissait gagner par une dangereuse complaisance.

Le P.D.G. de combat doit renaître plus dur, plus fort et plus dynamique que jamais, afin d'être effectivement l'instrument avec lequel notre peuple édifiera

une vie nouvelle, une vie de labeur et d'abondance, une vie de courage et de joie, une vie d'amitié vraie et de vrai bonheur.

Les importantes mesures de réorganisation décidées par la Direction Nationale du Parti le 8 novembre 1964 et approuvées par la Session extraordinaire commune du C.N.R. et de l'Assemblée nationale créent les conditions d'un véritable renouveau de l'appareil militant du Parti.

L'éviction de ses rangs des faux chômeurs, des malhonnêtes et détracteurs de tous genres doit redonner à notre grand Parti une base militante saine et consciente.

La suppression des comités spéciaux restitue aux comités de base leur totale prééminence et supprime les causes de confusion génératrice de désordre et de conflits stériles.

La réduction du nombre de comités favorise une plus grande unité d'action et réduit d'autant, la course aux postes de responsabilité à laquelle se livraient tous ceux qui entendaient utiliser le Parti à des fins personnelles et inavouables.

L'inéligibilité à des postes dirigeants prononcée à l'encontre des commerçants, barre la route à tous les trafics d'influence qui se pratiquaient au nom du Parti, tout en réservant aux commerçants honnêtes et consciencieux la possibilité de continuer de mener utilement le combat militant au sein des comités.

L'éviction à des postes dirigeants des citoyens condamnés depuis le 28 Septembre 1958, pour vol, détournement, abus de confiance, racisme ou subversion interdit désormais que le Parti favorise des réhabilitations injustifiées dont il serait la première victime.

MESSAGE DU NOUVEL AN DU CHEF DE L'ETAT

(Le 1er Janvier 1965)

Peuple de Guinée !

Une année finit, une année commence. Celle qui prend fin a prolongé, durant 366 jours, la vie de l'Humanité, et accru l'âge des hommes et des femmes qui la voient s'achever pour céder le pas à l'année 1965. Nos destinées, avec le nouvel an, vont prendre un nouveau cours que lui imposeront et les temps à venir et la manière dont nous nous en assurerons le contrôle grâce à notre conscience, à notre détermination et à l'idéal qui nous meut.

Ainsi se poursuit, de manière ininterrompue, le processus de la vie des peuples comme celui des choses, enregistrant les marques plus ou moins indélébiles des diverses circonstances dont les plus importantes ont donné naissance, du fait des impératifs de l'existence sociale, aux phases successives de l'histoire humaine.

Depuis des millénaires, les peuples, tous les peuples de toutes les races et de tous les continents, ont suivi le même processus d'évolution positive tendant à débarrasser la vie sociale des charges humiliantes de l'exploitation et de l'oppression, afin de permettre l'établissement et l'humanisation des rapports multiformes entre l'homme et ses semblables, entre chaque peuple et les autres, en vue de réaliser la plus grande harmonie possible entre les intérêts de l'individu et ceux supérieurs de la société par le triomphe de la Justice, de la Raison et du Droit dans les rapports sociaux.

Depuis des millénaires qu'existe le monde, la vie a résulté de l'action. Jamais elle n'a été le fait de la spontanéïté. Elle implique une somme d'activités, d'efforts et d'énergies dont les manifestations continuelles lui assurent son existence.

C'est dire que les peuples qui se sont constitués, puis différenciés, ont été le produit des activités incessantes menées par les hommes qui les ont formés et dont les divers besoins matériels et moraux ont exigé un combat individuel et collectif dont les résultats positifs et progressifs sont attestés par la nature de leur solidarité et la valeur de leurs vertus humaines.

L'Afrique et ses peuples n'ont jamais été absents de ce combat, ni étrangers aux réalisations des progrès de tous genres matérialisés par le perfectionnement technologique, l'importance des moyens pratiques, l'accumulation des connaissances scientifiques, l'amélioration des pratiques sociales et des principes politiques qui donnent aux diverses civilisations leur valeur historique propre.

L'Afrique et ses peuples ont élaboré, et cela en fonction de leur contexte historique et en raison de leurs nécessités spécifiques, leur civilisation et organisé les diverses structures adaptées successivement aux différentes phases de leur développement continu.

Si l'humanité est une et indivisible de par sa nature, les peuples sont, quant à eux, à la fois semblables et différents.

Les peuples sont semblables parce qu'ils sont tous constitués d'un ensemble de personnes liées entre elles par des biens communs, mais ils sont différents parce que chacun d'eux, dans l'histoire universelle, tient une place particulière et agit dans un contexte qui lui est propre.

L'unité universelle, tout comme l'Unité Nationale, est faite de l'harmonisation de ces diversités et particularités et il n'y a de progrès que lorsque l'homme ou le peuple s'élevant constamment vers l'idéal de bonheur, de solidarité, va, dans le cadre de son évolution, de l'infiniment petit à l'infiniment grand.

Les progrès successifs dans le processus de développement des peuples impliquent nécessairement que les hommes se dépassent sans cesse pour réaliser la conquête de leur grandeur qui est synonyme de leur degré de liberté et de l'importance de leurs capacités à créer le bonheur collectif. Cela veut dire que si le temps est un facteur essentiel pour que l'homme et le peuple accroissent leurs acquis, perfectionnent leurs conditions d'existence, il reste cependant mesuré et compté pour l'homme, alors qu'il accorde son infinité au peuple qui se forme et se développe indéfiniment.

Le temps a donc, pour les hommes et les peuples, rendus conscients de ces vérités, un prix inestimable.

C'est pourquoi, à l'aube de l'année 1965, le B.P.N. et le Gouvernement adressent, par ma voix, au peuple de Guinée tout entier et principalement à tous les militants de la Révolution Guinéenne, leurs Voeux de bonheur, de prospérité et de progrès.

Une année finit, mais demeurent après elle, les exigences de tous les problèmes hérités des années précédentes et ceux motivés par les circonstances et les évènements qui l'ont marquée tout le long de ses 366 jours.

L'année qui finit a enregistré de multiples activités du P.D.G. et de notre Etat. Elle nous a permis, par des victoires nombreuses, de renforcer davantage les assises de la Nation, de consolider les structures du P.D.G., de préciser avec encore plus de netteté le sens et les objectifs de Notre Révolution aux différents échelons : national, africain et international.

L'année qui finit a été celle du Plan Septennal, celle du 8 Novembre qui a exigé l'épuration du Parti et une réorganisation plus dynamique de la situation économique du pays.

Les objectifs du 8 Novembre, approuvés par notre peuple unanime et qui ont fait l'objet de l'admiration des peuples frères d'Afrique et celle des peuples amis du monde, sont transférés à l'année 1965 qui doit nous permettre de les réaliser entièrement afin que nous puissions, dans notre processus de qualification continuelle, impulser une autre phase de développement social encore plus dynamique.

Nos options du 8 Novembre et toutes les victoires qu'exigera leur parfaite réalisation, recouvrent les espoirs légitimes que chaque responsable et militant du P.D.G. formulent en abordant l'année nouvelle.

A ce titre, l'année 1965 sera incontestablement une année aussi décisive que l'année 1958. En effet, notre peuple est engagé irréversiblement dans une entreprise de rénovation générale qui doit déboucher nécessairement et très rapidement sur l'amélioration satisfaisante du niveau de vie de chaque Guinéen et de chaque Guinéenne.

Pour cela, le P.D.G. et son Gouvernement, inlassablement, continueront de manière offensive, à guider les évènements contre les ennemis connus et camouflés de l'émancipation et du progrès de la Nation. Le principe de la fermeté révolutionnaire qui, depuis le 8 Novembre, s'exprime dans l'action du Parti et de son Etat sera maintenu désormais quoi qu'il advienne et restera le rempart contre toutes les pratiques et toutes les menées égoïstes et contre-révolutionnaires. Pour que l'année 1965 soit pour nous l'année de la Victoire de la Nation sur les détracteurs et les fossoyeurs de ses institutions démocratiques et populaires, il importe que le Parti et le Gouvernement ne reculent plus jamais devant leurs responsabilités, que les lois et les principes rénovateurs, définis le 8 Novembre 1964, soient rigoureusement respectés et appliqués à tous les niveaux.

Comme nous l'avons souvent affirmé, le peuple ne doit pas échouer et il n'échouera jamais. Il doit suivre la voie non-capitaliste qu'il s'est librement choisie et pour laquelle il a renoncé délibérément à l'exploitation de l'homme par l'homme, car il entend, dans la fraternité et la justice sociale, unir solidairement tous les hommes et toutes les femmes qui le composent.

Une année finit, mais le peuple et les exigences qu'impliquent son unité, sa liberté et son bonheur demeurent et demeureront au-delà de toutes les divisions conventionnelles du temps pour se confondre avec celui-ci.

Une année commence, mais la lutte, elle, ne commence pas, elle continue et s'amplifie.

Une année commence ; elle ajoutera progressivement la somme de ses heures, de ses jours et de ses mois à l'âge de notre Parti, de notre Etat pour qu'ils répondent toujours mieux aux aspirations de progrès dans la paix, qui animent nos populations laborieuses.

Avec elle, les paysans et paysannes de notre pays, les travailleurs de toutes professions et les artisans de toutes catégories devront avoir raison des éléments négatifs de la société guinéenne, grâce à l'amélioration constante de leurs conditions d'existence que leurs efforts de production leur permettront.

Le P.D.G. et son Gouvernement mettront tout en oeuvre pour que le pouvoir d'achat du peuple s'élève grâce à l'abondance effective des biens de consommation et à une juste politique des prix qui rémunère l'effort du producteur et celui du commerçant, sans compromettre l'intérêt du consommateur.

Les projets économiques et sociaux du Plan Septennal, les mots d'ordre de production et de productivité, les programmes d'Africanisation et de développement de l'Enseignement et de l'Education, les prescriptions relatives à l'honnêteté et au dévouement des agents de l'Etat, la participation de l'Armée populaire Guinéenne à la Révolution économique et aux tâches de surveillance des frontières, enfin les décisions arrêtées par le 3e Congrès National de la J.R.D.A. et les normes de production fixées aux différentes collectivités du pays devront accroître la force mobilisatrice et le niveau d'efficacité de notre mouvement Révolutionnaire.

Face à de telles perspectives brillantes, les Gouverneurs et les Commandants, les Chefs des Services, les Directeurs des Entreprises et des Sociétés d'Etat, pour contribuer efficacement au renforcement de la confiance et de l'enthousiasme populaires dans l'oeuvre d'assainissement financier et économique résolument entreprise par le Gouvernement au niveau de l'Etat, ne doivent plus ni répéter ni tolérer les erreurs et les malversations que nous avons dénoncées au cours des années précédentes tant dans le fonctionnement des anciens comptoirs régionaux et des Centres de Modernisation Rurale que dans la gestion défectueuse de certaines de nos caisses publiques.

Les travailleurs salariés, les fonctionnaires, singulièrement les Hauts fonctionnaires et les Cadres dirigeants du Parti, qui directement ou indirectement se livreront désormais à des activités lucratives devront être dénoncés sans pitié par les bons et vrais militants du P.D.G. pour, qu'indépendamment de leur révocation, ils subissent les sanctions pénales correspondant aux crimes qu'ils auront commis.

Les douaniers doivent fournir la preuve que toute passivité et tout esprit de tolérance vis-à-vis des trafiquants sont désormais bannis de leur comportement professionnel. Tout comme l'Armée populaire et la Gendarmerie Nationale ont su mériter l'admiration et la confiance unanime du peuple par leur incorruptibilité, les agents des services des Douanes, des sociétés commerciales et industrielles ainsi que les responsables politiques chargés des tribunaux populaires devront faire de l'année 1965, l'année de la liquidation définitive de ce que nous avons appelé « la crise de moralité », cette maladie déshonorante qui, avant le 8 Novembre 1964, commençait à gagner le corps de l'Etat alors que l'esprit de celui-ci était également atteint du cancer combien dégradant que représentent l'opportunisme et le racisme.

Les commissions de vérification des biens acquis depuis septembre 1958 et celles chargées de la fixation des taux des loyers devront traduire par la rapidité, la justesse, la rigueur et l'efficacité de leurs décisions, les immenses et légitimes espoirs que leur création a soulevés au sein des populations guinéennes qui réclament, aujourd'hui, avec force, que tous les biens mal acquis reviennent à la Nation et que cessent l'arbitraire et l'exploitation que subissent de nombreux locataires.

Pour bénéficier du fruit de ses luttes héroïques et renforcer la conviction de tous les honnêtes gens dans la justesse du programme de son Parti, le P.D.G., et dans les perspectives de bonheur que l'action de ses militants ouvrira à chacun et à tous, la Nation Guinéenne doit réaliser un parfait équilibre dans tous les domaines de son champ d'expérience et demeurer solidement et consciemment attelée à l'oeuvre de socialisation qu'elle a entreprise au niveau de ses structures et de ses pratiques sociales. La liberté, la dignité et l'égalité sociale ne s'offrent pas comme des cadeaux de nouvel an, pas plus qu'elles ne sont éternelles après avoir été acquises. Elles requièrent pour leur maintien, une intelligence créatrice, une action vigilante et un développement constant des qualités et des vertus de celui qui en bénéficie, qu'il s'agisse de l'homme ou du peuple.

Résultant de l'effort, la liberté, la dignité et la paix continueront à postuler une attitude conséquente et une lutte d'autant plus complexe et délicate que les acquis de l'homme ou du peuple prennent de l'importance et se diversifient.

Pour se perpétuer, l'homme et le peuple sont obligés de rester intégrés au mouvement de l'évolution et pour avancer rapidement, le rythme de ce mouvement doit connaître forcément une constante accélération. Chaque nouveau jour, chaque nouveau mois, chaque nouvelle année motivent cette nécessité d'augmenter le patrimoine ancien grâce à une existence rendue plus active et plus exigeante. C'est pour toutes ces raisons que la Révolution ne peut s'arrêter sans renoncer en même temps à ses acquis et à l'ensemble de ses perspectives d'avenir.

Après avoir reconquis son droit souverain à guider librement le véhicule de son histoire, après s'être doté du pouvoir de concevoir et de décider de son sort de manière indépendante à l'égard de tous les systèmes et puissances étrangers à sa cause, notre peuple, le peuple de Guinée, peut considérer déjà que sa cause est gagnée en dépit de toutes les entraves dressées - ou qui le seront - sur son chemin par les forces réactionnaires de l'intérieur et de l'extérieur.

Notre peuple dispose désormais de puissants moyens dont l'utilisation permanente et efficace ne peut et ne doit entraîner que d'heureuses conséquences sur le cours de son évolution historique. Le peuple militant de Guinée, organisé rationnellement au sein de son Parti National le P.D.G., vaincra tous ses ennemis, réalisera toutes ses légitimes aspirations au bonheur humain et contribuera ainsi, de façon dynamique, à la libération et à l'unité de sa patrie, l'Afrique.

Ceux qui croient encore au caractère de pérennité du honteux système de l'impérialisme et du colonialisme, ceux qui pensent maintenir en sujétion la Guinée dite Portugaise, l'Angola, la Rhodésie, le Mozambique, l'Ouest - Africain et l'Afrique du Sud en dehors de la sphère de liberté et de souveraineté Africaines tout comme ceux qui ne renoncent pas à diviser le Territoire Congolais à l'exemple de l'Allemagne, du Viet Nam et de la Corée, se trompent lourdement et compromettent de ce fait leur prestige et leur propre avenir. L'année 1965 verra infailliblement l'ère de la dignité et de l'indépendance s'élargir en Afrique et dans le monde. Les forces africaines, les peuples Afro-Asiatiques, les Etats démocratiques, dans une unité d'action de plus en plus décisive, ne tolèreront plus jamais le recul de la paix et l'instauration du règne de l'arbitraire et de la violence.

La marche victorieuse de l'Afrique vers sa totale émancipation est d'autant plus assurée que désormais, dans les rapports internationaux, la prééminence des puissances, naguère déterminée par l'importance des armements, sera de plus en plus fondée sur la nature progressiste et les qualités humaines de la politique nationale et internationale des différents Etats.

La notion de Grande Puissance tend ainsi à substituer à la supériorité de la force matérielle, celle du degré de moralité et d'humanisme des régimes. D'ailleurs, ne peut-on pas affirmer qu'en raison de la maturité des esprits et des exigences conscientes d'une vie digne, il n'est plus d'obstacle insurmontable aux nobles aspirations populaires, pas même la menace atomique ?

La dernière moitié du vingtième siècle n'autorise et n'autorisera désormais que l'établissement des rapports d'égalité, d'amitié et de coopération entre les Nations dont le rayonnement politique, idéologique et moral ne peut être fonction exclusivement que du degré de confiance dont chacune d'elles sera nantie et de la solidité des liens de solidarité l'unissant aux autres.

Il devient de plus en plus impossible, à l'intérieur d'une Nation, d'imposer au peuple des structures et des lois d'essence réactionnaire et de portée humiliante. Les progrès techniques et scientifiques, les grandes conquêtes idéologiques, culturelles et morales des peuples donnent à la Démocratie une influence déterminante dans les comportements individuels et collectifs.

La République de Guinée, consciente de ces réalités de l'histoire contemporaine, rejette toutes sortes de dépendance, d'aliénation ou de subordination dans ses rapports avec l'étranger.

Par contre, jalouse de sa souveraineté, elle reste décidée à l'utiliser en vue de rechercher et de consolider l'amitié de tous les peuples et de toutes les Nations, sans exclusive aucune.

A l'aube de l'année nouvelle, le B.P.N. du Parti Démocratique de Guinée et le Gouvernement de la République se doivent d'indiquer aux militants révolutionnaires qu'une nouvelle phase de lutte courageuse s'inaugure.

La détermination du peuple Guinéen à assurer son développement indépendant se traduira dans la qualité et l'importance de l'apport de notre Nation à l'action de décolonisation et de progrès général entreprise par l'O.U.A. qui est devenue la cible désignée des puissances favorables au néo-colonialisme.

L'O.U.A. est et restera l'instrument des peuples Africains décidés à assurer l'émancipation de leur commune civilisation et la revalorisation de leurs communes richesses matérielles, culturelles et morales. Nous gardons la certitude que les mercenaires et leurs patrons criminels qui martyrisent le peuple Congolais, le colonialisme portugais et l'apartheid échoueront totalement devant le courage, la vigilance et l'unité d'action des peuples épris de justice et de paix et qui, en Afrique, en Asie, en Amérique et en Europe luttent pour l'avènement d'un monde meilleur.

Ainsi la nouvelle année qui recueille à son berceau les anciennes insuffisances et inquiétudes du monde actuel devra-t-elle être employée à les briser afin que les peuples, tous les peuples, triomphant de l'égoïsme, utilisent entièrement et victorieusement leur puissance créatrice à la liquidation du sous-développement et de l'inégalité sociale.

L'avenir est aux peuples conscients, engagés dans l'éternelle entreprise humaine pour plus de liberté, plus de justice et plus de solidarité.

Les hommes avancent et avanceront sur le chemin de leur histoire, vers l'unité universelle et l'harmonie sociale pour éviter de devenir la malheureuse victime finale des puissants moyens destructeurs que leur mauvais génie a inventés et créés.

Entre l'intérêt égoïste et l'intérêt populaire,

Entre l'irresponsabilité et la responsabilité,

Entre la stagnation et le progrès continu, le peuple Guinéen a choisi et bien choisi la voie qui aboutit à la dignité humaine et à la paix dans la coopération internationale.

Ahmed Sékou TOURE

ESSAGE DU PRESIDENT AHMED SEKOU TOURE A L'OCCASION DU 1er JANVIER 1966.

Une année finit, une année commence. L'année 1965 ui est déjà inscrite dans le temps, relève désormais du ıssé. Elle fut, pour la Nation Guinéenne et pour le Parti émocratique de Guinée, une période pleine d'activités ilitantes, toutes tendues vers le progrès démocratique et cial de la Nation, la libération et l'unité de l'Afrique.

La Loi-Cadre du 8 Novembre 1964 a fermement tracé voie juste du développement économique du pays et écisé la nature du comportement de tout citoyen sincèreent engagé dans la Révolution Nationale pour le triomphe es objectifs progressistes inscrits dans le programme émanpateur du P.D.G.

Les graves insuffisances économiques et les dangereuses titudes constatées dans les activités des commerçants et es agents de l'Etat ont été victorieusement combattus et, ı grande partie, éliminées grâce à la fermeté et à la vigince dont, l'année durant, les militants du P.D.G. ont su ire preuve pour assurer le redressement économique et oral des secteurs qui avaient été, avant janvier 1965, rieusement détériorés par le trafic et les pratiques ombien dégradantes du mensonge, de l'opportunisme et ı racisme.

En effet, lors des renouvellements des directions des 000 Comités de base, des Comités Directeurs des 180 secons du Parti. les mots d'ordre du 8 novembre ont partout uidé nos militants dans les choix judicieux des responbles politiques. C'est ainsi que les trois sessions du Conseil ational de la Révolution ont étudié et résolu avec un réel sérieux les différents problèmes politiques, économiqu sociaux et culturels qui se posaient à notre peuple.

Le développement de la production agricole et past rale, le fonctionnement rentable de nos unités de producti industrielles, commerciales et administratives, la liaison l'école à la vie, la commercialisation de nos produits d'expc tation, la lutte contre le trafic frontalier et la vie chère o préoccupé notre Parti et notre Gouvernement, lesquels o étudié et appliqué toutes les mesures pratiques exigées p la sauvegarde de l'intérêt national.

Au cours de l'année 1965, toutes les 29 régions adm nistratives du pays et les 30 fédérations du P.D.G. ont é visitées par des missions du B.P.N. qui ont défini, à grande satisfaction des masses laborieuses, la natu dynamique et les qualités essentiellement populaires démocratiques de la politique poursuivie par le P.D.G., ta sur les plans intérieur et africain que sur le pla international.

L'autoritarisme, le laisser-aller, la corruption et l'irre ponsabilité ont été dénoncés sans équivoque.

La ligne politique du P.D.G., les méthodes démocra tiques et l'humanisme qui la caractérisent, la primauté c l'intérêt populaire, le rôle prééminent qu'exerce le Parti su l'orientation et la vie du pays, la responsabilité collecti des militants dans la définition, la décision et la conduite c l'action révolutionnaire, en un mot, la philosophie et morale de la révolution, ont été approuvées par le peupl guinéen qui est parfaitement conscient de la justesse d vues du P.D.G. sur son évolution historique et reste, ave une volonté toujours plus raffermie, résolument attaché son mouvement révolutionnaire.

Pour l'année 1966 qui commence, le Bureau Politiqu National invite le peuple de Guinée à une vigilance plu accrue et à une fermeté révolutionnaire de toute constanc en vue, non seulement de sauvegarder les victoires du pass nais aussi et surtout, d'augmenter la quantité et la qualité les moyens qu'exige la pleine satisfaction de nos besoins ıationaux.

La mystique de la production et les mots d'ordre de :onscience professionnelle et de volonté créatrice doivent ·tre observés par tout militant conscient du P.D.G. L'agri-:ulture guinéenne, la production pastorale et forestière, les ·réations artisanales et les transformations industrielles loivent mettre à la disposition de nos populations une ılimentation abondante et des articles à bon prix.

Dans le domaine de l'enseignement, le B.P.N. et le Gouvernement ont décidé de créer 25 nouveaux Lycées echniques, ce qui nous permettra d'avoir au moins un lycée .ans chacune de nos 29 Régions administratives. En même emps des centaines de villages seront dotés d'un collège ural qui assurera la « **liaison de l'école à la vie** » et permet-ra le progrès de l'alphabétisation du peuple.

Après les renouvellements des bureaux des 30 fédéra-ions, des 180 sections et des 8 000 comités P.D.G. des ·illages et des quartiers, entre janvier et mars 1966, alphabétisation servira désormais de critère dans l'élec-ion des responsables du Parti, lesquels devront obliga-oirement savoir écrire et lire couramment en langue ationale.

Enfin les objectifs du plan septennal et ceux plus articuliers de nos organismes politiques et de nos diverses nités économiques devront constituer le seul centre 'intérêt de l'activité créatrice des militants du P.D.G

L'année 1966 doit devenir, grâce aux efforts conscients : dévoués de chacun et de tous, l'année du plus grand rogrès pour la nation guinéenne.

Les ennemis du peuple, les agents de la subversion, les omploteurs qui espéraient pouvoir arrêter l'élan de la révolution et mettre à bas le régime démocratique et popu laire se sont manifestés par de vaines tentatives contre révolutionnaires.

Après avoir été éliminés des rangs du Parti par le mesures énergiques de la Loi-Cadre du 8 Novembre 1964 ils ont, grâce à l'appui reçu de l'impérialisme français et d ses valets africains — les Houphouet — essayé d'étrangle l'Etat et d'assassiner les responsables de la Révolutior

Mais, comme toujours, les ennemis du peuple se son trompés sur le niveau de maturité politique et sur le degr de vigilance des militants et des militantes du P.D.G.

Ainsi, l'impérialisme revanchard, en croyant que l corruption d'éléments apatrides pourrait lui permettr d'installer en Guinée son régime néo-colonialiste, s'est un fois encore lourdement trompé.

Les marionnettes de l'impérialisme, les Gouverne ments fantoches, les agents domestiqués et corrompus pa les ennemis de l'émancipation africaine ne sauraient même avec tout l'or des trusts coloniaux, surprendre l vigilance d'un peuple aussi organisé, aussi résolumen engagé dans la Révolution, aussi patriote et aussi décidé réhabiliter l'Afrique que le peuple de Guinée.

Les Etats avilis et embrigadés dans les système d'exploitation capitaliste du peuple au profit des colons e d'une minorité nationale embourgeoisée sont l'exempl vivant de ce que l'impérialisme aurait voulu imposer au populations laborieuses de Guinée.

Les Houphouet sont contre l'Afrique et contr l'O.U.A. qui demeure le meilleur instrument de sa libéra tion et de son progrès.

Les Houphouet sont contre tous les progressistes afri cains et contre tous les Gouvernements Africains qu condamnent le néo-colonialisme et veulent assurer la sau vegarde des intérêts de nos peuples.

Qui exerce le pouvoir en Côte d'Ivoire ? Qui dispose es meilleures places et des meilleures terres ? Qui est :opriétaire des Banques, des Compagnies Commerciales : Industrielles et des sociétés d'assurances ? Qui, d'entre Préfet ivoirien et l'ancien commandant de cercle colonial ourvu du titre de conseiller technique, exerce en fait le ouvoir administratif ?

Si l'année 1965 a mis en échec le complot satanique urdi contre la Guinée par l'impérialisme Français et ses alets Africains, nous n'oublions pas qu'en Rhodésie, l'impéalisme a réussi, grâce à certains Chefs d'Etats parjures, à surper et à confisquer le pouvoir du peuple ZIMBABWE u profit d'une minorité de colons racistes. Le problème hodésien a opéré un clivage entre l'Afrique libre et réellenent souveraine et l'Afrique inféodée aux intérêts étraners. Il a également démontré que les associations basées sur es rapports inégaux tels que le Commonwealth britannique u la Communauté française que d'aucuns veulent rebapiser du nom de «Francophonie», ne sont pas et ne seront amais, en raison de leur nature foncièrement néo-colonialiste, capables de favoriser l'accélération du rythme de la bération politique, économique et culturelle de l'Afrique.
Or, les Haut-parleurs de l'impérialisme en Afrique, les gents de la division, pour pouvoir affaiblir, voire liquider O.U.A., ne cessent leur propagande mystificatrice en aveur de ce qu'ils appelent tantôt le commonwealth Franais, tantôt la Francophonie. Ces tristes agents de division e peuvent ni aider la Somalie et la Rhodésie à se soustraire la domination du colonialisme Français et Britannique, ni ider, par une contribution vigoureuse, l'O.U.A. à consolider es bases de son action unitaire en faveur du progrès de otre continent.

A Accra, les Chefs d'Etats n'avaient-ils pas décidé de reconsidérer toutes les relations politiques, économiques, liplomatiques et financières de leurs Etats avec le Royaume-Uni» si celui-ci favorisait ou tolérait la proclamation unilatérale de l'indépendance de la Rhodésie par minorité blanche ? Le sinistre Ian Smith ne s'est pas conte té de discours ni de menaces, il a agi le 11 novembre derni dans le sens contraire à la volonté, à la dignité et aux asp rations des Nations Africaines.

Si les Gouvernements Africains qui ne marchande pas la dignité et la liberté d'un peuple ont agi à leur to conformément aux résolutions de l'O.U.A., d'autres, à le honte, se livrent à la diversion et à la mystification po essayer de tromper les peuples du monde. Non ! l'Afriq ne peut se contenter de résolutions, elle exige l'action co crète en vue de sa défense contre ses ennemis impérialis et racistes.

L'Afrique exige que tous ses Gouvernements l'honorer en la choisissant contre les puissances colonialistes.

Qu'est-ce que les Houphouet attendent et espèrent d IAN SMITH ? La proposition faite par certains Che d'Etats et relative à une nouvelle conférence au sommet n peut se justifier que pour les gouvernements qui, pou masquer les raisons inavouables de leur refus de rompre le relations avec le Royaume-Uni, cherchent inlassablemen de nouveaux prétextes leur permettant de poursuivre l mystification de leurs peuples.

Le Gouvernement de la République de Guinée, quan à lui, ne participera à aucune Conférence sur la Rhodési aux côtés de ceux qui ont renié, avec leur serment, leur rôl de guides conscients et dévoués du mouvement d'émanci pation africaine, en bafouant les plus nobles espérances d peuple frère ZIMBABWE.

La vocation et la mission de l'O.U.A. ne peuvent consis ter en des réunions interminables et sans conséquence pratiques heureuses sur la vie de notre continent.

C'est aux Etats qui n'ont pas encore rompu leurs rela tions avec le Royaume-Uni qu'il appartient de tenir une conférence restreinte en vue de se conformer à la seule attide que réclament les peuples d'Afrique et toutes les ations du monde éprises de liberté et de dignité.

L'Afrique demeure le dernier continent à connaître la alité de la domination étrangère. La volonté unanime et rme de nos Etats déjà soustraits à cette ignoble domina-on, devra se traduire de manière puissante et constante ins une unité d'action contre l'impérialisme et le colonia-me. La liberté ne doit, ni être chantée, ni être désirée : sormais, elle doit être voulue, conquise et vécue par tous s peuples et tous les hommes de la terre. En Asie, Europe et en Amérique, des peuples qui ont connu la mination étrangère, ont réussi à la briser ; et mieux, ils nt même parvenus à extirper des réalités politiques, onomiques, sociales et culturelles de leur pays toutes les aces de la colonisation. **L'Afrique, pour sa part, ne peut nc s'arrêter à mi-chemin face aux exigences de son venir qu'elle se doit d'édifier sur des bases authentique-ent africaines. La personnalité et l'originalité africaines, ndement de notre promotion humaine, ne peuvent épanouir et rayonner dans le monde qu'au prix d'une tte courageuse de nos peuples pour l'émancipation totale. est pourquoi nos partis politiques, nos organisations syn-cales, nos mouvements de femmes et de jeunes doivent, ec détermination et sans équivoque, se fixer un seul but : nquérir par le peuple et pour le peuple, le pouvoir, tout le uvoir dont l'exercice souverain et efficace permettra aux asses laborieuses d'Afrique de bénéficier pleinement de urs efforts créateurs.** La contribution de la République de uinée, nous l'avons maintes fois répété, se veut de qualité ins ce grand combat pour le bonheur des peuples d'Afri-ie, pour le triomphe des causes justes dans le monde. **Le arti Démocratique de Guinée, le Parti de la Révolution pulaire et progressiste, entend observer une vigilance rmanente afin de sauvegarder les acquis de la Révolution tionale et ceux des luttes patriotiques africaines.** A cette gilance s'ajoute le combat courageux que le P.D.G. mène

contre le sous-développement et toutes ses conséquenc
afin de permettre à l'Afrique d'atteindre un niveau de dév
loppement harmonieux et équilibré susceptible de satisfa
ses besoins matériels et ses aspirations morales. Les respo
sables et militants du P.D.G., fidèles interprètes de la volo
té de progrès de notre peuple, devront faire de l'année 19
un autre moment décisif et un moyen de transformati
qualitative de la situation générale du continent africain
bute aux provocations insolentes et incessantes de l'imp
rialisme et aux trahisons de ses représentants indignes.

Dans les semaines à venir, les contradictions ent l'Afrique et l'impérialisme vont s'aggraver. Les Etats pr gressites et les mouvements populaires devront, avec u efficacité plus grande, coopérer activement à la réalisati des nobles idéaux contenus dans la Charte d'Addis-Abéb Aussi sur le plan international, ils devront apporter u contribution plus grande à la juste solution des conflits tensions qui opposent des peuples d'Asie et d'Amériq latine aux forces militaires et économiques de l'impériali me. Les accords de Genève garantissant aux peuples vietn miens le droit à une existence libre et souveraine devro être scrupuleusement appliqués pour que cesse définit vement la guerre qui ravage actuellement les populatio vietnamiennes. Le conflit qui oppose la République pop laire de Chine et L'Union des Républiques Socialistes Sovi tiques devra aussi, grâce à l'arbitrage des Nations Amie déboucher sur une coopération fraternelle créatrice de pa et de stabilité dans les rapports internationaux.

Dans le continent américain, la République Socialis de Cuba et les Etats-Unis d'Amérique devront égaleme établir de nouveaux rapports de coopération basés su l'amitié, l'égalité, et le respect mutuel.

Le Cachemire doit, de même, bénéficier de son indépen dance et exercer sa souveraineté dans le cadre d'une coopé ration amicale avec l'Inde et le Pakistan.

Enfin, toutes les forces de paix, les partisans de la berté et de la justice dans le monde, devront agir, avec ›urage, agir avec conscience, agir avec fermeté, pour ırantir la primauté de l'intérêt supérieur des peuples sur égoïsme, l'exploitation et l'oppression dont ils ont déjà ·op souffert dans leur existence.

Les Nations Africaines ne doivent plus rester les jouets e l'histoire ; elles doivent rentrer de plain-pied dans l'hisıire, faire cette histoire, c'est-à-dire se fixer des objectifs ıstes, renforcer les bases unitaires de leurs activités créaices en vue d'assurer, dans les meilleurs délais, la totale bération du continent par la liquidation au Mozambique, n Angola, en Guinée dite Portugaise, dans le Sud-Ouest .fricain, en Rhodésie, etc., de toutes les bases et de toutes :s caractéristiques de la dépendance et de la domination.

La paix et le bonheur sont inséparables de la liberté, e la justice et du progrès humain des peuples.

Ils requièrent et continuent de requérir de la part de ›us les peuples une lutte sans fin dont l'efficacité histoique est conditionnée par leur degré de conscience politiue, la constante fermeté de leur volonté de progrès et les ualités humaines de leur comportement social.

Aucune tactique politique, aucune fausse nécessité de ompromis ne saurait justifier d'abandon, par un peuple esponsable, de cette ligne de conduite qui, seule, peut lui onférer une utilité positive en même temps que le moyen e sa propre influence morale dans le monde.

Aussi longtemps que l'Afrique connaîtra la colonisaon et la disqualification qui la caractérisent, le monde estera infirme et inapte à assurer son équilibre humain t à se garantir une paix juste et durable.

Le Progrès Africain ne peut se concevoir et se réaliser ıue dans le cadre des plus larges perspectives d'une humaıité libérée totalement de toutes les entraves brisant l'essor de la civilisation universelle et le plein épanouissemen d'une culture politique, économique, technique et social sanctionnant la haute maîtrise de l'homme sur la natur et sur lui-même.

Le siècle, les décennies et les années réprésentent de fractions du temps infini dans lequel se déroulent progres sivement la vie des peuples et l'existence des nations.

Pour accélérer la marche de l'histoire vers les noble idéaux humains qui ont toujours mobilisé les peuples, tou les peuples, l'homme doit accorder au temps une valeu positive et faire de chaque minute, de chaque heure e et de chaque jour de sa vie, un moyen d'accroître son tau d'utilité sociale, sa part contributive à l'histoire de so pays et au développement de l'humanité vers toujour plus de justice dans la liberté et la paix.

MESSAGE DU PRESIDENT AHMED SEKOU TOURE A L'OCCASION DU 1er JANVIER 1967

Peuple de Guinée !

Une année finit, mais une année nouvelle commence, eliant un passé à tout un devenir, une donnée de cet univers si peu connu mais connaissable, très vaste et tout de ême tellement restreint qu'il peut être embrassé par aque individu à travers la connaissance qu'il a de ses imensions.

Une année finit, mais une année nouvelle commence ; insi, au fil ininterrompu du temps s'écoulent san fin, existence et la durée dans des perspectives toujours rojetées au devant de la vie des peuples.

Une année finit, une année commence. Celle qui finit est enrichie des victoires et des échecs du combat incesant des peuples du monde. Victoires et échecs qui ont, par somme des connaissaînces, des expériences nouvelles ui en dérivent, contribué à élargir le champ d'action des euples, à élever la pensée humaine et à la grandir.

Ce combat, désormais irréversiblement étendu à tous s peuples de la terre grâce à l'action victorieuse de ceux 'entre eux naguère soumis à la domination coloniale, et râce à la lutte héroïque des peuples encore subjugés, a onféré au développement historique des sociétés un caracère d'universalité et de globalité qui modifie fondamentalement les conditions objectives dans lesquelles elles oivent résoudre les problème de leur devenir.

A ce titre, l'année qui s'achève a vu s'accentuer, de anière aiguë, la pression de forces historiquement antagoniques, imposant, par la-même, aux peuples, des choix de plus en plus clairs et des comportements plus largement responsables.

En effet, l'année 1966 a été plus spécialement marquée par la recrudescence des activités de l'impérialisme et du colonialisme dirigées contre les acquis du mouvement révolutionnaire international et plus particulièrement contre les aspirations légitimes des peuples des continents d'Asie, d'Amérique Latine et d'Afrique. Cette vaste entreprise de recolonisation use indistinctement, soit de la force la plus brutale, soit des plus cyniques moyens de division, de subversion, de corruption et de pression à l'encontre des Nations qui se sont libérées de l'occupation et de l'exploitation étrangères.

La multiplication et l'établissement des bases militaires étrangères a considérablement renforcé le dispositif de guerre impérialiste en Asie, au Moyen-Orient, en Amérique Latine et en Afrique, et constitue non seulement un défi à la justice sociale, mais un déni des droits élémentaires des peuples à assumer eux-mêmes leur destin.

La guerre du Viet-Nam est injuste. Elle intéresse toute l'humanité qui la condamne sans réserve et exige que soit respecté le droit souverain du peuple Vietnamien à la liberté et à l'unité nationales sans aucune ingérence étrangère. Devant cette douloureuse situation, nous tenons à affirmer à l'héroïque peuple vietnamien que le peuple de Guinée, parfaitement conscient des souffrances qu'il endure et des énormes sacrifices qu'il consent pour la liberté des peuples, continue de se ranger fraternellement à ses côtés et partage, avec lui, les mêmes espérances, quel qu'en soit le prix, car ces peuples incarnent la conscience claire, lucide et fraternelle de l'humanité.

A cette inqualifiable guerre d'agression de l'impérialisme s'ajoute l'offensive menée contre les Gouvernements légitimes de nombreux pays, engagés dans la voie d'un développement indépendant conforme aux intérêts supé ɜurs de leurs peuples. Cette offensive ininterrompue conduit, au fil des mois, au renversement des gouverne-ents d'Indonésie, du Vénézuéla, du Brésil, du Ghana, du igéria, du Dahomey, etc. Elle a été également marquée par ·s tentatives nombreuses d'étranglement économique et modification des données de l'équilibre politique au ·oche et Moyen-Orient, et dans les trois continents Asie, d'Amérique Latine et d'Afrique qui semblent avoir it l'objet d'un nouveau partage stratégique.

L'année 1966 a vu, d'autre part, s'aggraver la division ı camp socialiste, avec pour conséquence directe, un affai-issement notable des forces démocratiques, affaiblisse-ent exploité par l'impérialisme international pour accen-ıer son action de domination et élargir son implantation ɔlitique, économique et militaire.

L'accentuation de l'offensive impérialiste ne peut pas re une fin en soi et son but ultime, aussi démentiel soit-il, ɜ peut être autre chose que la domination totale du monde , par conséquent, la liquidation, par tous les moyens, des ɔrces de progrès démocratique des peuples. La volonté ac-ve, concrète et concertée des forces démocratiques du ıonde peut, seule, contraindre l'impérialisme à renoncer ses projets insensés.

L'impuissance politique de l'O.N.U., prouvée dans la oursuite de la guerre au Vietnam et qui s'est singulière-ıent accrue depuis, atteste que les conditions détermi-antes de l'efficacité de cette haute Instance Internationale t l'autorité morale nécessaire à l'accomplissement de sa ıission sont loin d'être réalisées. Au contraire, l'emploi émagogique fait de cette Institution l'a implicitement étournée des nobles buts que lui prescrivait sa charte. ɔans de telles circonstances, nous pensons que l'Organi-ɜtion des Nations-Unies ne peut restaurer son crédit mo-al qu'en accueillant en son sein les peuples Chinois, Coréen, .llemand, Vietnamien ainsi que ceux encore odieusement oumis au joug colonial en Afrique, et en accentuant résolument l'efficacité de son action en faveur du développeme des pays libérés sous-développés, ce qui ne saurait ma quer, à travers la promotion rapide et le développeme indépendant de ces pays, de créer des conditions propic à l'affirmation de la personnalité politique de l'Organis tion Internationale.

Enregistrant l'accentuation de l'offensive impérialist l'année 1966 a non seulement mis en lumière l'impuissan politique de l'Organisation des Nations-Unies, mais auss en conséquence directe de cette offensive, elle a enregist les secousses qui ont durement ébranlé l'Organisation c l'Unité Africaine.

La Charte de l'O.U.A., à laquelle la République c Guinée reste loyalement attachée, a été bafouée et not Organisation continentale mise en échec par des gouve nements de démission et de trahison.

Les mêmes causes ont produit au sein de notre organ sation les mêmes effets que ceux qui ont marqué l'Organ sation des Nations-Unies. Ce recul évident ne peut cepe dant pas nous faire renoncer à l'O.U.A. Nous entendon au contraire, aider de notre mieux au renforcement de sc autorité et à l'accroissement de son efficacité en fave du progrès et de l'unité de l'Afrique. C'est un fait que l' chec essuyé par l'O.U.A. a engendré une confusion regrett ble qui a non seulement paralysé les gouvernements révol tionnaires d'Afrique, mais encore favorisé le relacheme des liens étroits qui existaient entre les Etats Africair progressistes engagés dans des voies de développement no capitalistes.

L'analyse de ce phénomène nous fait conclure qu'a sein même de ces Etats, l'impérialisme agit sans se déco vrir, portant ainsi tort à la cohésion de la Révolution Démc cratique Africaine en y activant les germes de l'incompr hension, vecteurs de division et de démission.

L'année 1966 aura été une année de honte pour ›frique car elle a été l'année du triomphe du colonialisme ciste en Rhodésie, celle du renforcement du potentiel ilitaire du colonialisme portugais, celle de la consolida›n du régime de ségrégation des usurpateurs d'Afrique ı Sud, l'année du fantochisme et du mercenariat, celle · la trahison des intérêts de nombre de nos peuples et des ·missions de beaucoup de responsables politiques africains traîtres à nos intérêts majeurs.

Mais cette défaite momentanée subie par l'Afrique a ı, par contre, pour effet, de favoriser une meilleure prise : conscience des peuples africains, une plus grande volon-, de leur part, d'oeuvrer à la liquidation de la confusion et :s équivoques ; elle a renforcé l'action révolutionnaire des asses. Les récentes assises de l'Union syndicale panafriıine qui se sont tenues à Dar-Es-Salam en ont apporté éclatante démonstration.

A travers les victoires remportées et les échecs subis ır les peuples d'Afrique et en fonction même des condions qui existent dans le monde au moment où s'achève ınnée 1966, s'impose donc à nos peuples une exigence rimordiale du renforcement de leur unité d'action.

Nombre de pays africains ont heureusement compris ue la sécurité de leur régime et la garantie de leur prosérité future résident fondamentalement dans l'unité et ans l'action populaires, toutes données essentielles condionnées par une conscience révolutionnaire chaque jour ccrue. Les Etats révolutionnaires ont pu dénoncer la dernière tactique de l'impérialisme qui consiste à s'attaquer, un après l'autre, aux régimes réactionnaires en vue de les oumettre plus étroitement encore aux intérêts capitalistes. i l'impérialisme soutient aujourd'hui avec impudence que ı libération de chacune des colonies est du domaine de la esponsabilité des seuls peuples coloniaux concernés, c'est ·our disposer à l'égard de ces pays, d'une plus grande berté d'action. Il en est de même pour ce qui concerne la situation arbitraire créée en Rhodésie et au Ghana, laquel est habilement présentée comme une affaire intérieu et propre au peuple Zimbabwé et au peuple Ghanéen. S cette tactique de l'isolement des pays se poursuivait, el aboutirait rapidement à la victoire des forces impérialist dont la stratégie a été et ne cesse d'être l'exploitation d continent africain. C'est pourquoi, l'année qui s'ouvr l'année 1967 devra servir à développer l'Organisation c l'Unité Africaine et à renforcer la cohésion agissante de forces démocratiques du continent afin de donner plus c vigueur et une plus grande efficacité aux mouvemen révolutionnaires d'Afrique animés par l'exigence fonda mentale de nos peuples de réaliser leurs légitimes aspira tion à la liberté, à l'unité et à la prospérité.

A l'offensive impérialiste qui se développe sur le con tinent doit correspondre, sans plus tarder, une phase activ du combat révolutionnaire mené par les régimes populair d'Afrique aussi bien que par les organisations politiques e syndicales et les mouvements de jeunesse et de femmes de autres pays, résolument engagés dans la reconstructio dynamique de la Patrie africaine.

Aucun gouvernement loyal à l'Afrique et à ses peuple ne saurait, sans trahir nos intérêts légitimes, sacrifier des considérations secondaires l'unanime volonté de nc peuples de barrer rapidement la route à l'impérialism exploiteur, en sapant leur résolution de le bouter à jamai hors du continent.

S'il est une conclusion que nous pouvons déjà tire de la douloureuse situation actuelle au Viet-Nam, c'es bien qu'il n'y a aucune force au monde qui soit supérieur à la volonté consciente et organisée d'un peuple détermin à vivre libre.

La conjoncture nouvelle sur laquelle s'achève l'anné 1966 et s'ouvre l'année 1967 impose donc à notre peupl des devoirs et des tâches impérieux qui mobiliseront plu ırticulièrement son attention et son énergie au cour de la ›uvelle année. Avant toute chose, il aura à consolider le ›uvoir populaire et à renforcer son action révolution-ıire ; ceci implique un raffermissement constant de l'unité ›pulaire, car l'histoire nous enseigne qu'une révolution ıi s'impose à un peuple par la volonté d'une minorité, ıssi consciente soit-elle, finit tôt ou tard par trahir son ›jet.

La révolution ne saurait être ni une manière de gou-›rner un peuple, ni la forme d'organisation d'un Etat en ıe d'assurer le mieux-être de l'un et le rayonnement de ıutre. Elle est, par sa nature même, la volonté en action 'un peuple mobilisé pour l'édification de son bonheur ıfini, ce qui se traduit concrètement par une participation ›einement consciente et entièrement responsable de cha-ın à l'action commune.

L'unité populaire chaque jour enrichie par la pratique ›ciale, constamment renforcée par l'éducation politique ; la formation idéologique, continuellement sollicitée ır des responsabilités accrues et toujours renouvelée par t pour l'action, confère à la révolution son fondement ›sentiel et son efficacité historique sans lesquels elle ne ıurait échapper aux contraintes qu'elle réprouve et aux ›ntradictions et inégalités qu'elle entend faire disparaître.

Il est à peine besoin de souligner ici que le renforce-ıent de l'unité populaire en tant que moyen de l'accen-ıation de l'action révolutionnaire doit s'accompagner 'une vigilance accrue, en mesure de prévenir, à tout ins-ınt, les inévitables manifestations contre-révolutionnaires t de briser dans l'oeuf, avec une fermeté instantanée, toute ›ntative de subversion d'où qu'elle vienne.

L'objet même du renforcement de l'action révolution-ıaire est inscrit dans la légitime aspiration de notre peuple u progrès. Progrès pour un mieux-être constant, progrès ›our une égalité sociale toujours plus grande, progrès d'or-

dre matériel, social et culturel exprimé par notre peuple
qui confère à la révolution guinéenne un champ d'actic
infini où chaque Guinéen et chaque Guinéenne trouvent u
emploi conforme à leurs capacités et à leur volonté cré
trice, ainsi qu'une utilité sociale qui, par le travail, leu
assure une liberté plus grande et une plus haute digni
humaine.

Déjà, sur cette voie infinie du progrès que nous ouv
la révolution, nous nous devons d'enregistrer les résulta
positifs de l'effort fourni, au cours de la dernière campa
gne agricole, par nos frères paysans unanimement mob
lisés pour libérer notre pays de la dépendance économiqu
Sans rien perdre de leurs brillantes qualités militantes, nc
populations rurales, parfaitement conscientes de l'enje
engagé, ont, par leurs efforts efficaces, gagné le pari e
apportant à la Nation les produits nécessaires à sa subsis
tance, et même plus.

Parallèlement, nous devons souligner l'effort part
culier fourni par les populations, les enseignants et le
jeunes élèves pour faire des Collèges d'Enseignement Rura
les centres d'où partiront, au profit de nos villages, de nc
arrondissements et de nos régions, les impulsions révolu
tionnaires d'une transformation radicale de l'agricultur
guinéenne et des anciennes conditions de vie de nos frère
paysans.

Mais si l'action menée dans le secteur agricole et l
mobilisation de nos populations rurales attestent un prc
grès certain de la révolution, il convient de souligner l
nécessité impérieuse de renforcer l'unité et l'action d
mouvement syndical guinéen.

Au moment où la réalisation méthodique de notr
plan septennal implante les bases de notre industrialisa
tion, il importe que le monde ouvrier guinéen soit à mêm
d'assurer et son rôle à l'avant-garde de la révolution e
toutes les responsabilités qui lui reviennent dans la produc

on industirelle et la gestion des Entreprises Nationales. ous ne devons pas nous masquer qu'il existe, dans ce omaine, certaines insuffisances qu'il est indispensable de ombler rapidement, par un militantisme syndical accru, ne formation politique poussée et une qualification pro-ssionnelle sérieuse.

Nos camarades fonctionnaires, ouvriers et employés oivent faire largement rayonner au sein de leurs organi-tions syndicales et dans leurs entreprises et services, leur ngagement politique profond et leur réel militantisme 'in que les efforts conjugués de toutes nos masses labo-euses opposent victorieusement un front de combat sans ille aux attaques multiformes de l'impérialisme, et assu-ent corollairement une accentuation déterminante à l'ac-on révolutionnaire au cours de l'année 1967. Cette nou-elle année qui verra se réunir le huitième Congrès de otre Grand Parti doit être, en conséquence, marquée par e nouvelles et d'importantes victoires de la Révolution émocratique Africaine et de nouveaux acquis irréversi-les dont le Parti Démocratique de Guinée dotera notre euple.

Si l'année 1966 a vu se créer et fonctionner 300 classes e collèges d'Enseignement Rural, de nouveaux lycées et de ouvelles Ecoles Normales, si elle a permis au peuple gui-éen de faire échec aux machinations des impérialistes et e leurs agents corrompus, si elle a enregistré le lancement es brigades de la Milice Populaire et du Service Civique ; la création d'un Comité Régional de Femmes au niveau e chacune des 30 fédérations du Parti, l'année 1967 sera aractérisée, nous en sommes profondément convaincus, ar de nouvelles exigences révolutionnaires, mais égale-ient par de nouvelles victoires de la Révolution sur cer-ins fantoches africains et sur les forces rétrogrades et éactionnaires qui tentent désespérément de reprendre aux euples en lutte, le fruit de leur combat libérateur et le roduit de leurs efforts créateurs.

Enfin, l'année 1967 ne peut marquer, à travers l'a
centuation de la contradiction irréductible qui oppose l
forces de domination et d'exploitation aux forces de pr
grès, d'enregistrer le renforcement des régimes populair
et une plus étroite convergence de leurs luttes révolutio
naires au profit du progrès historique de l'humanité.

Structures éditoriales du groupe L'Harmattan

L'Harmattan Italie
Via degli Artisti, 15
10124 Torino
harmattan.italia@gmail.com

L'Harmattan Hongrie
Kossuth l. u. 14-16.
1053 Budapest
harmattan@harmattan.hu

L'Harmattan Sénégal
10 VDN en face Mermoz
BP 45034 Dakar-Fann
senharmattan@gmail.com

L'Harmattan Cameroun
TSINGA/FECAFOOT
BP 11486 Yaoundé
inkoukam@gmail.com

L'Harmattan Burkina Faso
Achille Somé – tengnule@hotmail.fr

L'Harmattan Guinée
Almamya, rue KA 028 OKB Agency
BP 3470 Conakry
harmattanguinee@yahoo.fr

L'Harmattan RDC
185, avenue Nyangwe
Commune de Lingwala – Kinshasa
matangilamusadila@yahoo.fr

L'Harmattan Congo
67, boulevard Denis-Sassou-N'Guesso
BP 2874 Brazzaville
harmattan.congo@yahoo.fr

L'Harmattan Mali
ACI 2000 - Immeuble Mgr Jean Marie Cisse
Bureau 10
BP 145 Bamako-Mali
mali@harmattan.fr

L'Harmattan Togo
Djidjole – Lomé
Maison Amela
face EPP BATOME
ddamela@aol.com

L'Harmattan Côte d'Ivoire
Résidence Karl – Cité des Arts
Abidjan-Cocody
03 BP 1588 Abidjan
espace_harmattan.ci@hotmail.fr

Nos librairies en France

Librairie internationale
16, rue des Écoles
75005 Paris
librairie.internationale@harmattan.fr
01 40 46 79 11
www.librairieharmattan.com

Librairie des savoirs
21, rue des Écoles
75005 Paris
librairie.sh@harmattan.fr
01 46 34 13 71
www.librairieharmattansh.com

Librairie Le Lucernaire
53, rue Notre-Dame-des-Champs
75006 Paris
librairie@lucernaire.fr
01 42 22 67 13

www.ingramcontent.com/pod-product-compliance
Lightning Source LLC
LaVergne TN
LVHW021149061026
849535LV00002B/404